Das PMP-Examen

Thomas Wuttke, Peggy Gartner

Das PMP-Examen
Die gezielte Prüfungsvorbereitung

5. Auflage

Bibliografische Information der Deutschen Nationalbibliothek
Die Deutsche Nationalbibliothek verzeichnet diese Publikation in der
Deutschen Nationalbibliografie. Detaillierte bibliografische Daten sind
im Internet über http://dnb.d-nb.de abrufbar.

ISBN 978-3-8266-9060-0
5. Auflage 2010

In diesem Buch werden folgende eingetragenen Warenzeichen erwähnt, die wir hiermit ausdrücklich
anerkennen:
PMI® Project Management Institute
PMBOK® Project Management Body of Knowledge
PMP® Project Management Professional

Printed in Germany

© 2010 mitp, eine Marke der Verlagsgruppe Hüthig Jehle Rehm GmbH
Heidelberg, München, Landsberg, Frechen, Hamburg

www.mitp.de
All rights reserved

Lektorat: Ernst-Heinrich Pröfener
Satz: DREI-SATZ, Husby
Druck und Bindung: Beltz Druckpartner GmbH und Co. KG, Hemsbach

mitp

Inhaltsverzeichnis

Die Autoren

 **Peggy Gartner**, PMP, studierte Betriebswirtschaft und Informationswissenschaft und verfügt über einen Master in Total Quality Management. Sie ist in Deutschland ein PMP der ersten Stunde und engagiert sich seit vielen Jahren in der Verbandsarbeit des PMI®.

Der berufliche Lebensweg führte sie über die Software-Entwicklung zur Verantwortlichen für Qualitätsmanagement eines mittelständischen IT-Unternehmens. Dabei lernte sie die realen Herausforderungen des Projektgeschäfts kennen und koordinierte als Stabsstelle im Unternehmen die operativen Projekteinheiten. Sie verantwortete eigene Projekte und entwickelte standardisierte Verfahren und Mechanismen, die unternehmensweit angewendet wurden.

Mit fundierter Methodenkompetenz, aber ohne Patentrezepte, berät Peggy Gartner jetzt seit mehr als 10 Jahren Unternehmen bei der Einführung und Optimierung ihrer Projektmanagement- und Organisationsprozesse.

Unter ihrer Leitung entstanden die beiden ersten deutschen Übersetzungen des PMBOK Guide (Ausgaben 1996 und 2000). Bei den Übersetzungen der PMBOK Guide Versionen 2004 und 2008 war sie Mitglied des Translation Verification Committees (TVC). Außerdem hat Peggy Gartner an der OPM3-Erstellung, dem Organizational Project Management Maturity Model, mitgearbeitet.

Die Theorie des PMBOK Guide praxistauglich umzusetzen, steht im Focus ihrer Arbeit als Trainerin und Beraterin.

Peggy Gartner lebt in Karlsruhe, ist verheiratet und hat zwei Kinder. Sie erreichen Sie unter Peggy.Gartner@pm-gartner.de

 **Thomas Wuttke**, Dipl.Inform.(FH), PMP, PMI-RMP, CSM verantwortete für mehr als 15 Jahre kommerzielle und öffentliche Projekte, Großprojekte und Programme und sammelte umfangreiche Erfahrung im Umfeld von Software-, Systemintegrations- und Organisationsänderungsvorhaben. In seinen Rollen als Linienvorgesetzter, Bereichsleiter, Geschäftsführer, AG-Vorstand und International Partner erfuhr er die Rechte und Pflichten eines Executive Sponsors, lernte aber auch die Notwendigkeit einer gesunden Projektmanagementkultur als Erfolgsfaktor für Organisationen kennen.

Er absolvierte 1996 sowohl die IPMA Level B-Zertifizierung als auch die PMP® Zertifizierung. In 2009 folgte der »Risk Management Professional«, in 2010 der Certified Scrum Master. Er war einer der allerersten PMPs in Deutschland und seit 1997 intensiv in der Verbandsarbeit des PMI® engagiert: Mitbegründer und langjähriger Präsident des PMI Chapter Münchens, Vorstand im PMI Chapter Frankfurt, Director am Certification Board Center Board of Directors am PMI HQ in Philadelphia sowie Projektleiter und Teammember in vielen virtuellen PMI-Projekten.

Herr Wuttke ist ein begeisterter und begeisternder Trainer, Berater, Coach sowie Vortragsredner mit Einsätzen quer durch Europa, China, Korea, Japan, Indien, Brasilien und den USA. Seine Schwerpunktthemen sind »Erfolgreiche Strategieumsetzung durch Projekte und Programme«, die »Verbesserung des Projektmanagementreifegrads in Organisationen«, »Aufbau und Umsetzung eines funktionierenden und praktikablen Risikomanagements«, der »kulturelle Wellenritt in internationalen Teams« und »Karrierepfade für Projektpersonal richtig konstruieren und einsetzen«.

Thomas Wuttke ist verheiratet, hat drei Kinder und lebt im Landkreis Starnberg bei München, wo er neben der bayrischen Lebensart die schöne Voralpenlandschaft, das Segeln und die Berge des Wettersteins genießt.

Sie erreichen ihn unter thomas@thomaswuttke.com oder unter 0172-6300285.

1 Einführung

1.1 Wichtige Hinweise

1.1.1 Gratulation zu Ihrem Entschluss

Sie möchten Ihren Kenntnisstand im Bereich Projektmanagement durch ein Zertifikat nachweisen und Project Management Professional (PMP®) werden? Sie wollen die PMP-Prüfung bestehen und fragen sich, wie man sich am besten darauf vorbereitet? Dann sind Sie hier genau richtig. Wir werden Ihnen im Verlauf der nachfolgenden Kapitel aufzeigen, was Sie mindestens wissen sollten und worauf es bei der Prüfung ankommt.

Das PMP-Zertifikat des Project Management Institutes (PMI®) gilt als *der* globale Projektmanagement-Kompetenznachweis. Fast 400.000 Personen aus über 160 Ländern wurden inzwischen (Stand Juli 2010) als PMP anerkannt und ihre Anzahl erhöht sich jeden Monat um einige Tausend.

PMI hat mit dem PMP-Zertifikat einen entscheidenden Beitrag zur Harmonisierung der heterogenen Projektlandschaft geleistet. Das bekannteste Dokument, das von PMI herausgegeben wird, ist der »Guide to the Project Body of Knowledge (PMBOK® Guide)«. Der PMBOK Guide ist nicht nur offizieller ANSI-Standard, sondern hat sich durch seine weltweite Verbreitung auch zum globalen Defacto-Standard erhoben. Über zwei Millionen (!) Exemplare sind inzwischen im Umlauf. Dadurch entstand und entsteht eine gemeinsame Sprache der Projektleiter, die sich rund um den Erdball manifestiert. In der Tat ist es durch die Arbeit von PMI und durch den PMBOK Guide zum ersten Mal möglich, dass es weltweit gleichartig ausgebildetes Projektpersonal gibt. Die Nachfrage (nicht nur) der internationalen Unternehmen lässt den Bedarf stetig ansteigen.

Es ist daher umso erfreulicher, dass Sie sich entschlossen haben, dieser Gruppe beizutreten.

1

1.1.2   Dies ist kein Lehrbuch über Projektmanagement

Um es gleich ganz vorne und ganz klar zu sagen: Dies ist kein Lehrbuch über Projektmanagement! Dieses Buch bereitet auf eine Prüfung vor und soll Ihnen Hinweise geben, wie Sie sie am besten bestehen. Es vermittelt <u>kein</u> vertiefendes praxisorientiertes Projektmanagement-Know-how.

Worin besteht genau der Unterschied?

Nun, Projektmanagement ist eine Symbiose vieler Fachgebiete und Kompetenzbereiche – Operations Research, Kostenrechnung, Risikomanagement, Beschaffungswesen, Qualitätsmanagement, Vertragsmanagement, soziale Kompetenz, Terminmanagement, Software usw. Diese Symbiose ist so vielfältig wie die Projekte, in denen sie angewandt wird. Es gibt im Projektmanagement keinen goldenen Weg, nicht immer nur die eine richtige Lösung. Gutes Projektmanagement ist ein Konglomerat vieler möglicher Lösungen. Ein Lehrbuch über Projektmanagement würde in erster Linie diese Möglichkeiten diskutieren und versuchen, vor dem Hintergrund von Best-Practice-Wissen dem Leser – Ihnen – mögliche gangbare Lösungen anzubieten.

Ein Prüfungsvorbereitungsbuch hat eine andere Zielsetzung. Es dient denjenigen Lesern als gezielte Vorbereitungshilfe, die sich auf den Weg machen, PMP zu werden. Wir vermitteln Ihnen in diesem Buch Wissen, versuchen aber nicht, die Anwendung des Wissens zu diskutieren, also die Frage zu erörtern, wie Sie das Wissen in der Praxis einsetzen oder in Ihren Projektalltag transferieren können. Vielmehr finden Sie eine Darstellung der prüfungsrelevanten Inhalte. Sie erhalten Hinweise, wie Sie sich gezielt vorbereiten, Schwachstellen erkennen können, und zum Examen selbst.

1.1.3   Wissenstest, nicht Kompetenztest

Die Prüfung zum PMP ist eine Wissensprüfung, wobei Sie wie in einem Führerscheintest einen Satz Fragen in einem bestimmten Zeitfenster bearbeiten. Wer PMP ist, hat nachgewiesen, dass er einen bestimmten Wissensgrad erlangt hat. Ein guter Projektmanager muss er deswegen noch lange nicht sein.

Auf der anderen Seite gibt es eine Vielzahl von Projektmanagern, die seit vielen Jahren Projekte leiten, aber bisher keine methodischen Kenntnisse erworben haben. Ihr Rüstzeug ist soziale Kompetenz, das notwendige Organisationstalent und Intuition. Sie mögen als Projektmanager anerkannt sein, ihnen fehlt aber das methodische Basiswissen, um ein wirklicher »Projektmanagement Professional« zu sein.

PMP steht für »Project Management Professional« und nicht »Project Manager Professional«. Darin spiegelt sich die Intention des PMI wider. Es versucht nicht, den PMP als ein Leistungszertifikat darzustellen. Bedauerlicherweise wird dieser Unterschied nicht überall klar kommuniziert. Zu oft ist leider der Satz zu hören: »Der ist doch PMP, der muss das Projekt doch gut hinkriegen können.«

Andere Projektmanagementorganisationen versuchen sich in Kompetenzzertifikaten, deren Bestandteile eine Hausarbeit oder eine mündliche Prüfung sein können. Ob mit dem Erlangen eines solchen Zertifikats der Nachweis erbracht ist, dass Sie ein guter Projektmanager sind, bleibt trotzdem fraglich. An dieser Stelle drängt sich die Frage auf: »Was macht einen guten Projektmanager aus?« Sicherlich nicht nur die Qualifikation, eine mündliche Prüfung vor einem Ausschuss zu bestehen oder eben 200 Fragen in vier Stunden zu beantworten.

Aber: Eine Zertifizierung ist eine vernünftige Grundlage für die weitere Projektarbeit, ein Start gewissermaßen. In jedem Fall trägt es dazu bei, ein gemeinsames Sprach- und Sachverständnis für unseren Beruf zu etablieren.

1.1.4 Auch das Unternehmen muss sich qualifizieren

Stellen Sie sich folgende Situation vor: In einem Unternehmen sind viele Projektmanager zertifiziert und die Projekte sind trotzdem nicht erfolgreich. Woran kann das liegen? Zum einen daran, dass sich die Mitarbeiter qualifiziert haben, nicht aber das Unternehmen. Alle »Zertifizierten« wissen über die theoretisch beste Vorgehensweise Bescheid, aber die Organisation selbst hat nicht die notwendigen Rahmenbedingungen aufgebaut, um Projektmanagement als eines oder das zentrale Wertschöpfungswerkzeug zur Entfaltung zu bringen.

Was heißt das? Nun, denken Sie beispielsweise an eine Dreipunktschätzung. Sie lernen hier in diesem Buch die reine Technik. Da dies kein Lehrbuch ist, diskutieren wir nicht die Einführung dieses Verfahrens in den betrieblichen Alltag. Aber der Transfer einer Methode in die betriebliche Praxis ist keine leichte Aufgabe, da müssen alle mitspielen: Vertrieb, Linie, Geschäftsleitung und auch die Teammitglieder selbst müssen wissen, was sich hinter diesem Thema verbirgt. Hier verbirgt sich eine Sollbruchstelle, deren vertiefende Betrachtung nicht Gegenstand einer PMP-Examen-Vorbereitung sein kann, auch wenn sie für die Projektrealität sehr wichtig ist und vorgenommen werden muss.

Was passiert, wenn das erworbene Methodenwissen nicht in die Praxis umgesetzt wird? Dann resignieren entweder die PMPs und machen so weiter wie bisher. Dann waren alle Anstrengungen umsonst – aber leider nicht kostenlos, oder die Mitarbeiter verlassen das Unternehmen – auch nicht gerade eine gute Alternative. Daher ist die Qualifizierung des Projektpersonals zum PMP nur die eine Seite der Medaille – die andere ist der »PMP« für Unternehmen – denn auch ein Unternehmen muss sich qualifizieren. Keine Sorge – den »PMP fürs Unternehmen« gibt es nicht. Dennoch hat eine Organisation die Aufgabe, die Rahmenbedingungen zu schaffen, um Projektmanagement zum Wirken zu bringen. Für alle, die diese Thematik vertiefen möchten, sei nur ein Stichwort erwähnt: PMI's Organizational Project Management Maturity Model, kurz OPM3. OPM3 beschreibt ein Reifegradmodell und ist ein weiterer Standard von PMI, der zum Ziel hat, die betriebliche Einbindung von Projektmanagement zu bewerten und einen firmenindividuellen Verbesserungsweg aufzuzeigen.

1.1.5 Nur PMI zertifiziert

Wir werden immer wieder mit der Aussage konfrontiert, dass das PMP-Zertifikat von Unternehmen wie SAP, Siemens, IBM, Prometric o.Ä. vergeben wird. Das ist falsch. Nur PMI vergibt dieses Zertifikat. Es gibt zwar Lizenzvereinbarungen für globale Großkunden, aber das ändert nichts an der Tatsache, dass die Zertifizierung, die Regeln hierzu, die Durchführung und die Entscheidung, ob jemand PMP ist oder nicht, ausschließlich von PMI vorgegeben werden.

PMI hat das Prozedere für Zertifizierung und Prüfung schriftlich festgelegt. Dieses Buch orientiert sich selbstverständlich an den letzten Veröffentlichungen von PMI zu diesem Thema – eine Garantie für die Richtigkeit können wir jedoch nicht übernehmen. Nur die offiziellen Dokumente, die PMI auf der Webseite *www.pmi.org* veröffentlicht, sind gültig. PMI wird Dokumente ändern, ohne uns zu fragen – und selbst wenn das nicht so wäre: Sofern Sie dieses Arbeitsbuch bereits seit Jahren im Regal stehen haben, sollten Sie sicherheitshalber die hier enthaltenen Informationen nochmals auf Aktualität überprüfen ...

1.2 Die Prüfung

Dieses Kapitel fokussiert auf die PMP-Prüfung an sich, Grundlagen, Technik und das Prozedere der Anmeldung.

1.2.1 Die 4 »E« der Zertifizierung

Die Prüfung zum PMP orientiert sich an den so genannten vier »E«:

1. Education
2. Experience
3. Exam
4. Ethics

Education (Ausbildung)

Zu den Zulassungsvoraussetzungen zum PMP-Examen gehört eine Schulausbildung, die dem Abschluss einer »High School« gleichzusetzen oder weiterführend ist. Obwohl im Anhang zur Zertifizierungsbroschüre das deutsche Äquivalent des High-School-Diploms mit Abitur angegeben ist, so ist doch der Schulabschluss »Mittlere Reife« in Kombination mit einer abgeschlossen Berufsausbildung in der Praxis ausreichend. Gegebenenfalls müssen Sie hier das PMI von der Gleichstellung überzeugen. Wir können nicht garantieren, dass eine Anerkennung in Ihrem Fall erfolgt, kennen aber einige Beispiele für eine erfolgreiche Prüfungsregistration.

Eine zweite Ausbildungsvoraussetzung ist die Notwendigkeit, mindestens 35 Stunden Training im Bereich Projektmanagement absolviert zu haben. 35 Stunden entsprechen in etwa einer Woche Training. PMI möchte mit dieser Bedingung die Durchfallquote senken. Offenbar gab es eine Gruppe von Prüfungskandidaten, die zwar sehr praxiserfahren, aber methodisch unausgebildet war, so dass ein Großteil von ihnen die Prüfung nicht bestanden hat.

Experience (Erfahrung)

Für die Zulassung zur Prüfung müssen Sie 4.500 bzw. 7.500 Stunden Erfahrung im Projektmanagement nachweisen. Wohlgemerkt im Projektmanagement, nicht als Projektmanager. PMI fragt nach Ihren Erfahrungen in den verschiedenen Performance Domains (Initiierung, Planung, Ausführung,

Steuerung und Abschluss); am Ende müssen Sie in jeder der Performance Domains mindestens eine Stunde Erfahrung haben.

Die unterschiedliche Anzahl an Erfahrungsstunden (4.500 bzw. 7.500 Stunden) wird von Ihrer Ausbildung beeinflusst. Haben Sie als Ausbildungsabschluss einen »Bachelor-Degree« oder höher, dann müssen Sie »nur« 4.500 Stunden nachweisen. Dem Bachelor entspricht unser Fachhochschuldiplom oder ein Abschluss an der Dualen Hochschule.

Examen

Das eigentliche Kernstück des Zertifizierungsverfahrens ist ein Examen mit 200 Fragen, die in vier Sunden zu beantworten sind. Das Examen wird normalerweise in einem Testzentrum an einem Computer abgelegt. Das Examen besteht aus Multiple-Choice-Fragen, mit jeweils vier Antwortmöglichkeiten und immer nur einer richtigen Antwortmöglichkeit.

Ethics

Das vierte Zertifizierungselement sind die so genannten Ethics. Mit ihrer Anmeldung unterschreiben Sie den »PMI Code of Ethics and Professional Conduct« und verpflichten sich somit zu der Einhaltung von ethischen Grundsätzen im Projektmanagement.

1.2.2 Das Verfahren zur Anmeldung und Durchführung

Alle notwendigen Details zur Anmeldung finden Sie ausführlich auf der Webseite des PMI: *www.pmi.org*

Wenn Sie dort die Seite mit Informationen zum »PMP« Project Management Professional (PMP)® auswählen, steht Ihnen nicht nur das PMP »Credential« Handbuch zum Download bereit, sondern auch weitere Informationen rund um die PMP-Prüfung, wie z.B. der Link zur Online- Anmeldung für Ihre Prüfung.

Theoretisch ist auch eine Anmeldung mit einem ausgedruckten Formular möglich. Wir raten jedoch, die Onlineanmeldung zu verwenden. Nicht nur dass diese komfortabler ist, sie hat auch einen deutlichen Zeitvorteil. Ein weiterer Vorteil: Sie können sich in den Quersummen nicht verrechnen und beugen Missverständnissen im Zusammenhang mit der europäischen Schreibweise einer 7 oder einer 1 vor.

Nach Einreichung der Unterlagen und erfolgter Annahme der Unterlagen durch PMI erhalten Sie eine e-Mail mit Informationen über den Zeitraum, in dem Sie sich zur Prüfung anmelden müssen (eligibility period), und weiteren Informationen, wie und wo sie ihren individuellen Prüfungstermin vereinbaren können. Abgelegt wird die Prüfung in einem der Prometric Testzentren in Berlin, Frankfurt, Hamburg oder München (Stand Juli 2010).

Nach Freigabe seitens PMI haben Sie ein Jahr Zeit, einen Prüfungstermin zu vereinbaren.

Alle Fragen hinsichtlich Krankheit, Nicht-Erscheinen, Verlängerung etc. sind ausführlich in dem oben genannten Handbuch (PMP Credential Handbook) behandelt. Bitte beachten Sie unbedingt die dort genannten Fristen und Verfahren, falls Ihnen am Morgen der Prüfung zufällig doch ganz übel sein sollte.

1

1.2.3 Die deutsche Fassung der PMP-Prüfung

Das PMP-Examen wird neben Englisch auch in weiteren Sprachen angeboten. Es gibt zwölf weitere offizielle Sprachen von PMI, nämlich Arabisch, Portugiesisch (Brasil), chinesisch (vereinfacht und traditionell), Deutsch, Französisch, Hebräisch, Italienisch, Japanisch, Koreanisch, Russisch, Spanisch.

PMI hat in diesen Sprachversionen den PMBOK Guide ab der Version 2000 als eigene autorisierte und »amtliche« Übersetzung veröffentlicht. Wenn Sie eine Übersetzung der Prüfungsfragen und -antworten wünschen, können bzw. müssen Sie dies bei der Prüfungsanmeldung angeben.

Englisch ist aber immer die Grundsprache. Die anderen Sprachen sind nur als Hilfsmittel anzusehen. Der Prüfungskandidat kann am Computer mit Hilfe der Funktionstasten von Englisch auf die jeweils andere gewählte Sprachfassung umschalten oder es werden beide Versionen nebeneinander dargestellt.

Glücklicherweise hat sich die Sprachqualität der deutschen Übersetzung deutlich gebessert. Nach einigen Beschwerden hat PMI hier spezielle Task Forces eingerichtet, deren Mitglieder als Muttersprachler, zertifizierte PMPs und Fachleute die Qualität der Übersetzung verbessert haben.

Man kann das Examen mit Rückgriff auf eine permanent einblendbare deutsche Übersetzung auch ohne tiefere Kenntniss der englischen Sprache ablegen.

Aber dass es kein Nachteil ist, wenn man der englischen Sprache und der englischen Fachbegriffe mächtig ist, liegt auf der Hand. Das oft gehörte Argument »Das Examen ist nur in Englisch abzulegen« ist durch etliche uns bekannte leibhaftige PMPs entkräftet, die des Englischen unkundig sind.

1.2.4 Die Prüfung

Die Prüfung findet in aller Regel nach individueller Terminabsprache in einem Testzentrum statt. Zu bestimmten Anlässen bietet PMI auch separate Prüfungen auf Basis Papier und Bleistift (Paper and Pencil oder abgekürzt P&P) an. Das geschieht oft am Rande eines Kongresses oder Symposiums. Egal, wie und wo Sie die Prüfung ablegen, seien Sie gut vorbereitet, mental und kognitiv.

Es sind Trivialweisheiten, gerade deswegen seien sie nochmals erwähnt:

▶ Kommen Sie ausgeruht, ausgeschlafen und im »Testmodus« zur Prüfung. Die Herausforderung liegt nicht allein darin, von jeweils vier Antwortmöglichkeiten die richtige zu wählen, eine Herausforderung stellt auch die vier Stunden währende Prüfungsdauer dar. Wenn Sie schon lange keine Prüfung mehr abgelegt haben und damit rechnen, vor Aufregung schlecht zu schlafen, begegnen Sie diesem Problem frühzeitig und nicht am Abend zuvor. Ein Prüfungskandidat berichtete, dass er seine Aufregung mit Rotwein abgedämpft habe, um am nächsten Tag dann trotzdem unausgeschlafen, aber zusätzlich mit dickem Kopf zu erscheinen. Kein guter Start. Damit es besser klappt, hier ein paar Hinweise zum Prüfungsablauf:

▶ Die Prüfung beginnt mit der Feststellung Ihrer Identität. Sie müssen ein entsprechendes Identifikationspapier mit ihrer Unterschrift vorlegen. Dabei muss die Schreibweise des ausgewiesenen Namens genau dem Namen auf der Anmeldung entsprechen. Das Ausweispapier muss ein Foto enthalten (z.B. Personalausweis, Führerschein).

▶ Danach erhalten Sie eine Einweisung in die (sehr einfache) Logik des Testprogramms. Seien Sie nicht verwirrt, wenn das kleine Lernprogramm (ca. 15 Minuten, die nicht von Ihrer Zeit abgezogen werden) auf einmal mehrere unterschiedliche Antworttypen zulässt und mehr als vier Antworten pro Frage bereithält. Das gilt nur für das Lernprogramm, das insoweit von der eigentlichen Prüfung abweicht! Keine Panik!

▷ Sie werden in dem Testzentrum mit hoher Wahrscheinlichkeit nicht allein sein. Zumindest einige der anderen Anwesenden schwitzen Blut und Wasser, auch wenn nicht alle den PMP-Test ablegen. Die anderen Kandidaten bearbeiten andere Tests, Sprachtests zum Beispiel. Eine Prüfungskandidatin berichtete uns, dass sie von Schicksalsgenossen eingerahmt war, die solche Sprachtests ablegten und die deswegen langandauernd und intensiv auf ihrer Tastatur schrieben. Das fördert nicht unbedingt die Konzentration. Ziehen Sie das Tragen der zur Verfügung gestellten Lärmschützer in Erwägung.

▷ Es ist hilfreich, alle Formeln zunächst (aber erst nach der Einweisung in das Testprogramm, denn vorher ist Schreiben nicht erlaubt) vorsorglich auf das bereitgestellte Konzeptpapier zu schreiben – dann brauchen Sie später nicht mehr zu überlegen, wie genau die Formel für den EAC lautet.

▷ A propos bereitgestelltes Konzeptpapier: Sie dürfen nichts, aber auch gar nichts in den Prüfungsraum mitnehmen oder wieder herausbringen.

▷ Bearbeiten Sie Frage für Frage und lesen Sie die Fragen aufmerksam. Einige Fragen sind negiert wie z.B. »Welches ist KEIN Zeichen einer guten ...«, wobei das KEIN nicht unbedingt in Großbuchstaben erscheint.

▷ Seien Sie auch auf etliche Fragen gefasst, die nach den Eingangs- und Ausgangswerten der Prozesse fragen. Sie müssen verstanden haben, welcher Prozess einen anderen „beliefert".

▷ Sie können Fragen markieren und später in einer Gesamtschau die markierten Fragen einsehen und nochmals bearbeiten.

▷ Lassen Sie keine Frage unbeantwortet! Wenn Sie unsicher sind, wählen Sie die Ihnen am schlüssigsten erscheinende Antwort, markieren Sie sie, um ggf. im Rückblick darauf zurückzukommen, und widmen Sie sich der nächsten Frage. Immerhin haben Sie eine 25%-Chance auf eine richtige Antwort. Sollte die Zeit zum Ende hin knapp werden, werden Sie dankbar sein, auch die Fragen, auf die Sie nicht eindeutig richtig antworten konnten, zumindest bestmöglich beantwortet zu haben.

▷ Haben Sie alle Fragen beantwortet und das Gefühl, dass jede weitere Überarbeitung Ihrer Fragen die Sache insgesamt nur noch verschlimmert, können Sie das Prüfungsende selbst herbeiführen. Sofern Sie das Vier-Stunden-Zeitlimit überschreiten, wird Ihnen die Entscheidung von der Computersoftware abgenommen.

1

▷ Umgehend nach der Prüfung teilt Ihnen der Testrechner das Ergebnis mit. Testkandidaten, die an einem Paper&Pencil-Test teilnehmen, müssen sich bis zur offiziellen Stellungnahme von PMI gedulden. Diese erfolgt in der Regel nach sechs Wochen und schriftlich.

1.2.5 Examenslogik

Noch ein paar Worte zum Aufbau des eigentlichen Kernstücks der Prüfung, dem Test am Computer.

▷ Die Prüfung selbst besteht aus **Multiple-Choice-Fragen mit jeweils vier Antwortmöglichkeiten, wovon immer nur genau eine richtig ist**! Es gibt keine Mehrfachantworten.

▷ Insgesamt **200 Fragen** sind in **vier Stunden** zu beantworten, also 200 Fragen in 240 Minuten oder eine Frage in 1,2 Minuten (dezimal). Lassen Sie sich das bewusst werden. Pro Frage haben Sie also ein bisschen mehr als eine Minute Zeit. Das hört sich schon ziemlich knapp an – die eigentliche Herausforderung ist aber, dass es vier Stunden lang knapp ist ...

▷ Der Fragenpool beinhaltet 25 nicht gekennzeichnete Testfragen, die für spätere Versionen des Examens wertvolle Hinweise an PMI geben. Das Resultat der Beantwortung dieser Fragen wird nicht gezählt. Das ist die gute Nachricht. Die schlechte: Sie wissen nicht, welches die Testfragen sind ...

▷ Von PMI gibt es zurzeit keine offizielle Angabe zu einer Bestehensquote. Allerdings hatte PMI 2005 ein Dokument veröffentlicht, bei dem die Aussage getroffen wurde, dass von den 175 Fragen (also 200 abzüglich der 25 Testfragen) **106 Fragen richtig** beantwortet werden müssen. Diese Aussage ist aber nicht verifizierbar!

Die 200 Fragen teilen sich auf sechs Themengebiete auf, wobei unterschiedlich viele Fragen pro Themengebiet gestellt werden. Folgende Tabelle zeigt die Themengebiete auf und gibt an, wie viel Prozent der Fragen aus welchem Themengebiet stammen.

Themengebiet (Performance Domain)	Anteil der Fragen in % (gerundet)
Initiierung	11
Planung	23
Ausführung	27
Überwachung und Steuerung	21
Abschluss	9
Persönliche und soziale Verantwortung	9

Tabelle 1.1: Themengebiete des PMP-Examens

Die gute Nachricht: Es gibt jede Menge ziemlich einfacher und trivialer Fragen, die in relativ kurzer Zeit zu beantworten sind. Es gibt aber auch ein paar Fragen, die Ihnen trotz guter Vorbereitung nichts sagen werden. Gar nichts. Gehen Sie davon aus, dass dies ca. 10% der Fragen, also 20 Stück sein werden. Die ersten, die einfachen, werden ca. 40%, also 80 Fragen ausmachen. Wenn man annimmt, dass zum Bestehen 106 Fragen richtig beantwortet sein müssen, dann sollten Sie nach dieser 100:20:80-Regel von den verbleibenden ca. 80 Fragen ein Drittel richtig beantworten (da Sie ja nicht wissen, welches die 25 Testfragen sind). Dass Sie dieses Ziel erreichen, ist das Anliegen dieses Buches.

In der Tat berichten Teilnehmer oft von Zeitproblemen. Die richtige Strategie kann da nur sein, die »sicheren Bänke auch sicher zu machen«. Also in allen Definitionen, Formeln und DGrundlagen fit zu sein und durch die Beantwortung von entsprechenden Probefragen an die Fragestellung gewöhnt zu sein.

1.2.6 Warum man durchfällt

Ja, wenn man das vorher wüsste. Allerdings sind es immer wieder die typischen Probleme, die ein Durchfallen – sagen wir einmal – begünstigen. Nehmen Sie sich daher folgende Grundregeln zu Herzen und lernen Sie aus den Fehlern der anderen:

▷ Sie haben vier Stunden Zeit. Nutzen Sie diese auch aus. Sich vier Stunden zu konzentrieren ist anstrengend, ohne Frage. Es ist eine Art Prüfungsmarathon, bei dem – wie beim Laufsport jenseits des Kilometers 30 – irgendwann der »Mann mit dem Hammer« auftaucht. Sie werden sich fragen, warum Sie diesen Mist hier überhaupt machen, dass Sie bisher auch prima ohne PMP gelebt haben und auch gut und gerne ohne PMP das hohe Alter erreichen können und so weiter. Ein Tipp: Erwarten Sie ihn, laden Sie ihn zu einer mentalen Tasse Kaffee ein und sagen Sie ihm, er möge wieder verschwinden.

▸ Da Sie nur vier Stunden Zeit haben, sollten Sie sich eine Zeitstrategie festlegen. Bestimmen Sie Ihren SPI (die Abkürzung sollten Sie nach dem Durcharbeiten des Buches kennen, die Erläuterung finden Sie im Kapitel *Kostenmanagement*). Planen Sie Pausen ein, die Sie bewusst zur Regenerierung nutzen. Sie sollten wissen, dass Pausenzeiten von Ihrer Nettozeit abzuziehen sind, die Testuhr läuft erbarmungslos weiter. Für eine kurze Pause spricht trotzdem das Motto: »Wenn du es eilig hast, nimm dir Zeit ...«

▸ Lesen Sie sich die Fragen gründlich durch. Nicht die gesamte Information in der Frage dient der korrekten Lösung. In den Fragestellungen sind auch »Nebelbomben« versteckt, die von der eigentlichen Frage ablenken. Ein diesbezüglicher Rat ist der folgende: Versuchen Sie, in der Frage zunächst die Frage zu finden. Worum geht es denn eigentlich?

▸ Der Begriff Nebelbomben deutet es schon an: Die Fragen sind mitunter sehr textreich. Fallbeispiele wiederholen sich, die Fragestellung ändert sich jedoch. Diese Tatsache wird Ihnen Konzentrationsfähigkeit abverlangen.

▸ Wie bereits erwähnt, sind Negierungen ein häufig gewähltes Mittel. In einem solchen Fall (»Welches ist kein Zeichen einer ...«) ist die »falsche« Antwort die, die gesucht wird. Wenn Sie die Negierung übersehen, haben Sie drei »richtige« Möglichkeiten, das sollte Sie stutzig machen.

▸ Wir wiederholen unseren Rat: Erscheinen Sie ausgeruht und in jeder Hinsicht stabil zur Prüfung. Es ist der Vier-Stunden-Marathon, der Sie anstrengen wird. Da gilt es, Reserven zu haben und nicht schon angegriffen den Start zu wagen. Dazu zählt auch, dass Sie nicht bis unmittelbar vor der Prüfung Fragen pauken oder Bücher lesen. Machen Sie drei Tage vorher Redaktionsschluss.

▸ Zu guter Letzt: Unterschätzen Sie diese Prüfung nicht. Sie werden Ihre liebe Not haben, wenn Sie als »Projekt-Zwölf-Ender« (»seit 100 Jahren im Projektgeschäft«) tätig sind, aber mit Mühe und Not die geforderten 35 Stunden Theorie absolviert haben. Zwar ist die Prüfung sehr praxisorientiert, doch allein mit Praxiserfahrung wird sie nicht zu bestehen sein.

1.2.7 PMI®-Weisheiten

Man könnte diesen Abschnitt auch nennen »Was PMI gerne hören möchte«. Dieser Satz hört sich ein wenig unreflektiert an. Er vermittelt den Eindruck, dass es Fragen gibt, über die man nicht nachdenken muss. Das Gegenteil ist der Fall. Wir wollen Sie dazu anregen, sich bewusst zu machen, dass das PMP-Examen von einer globalen Mentalität geprägt ist. Beantwortet man gerade die »weichen« Fragen nur vor dem Hintergrund der eigenen, deutschen oder europäischen Kultur, liegt man damit nicht immer richtig. Die unten dargestellten Tendenzen haben wir »humorig« und etwas überspitzt dargestellt. Sie sollten Sie dennoch dazu anregen, die Ansatzpunkte zu erkennen und Ihre eigene Projekterfahrung in Beziehung zu den Sichtweisen des PMI zu stellen, um Unterschiede aufzudecken und darauf reagieren zu können. Welche Tendenzen sind also zu erkennen?

▷ Bedenken Sie zunächst, dass das PMI ein Berufsverband der Projektmanager ist. Daher sind Projektmanager immer wichtig, wertvoll, verantwortungsbewusst und unabdingbar (stimmt ja auch). Nach der Definition des Inhalts und Umfangs erfolgt mit Hilfe des Projektstrukturplans (PSP bzw. WBS) die eigentliche und echte Planungsarbeit. PSPs sind das Kernstück im Projektmanagement und geradezu unersetzlich. Lesen Sie zu diesem Zweck auch die Bedeutung der Strukturzerlegung im Prozessfluss der Planungsprozesse (PMBOK Guide Kapitel 3). Alle weiteren Planungsschritte sind direkt von der Strukturzerlegung abhängig.

▷ Ein Projektmanager ist immer für die drei Seiten des magischen Dreiecks, Kosten, Termine sowie Inhalt und Umfang, verantwortlich.

▷ Dem Stakeholderkonzept gebührt höchste Aufmerksamkeit, sind es doch die Stakeholder, die unser Projekt beeinflussen oder beeinflussen können. Der Auftraggeber (oder auch Sponsor) ist für den Projektleiter die »letzte Instanz« und daher sehr bedeutsam. Bitte verwechseln Sie in diesem Zusammenhang nicht den (internen) Auftraggeber mit einem juristischen Auftraggeber. Selbst wenn Sie in Projekten tätig sind, die im Kundenauftrag durchgeführt werden, so ist Ihr Auftraggeber (»Sponsor«) in der Regel nicht der Endkunde, sondern die Geschäftsführung bzw. die Linienabteilung in Ihrem Hause.

▷ Der Projektleiter führt sein Team kollegial, aber er hat dennoch die finale Verantwortung für das Projekt an sich. Der Projektauftraggeber hat die Verantwortung für den Projektauftrag und den Business Case.

▶ Mit dem letzten Hinweis kommen wir noch einmal auf die kulturelle Ebene zurück. PMI und damit auch die PMP-Fragen sind noch immer US-lastig. Während reine US-Themen wie z.B. spezielle Beschaffungsfragen inzwischen im internationalen Examen eliminiert wurden, sind doch viele Fragen in Richtung »Miteinander im Projekt«, »Kooperation«, »Verantwortung« und »Führung« geprägt von einem angelsächsischen Managementverständnis – was hier nicht falsch verstanden werden darf oder gar abwertend gemeint ist. Nein, es muss nur klar sein, dass es möglicherweise unterschiedliche Sichtweisen auf die oben genannten Dimensionen der Zusammenarbeit gibt. Wer als »zentraleuropäischer« Projektleiter seit 20 Jahren im gleichen mittelständischen Betrieb beschäftigt ist und bisher wenig internationale Kontakte gepflegt hat, sollte sich im Vorfeld mit den Unterschieden der einschlägigen Projektlandschaften auseinander setzen.

1.3   PMP – und dann?

Abschließen wollen wir die Einleitung mit einem Ausblick auf den Moment, in dem Sie die begehrte Trophäe in den Händen halten:

Der PMP wird für einen Zeitraum von drei Jahren erteilt, danach erfolgt eine Erneuerung des Zertifikats. Erneuerung bedeutet in diesem Zusammenhang nicht, dass die Prüfung nochmals zu absolvieren ist und wieder 200 Fragen zu beantworten sind. Vielmehr heißt es, sich zwischenzeitlich auf dem Gebiet des Projektmanagements fortgebildet zu haben.

Was bedeutet das konkret? Das bedeutet: Sie müssen 60 Stunden Weiterbildung nachweisen! Umgerechnet sind das 20 Stunden pro Jahr oder etwa zwei Stunden pro Monat. Nicht zu viel verlangt, aber hier ist es auch wie immer im Leben. Dokumentieren Sie Ihre Projekterfahrung laufend und entscheiden Sie sich nicht zu spät für eine Erneuerung. Denn wenn Sie nach dem Ablauf von drei Jahren merken, dass Ihnen die Nachweise fehlen, kann die Zeit schnell knapp werden.

Alle Details bzgl. des Verfahrens der Erneuerung des Zertifikats sind auch im PMP Credential Handbuch im Kapitel »Continuing Credential Requirements (CCR) Program« zusammengestellt, die Sie – wie bereits erwähnt - im Internet (*http://www.pmi.org*) herunterladen können.

Alle zur Rezertifizierung benötigten Informationen erhalten Sie aber auch zusammen mit Ihrem Zertifikat von PMI.

2 Ethik und Maßstäbe für professionelles Verhalten

2.1 Themengebiete des Wissensgebietes

Neben den neun Wissensgebieten des PMBOK Guide werden in der PMP-Prüfung noch zwei weitere Themenschwerpunkte abgefragt: »Ethik und Maßstäbe für professionelles Verhalten« und der Projektmanagementrahmen (siehe nächstes Kapitel).

Da das Thema »Ethik und Maßstäbe für professionelles Verhalten« (professional responsibility) nicht im PMBOK Guide behandelt wird und dieses Werk doch die Primärquelle fast aller Prüfungsteilnehmer ist, kommt es immer wieder vor, dass sich Prüfungsteilnehmer auf diesem Gebiet nicht oder nur sehr wenig vorbereitet haben. Dabei ist dieses Themengebiet einfach zu bearbeiten.

Wir haben oft erlebt, wie sich Teilnehmer in PMP-Vorbereitungskursen im ersten Reflex amüsiert über den Aspekt gezeigt haben, dass als Teil des PMP Examens (immerhin 9% = 18 Fragen) Ethikrichtlinien auftauchen. Nun, wenn man bedenkt, dass Projektleiter z.T. Budgets verwalten, von denen so mancher Mittelständler als Jahresumsatz nur träumen kann, wird klar, dass nicht nur deswegen Leitlinien für professionelles Verhalten unabdingbar sind.

PMI hat sich schon früh mit Ethikrichtlinien befasst. Bereits 1981 hat das damalige Board of Directors eine entsprechende Arbeitsgruppe ins Leben gerufen. Die Skandale um die Jahrtausendwende haben in vielen Industriezweigen den Ruf nach besserer Unternehmensführung (»good Governance«) laut werden lassen und teilweise wurde dieser auch durch Gesetze manifestiert. Good Governance in Projekten ist davon nicht befreit und muss ein integraler Bestandteil des Selbstverständnisses von Projektmanagern werden.

Der Zweck des Ethikkodex von PMI liegt darin, das Vertrauen in das Berufsbild des Projektmanagers zu fördern und dem Projektleiter zu helfen, ein »besserer Vertreter dieses Berufs zu sein«.

2.1.1 Ethikrichtlinien und Maßstäbe für professionelles Verhalten (Code of Ethics & Professional Conduct)

Unabdingbares Element der Bearbeitung dieses Abschnitts ist, dass Sie den Ethikkodex des PMI, den Sie für die Anmeldung zur Prüfung akzeptieren müssen, durcharbeiten und verstehen. Als ein Project Management Professional verpflichten Sie sich nämlich, die dort beschriebenen Regularien einzuhalten sowie auch die Einhaltung durch andere zu unterstützen. Seit dem 1. Januar 2007 ist der Verhaltenskodex in der gleichen Fassung für PMI-Mitglieder, Inhaber eines Zertifkats, Personen, die den Zertifizierungsprozess durchlaufen, und Freiwillige im Umfeld des PMI gültig. Die Domänen lauten:

- Verantwortlichkeit
- Respekt
- Fairness
- Ehrlichkeit

Das Projektteam, das diesen Kodex im Jahre 2004 bis 2006 geschaffen hat, war international zusammengesetzt und hat sicherlich nicht nur die nordamerikanische Brille auf der Nase gehabt. Und dem Team war klar, dass ein Kodex für Projektleiter kein Manifest einer 37 Punkte umfassenden »Das-darfst-Du-nicht-machen-Liste« sein darf.

Die vier oben genannten Domänen (Verantwortlichkeit, Respekt, Fairness, Ehrlichkeit) haben im Kodex eine jeweils zweigeteilte Botschaft:

1. Eine Liste **erstrebenswerter Standards**, sprich Verhaltensweisen, die für das Projektpersonal als Leitlinie des täglichen Handelns dienen.
2. Eine Liste **obligatorischer Standards**, die nicht zu diskutieren sind und deren Verletzung für jemanden, der den Kodex unterschrieben hat, disziplinarische Folgen haben kann.

Erstrebenswertes Verhalten bezieht sich auf Verhaltensweisen, die wir als Berufsvertreter achten, die aber auch meist nicht leicht zu quantifizieren sind. Dennoch ist unser Verhalten nach diesen erstrebenswerten Standards eine Erwartung, die für uns – als Berufsvertreter – bindend ist(!). Ja, ja, wir wissen, dieser Satz lässt Sie die Stirne runzeln. Im Klartext heißt das, dass erstrebenswerte Standards nicht ganz so freiwillig sind, wie sie beschrieben wurden, und dass das betreffende Projektpersonal immer und überall bemüht sein soll, diese Standards einzuhalten (Wenn Sie Ihrer Tochter – 11 Jahre – sagen, sie möge bitte, wenn möglich, ihr Zimmer aufräumen, dann ist das auch erstrebenswert und gleichzeitig bindend...).

Obligatorische Standards legen dagegen verbindliche Anforderungen fest, die in manchen Fällen auch ein Handeln verbieten können und deren Missachtung mit Disziplinarmaßnahmen seitens PMI belegt werden können. Hierzu unterhält PMI ein permanentes Komitee, das entsprechende Meldungen und Anzeigen aufnimmt und nachverfolgt.

Für die PMP-Prüfung sind die Fragen nach den obligatorischen Standards einfach. Würden Sie jemanden wegen seiner Hautfarbe diskriminieren? Würden Sie Geld eines Lieferanten annehmen, weil der sich davon einen besseren Zutritt in Ihr Projekt erhofft? Sie sehen, obligatorische Standards sind nicht selten sowieso verboten, nicht nur wegen der PMI-Ethikrichtlinien.

Das war die gute Nachricht, nun die schlechte: Ein Großteil der Ethikfragen im PMP-Examen sind Fragen nach dem erstrebenswerten Verhalten (Sie wissen ja: »freiwillig verbindlich«) und daher etwas kniffliger.

Wir empfehlen, den Originaltext der Ethikrichtlinien auf jeden Fall zu lesen. Sie finden den Text auf der PMI-Webseite auch in deutscher Sprache. Nachfolgend folgt eine vereinfachte Zusammenfassung des Kodex:

Verantwortlichkeit

Zur Verantwortlichkeit gehört das Verantwortungsbewusstsein für die von uns getroffenen Entscheidungen. Wir wissen, was wir tun. Wir übernehmen für unser Tun auch die Verantwortung.

Erstrebenswert ist, ...

... bei unseren Entscheidungen nur das Beste für Gesellschaft, Sicherheit und Umwelt im Sinn zu haben;

... nur Aufgaben, die wir auch bewältigen können und für die wir qualifiziert sind, anzunehmen;

... unser Wort zu halten;

... Fehler einzugestehen und die Folgen zu tragen;

... urheberrechtliche Informationen zu schützen. (In einem unserer Seminare kam ein Teilnehmer mit einer kopierten Versionen dieses Buches und hatte ein paar Fragen. Wir hatten auch ein paar Fragen...).

Obligatorisch ist, ...

... sich an Gesetzte, Vorschriften, Regeln und Bestimmungen zu halten;

... unethisches und illegales Verhalten an PMI zu melden;

... Verhalten nur zu melden, wenn Beweise vorliegen und nicht missbräuchlich zu denunzieren;

... auch Personen zu melden, die auf Grund einer Ethikanzeige Vergeltungsmaßnahmen ausüben.

Respekt

Dazu gehört, uns selbst (!) und andere mit Würde zu behandeln. Respekt erzeugt Vertrauen, Zuversicht und ist der Quell herausragender Leistungen. Unterschiedliche Perspektiven und Ansichten werden geschätzt und unterstützt

Erstrebenswert ist, ...

... sich zuerst über Normen und Gebräuche anderer zu informieren;

... ein offenes Ohr für andere Ansichten zu haben und diese zumindest versuchen zu verstehen;

... direkt auf denjenigen zuzugehen, mit dem wir evtl. nicht einer Meinung sind;

... sich immer professionell zu verhalten – auch wenn es nicht erwidert wird.

Obligatorisch ist, ...

... Verhandlungen in gutem Glauben durchzuführen;

... nicht seine Macht zu missbrauchen und sich nicht persönlich zu bereichern;

... anderen gegenüber kein ausfallendes Verhalten an den Tag zu legen;

... die Eigentumsrechte Dritter zu respektieren.

Fairness

Fairness ist unsere Pflicht. Bei Entscheidungsfindungen und Handlungen gehen wir unvoreingenommen und objektiv vor. Wir sind nicht von Eigennutz, Vorurteilen oder Begünstigungen beeinflusst.

Erstrebenswert ist, ...

... Entscheidungen und Entscheidungsfindung transparent zu halten;

... ständig unsere Unvoreingenommenheit und Objektivität zu prüfen und ggfs. zu kalibrieren. Unter diesem Punkt fällt das gesamte Kapitel Interessenskonflikte;

... gleichen Informationszugang für alle zu bieten;

... allen qualifizierten Kandidaten die gleichen Chancen zu geben.

Obligatorisch ist, ...

... Interessenskonflikte offenzulegen;

... sich neutral zu verhalten, wenn wir Teil eines Interessenskonflikts sind;

... keinerlei Vetternwirtschaft, Bestechung und Bevorzugung;

... keinerlei Diskriminierung (nach Geschlecht, Rasse, Alter, Religion, Behinderung, Staatsangehörigkeit und sexueller Orientierung);

... Regeln einzuhalten (auch die des PMI!).

Ehrlichkeit

Zur Ehrlichkeit gehört, die Wahrheit zu verstehen und wahrheitsgetreu zu handeln.

Erstrebenswert ist, ...

... sich aufrichtig darum zu bemühen, die Wahrheit zu verstehen;

... wahrheitsgemäß zu kommunizieren;

... Informationen unverfälscht und zeitnah zur Verfügung zu stellen;

... Verpflichtungen und Versprechen in gutem Glauben abgeben;

... eine Atmosphäre zu schaffen, in der andere sich sicher fühlen.

2

Obligatorisch ist, ...

> ... keinerlei Verhaltensweisen zu dulden, die täuschen, falsche Angaben machen, Informationen aus dem Kontext nehmen und damit irreführend darstellen;

> ... nicht unehrlich auf Kosten anderer uns zu bereichern.

Wie bereits oben erwähnt: Nehmen Sie sich die Zeit und lesen Sie den kompletten Kodex durch. Wir sind der Meinung, dass dieser Kodex mehr Aufmerksamkeit verdient hat, als nur für die Prüfung gelernt zu werden.

Und wenn Sie sich sagen hören: Schöne heile Welt, aber die Realität sieht doch ganz anders aus, dann überlegen Sie bitte, ob Sie nicht einen kleinen Teil dazu beitragen können, diese Welt besser zu machen. Letztendlich verpflichten Sie sich dazu...

2.2 Beispielfragen

1. Sie sind zum Projektleiter eines Projektes ernannt worden, das eine Marketingstrategie für einen Vergnügungspark planen soll. Zu Ihrem ersten Kick-off-Meeting haben Sie alle betroffenen Stakeholder eingeladen. Während der Sitzung stellen Sie fest, dass die Stakeholder unterschiedliche konkurrierende Interessen haben. Was sollten Sie als Nächstes am besten tun?

   a. Die Stakeholder unterstützen, die nach Ihrer Meinung die vernünftigsten Interessen vertreten.

   b. Das Meeting in diesem Stadium abbrechen und sich mit dem oberen Management beraten.

   c. Eine Kosten-Nutzen-Analyse der verschiedenen Interessensvorschläge durchführen.

   d. Das Meeting in diesem Stadium abbrechen und für das nächste Meeting nur Stakeholder mit den gleichen Interessen einladen.

2. Sie planen für einen Kunden den Neubau eines Bürogebäudes. Für Ihre Planung wäre es sehr hilfreich, wenn Sie Luftaufnahmen des betroffenen Baugebietes zur Verfügung hätten. Aufgrund von gesetzlichen Bestimmungen ist ein Überfliegen des Gebietes im Normalfall verboten. Was ist Ihre nächste Aktivität?

a. Sie planen den Neubau ohne die Luftaufnahmen.

b. Sie fragen bei der zuständigen Behörde an, ob Sie eine Ausnahmegenehmigung erhalten.

c. Sie versuchen, ein Flugunternehmen zu engagieren, das trotz des Verbotes das Gebiet überfliegt und Aufnahmen macht.

d. Sie laden den verantwortlichen Beamten zum Essen ein und sagen ihm zu, dass er bei dem Rundflug mit seiner Familie mitfliegen darf.

3. In einer Verhandlung über eine große Beschaffung schlägt ein potenzieller Auftragnehmer vor, die Besprechung in angenehmerer Atmosphäre fortzusetzen, und lädt Sie und Ihre Frau zu einem Theaterbesuch mit anschließendem Gala-Dinner ein. Was machen Sie?

a. Sie lehnen das Angebot ab und dokumentieren, dass der potenzielle Auftragnehmer Ihnen einen persönlichen Vorteil angeboten hat.

b. Sie nehmen das Angebot dankend an, denn Sie legen Wert auf eine gute Zusammenarbeit mit Ihren Sublieferanten.

c. Sie nehmen das Angebot dankend an, fragen aber, ob Sie nicht einen Kollegen anstatt Ihrer Frau mitnehmen können, da Sie klar zwischen Privat und Geschäft unterscheiden.

d. Sie nehmen das Angebot an, machen sich einen schönen Abend und schließen den Auftraggeber von weiteren Verhandlungen aus, weil er Sie bestechen wollte.

4. Sie planen eine Telefonkonferenz. Bei der Terminfestsetzung stellen Sie fest, dass an dem von Ihnen bevorzugten Termin ein benötigter Fachexperte seit langem einen Tag Urlaub eingeplant hat, weil seine Tochter eingeschult wird. Was machen Sie?

a. Sie führen das Meeting ohne den Fachexperten durch, es wird bestimmt auch ein anderer Teilnehmer Bescheid wissen.

b. Sie fragen den Mitarbeiter, ob er seinen Urlaub verschieben kann.

c. Sie halten die Telefonkonferenz zum geplanten Termin ab und erklären dem Mitarbeiter, dass er dringend benötigt wird und dass der Erfolg des Projektes wichtiger ist als die Teilnahme an der Einschulung.

d. Sie versuchen, einen anderen Termin für die Telefonkonferenz zu finden.

2

2

5. Sie haben den Auftrag, eine Verpackung (Flasche) für ein neues Putzmittel zu entwickeln. Das Projekt hat bereits einen Terminverzug und es droht eine hohe Konventionalstrafe, wenn Sie das Projekt nicht termingerecht fertig stellen. Bei dem letzten Funktionstest vor der Abnahme stellen Sie fest, dass sich der Deckel unter sehr extremen Hitzebedingungen verformen kann und dass dann Putzmittel austreten kann. Morgen ist eine Besprechung mit dem Kunden angesetzt, wie sollen Sie sich verhalten?

   a. Sie sagen dem Kunden nichts von dem Problem. Sie werden es bis zur Abnahme schon noch in den Griff bekommen.

   b. Sie sagen dem Kunden nichts von dem Problem, das Risiko, dass der Kunde das Problem bei der Abnahme bemerkt, ist sehr gering.

   c. Sie untersuchen die Ursache der Verformung, schildern dem Kunden das Problem und legen ihm Lösungsvorschläge vor.

   d. Sie stoppen das Projekt und fangen mit der Planung noch einmal von vorne an, da beim Entwurf anscheinend etwas nicht bedacht wurde.

6. Um eine hohe Kundenzufriedenheit zu erreichen, müssen Sie vor allem ...

   a. die Anforderungen des Kunden genau definieren.

   b. alle Wünsche des Kunden erfüllen.

   c. den Kunden während der Projektlaufzeit mit Berichten verschonen und ihm am Ende ein gutes Projektprodukt abliefern.

   d. den Kunden zu allen Projektbesprechungen einladen, damit er immer ausreichend informiert ist.

7. Damit Teams aus unterschiedlichen Kulturen erfolgreich zusammenarbeiten, ist alles unabdingbar, außer dass ...

   a. gegenseitiges Vertrauen besteht.

   b. die kulturellen Unterschiede berücksichtigt werden.

   c. dass das Team an einem gemeinsamen Ort zusammenarbeitet.

   d. die Teammitglieder entsprechend geschult sind bzw. werden.

8. Während eines Projektmeetings berichtet ein Mitarbeiter aus dem Bereich Einkauf, dass die Beschaffungen alle »nach Plan laufen«. Zufällig haben Sie vor der Besprechung aber mit angehört, wie dieser Mitarbeiter einem Kollegen aus dem Bereich Einkauf berichtet hat, dass es wahrscheinlich zu Terminverzögerungen bei der Lieferung einer wichtigen Komponente kommen wird. Wie sollen Sie sich verhalten?

a. Sie informieren die anderen Besprechungsteilnehmer sofort über das, was Sie gehört haben, damit eine Lösung gefunden werden kann.

b. Sie warten das Ende der Besprechung ab und sprechen den Mitarbeiter auf die Situation an.

c. Sie warten das Ende der Besprechung ab und informieren den Abteilungsleiter Einkauf über die widersprüchlichen Aussagen, um eine Lösung zu finden.

d. Sie tun nichts, denn Ihre Projektarbeit ist von der Beschaffung nicht direkt betroffen.

9. Sie werden als Projektleiter für die Entwicklung einer neuen internen Administrations-Software in einem mittelständischen Produktionsunternehmen bestimmt. Die Unternehmensleitung übergibt Ihnen ein detailliertes Fachkonzept, weist Ihnen fünf Mitarbeiter zu und nennt Ihnen einen Fertigstellungstermin. Bei der Einarbeitung in die Unterlagen erkennen Sie, dass die zeitlichen Ziele unrealistisch sind. Sie wissen aber aus Erfahrung, dass die Unternehmensleitung auf die Einhaltung bestehen wird. Was sollten Sie als Nächstes tun?

a. Das Projekt mit den gegebenen Zielen starten; da Sie wissen, dass die Projektkosten nicht genau erfasst werden, können Sie studentische Hilfskräfte (die eigentlich ihre Diplomarbeit schreiben sollen) hinzuziehen und Überstunden anordnen, um das Projekt erfolgreich zu beenden.

b. Um einen Gesprächstermin mit der Unternehmensleitung bitten und ihr darlegen, dass eine Annahme dieses Projektes gegen Ihr Berufsethos verstößt, da Sie aufgrund Ihrer Planung wissen, dass die Zielvorgaben nicht zu erreichen sind.

c. Das Projekt mit den gegebenen Zielen starten. In Abstimmung mit der betroffenen Fachabteilung definieren Sie Funktionalitäten, die nicht dringend benötigt werden, und realisieren diese Funktionen dann erst nach Abschluss des Projektes im Rahmen der Wartung.

d. Das Projekt starten und die Problematik im Rahmen des Risikomanagements behandeln.

2

10. Sie haben als Projektleiter bei einem internationalen Kunden in einem Sicherheitsbereich eine neue Projektmanagementmethode eingesetzt und das Projekt sehr erfolgreich beendet. Ein Mitglied Ihres lokalen PMI Chapters fragt Sie, ob Sie nicht einen detaillierten Erfahrungsbericht auf einem Chaptertreffen halten könnten. Was sollten Sie am besten als Nächstes tun?

   a. Bei Ihrem Kunden anfragen, in welchem Detaillierungsgrad Sie über das Projekt berichten dürfen.

   b. Auf jeden Fall zusagen, dass Sie detailliert berichten, da Sie Ihre Erfahrungen weitergeben und zur Weiterentwicklung des Projektmanagement-Wissens beitragen möchten.

   c. Ablehnen, da Sie durch Ihr Wissen einen Wettbewerbsvorteil haben.

   d. Ablehnen, da Sie in einem Sicherheitsbereich gearbeitet haben und die gewonnenen Informationen vertraulich sind.

2.3 Lösungen mit Erklärungen

1. Lösung c)

   a. Falsch. Diese Lösung berücksichtigt nur die Interessen einzelner Stakeholder.

   b. Falsch. Diese Lösung ist zwar möglich, aber nicht die beste Alternative (und nach dieser war gefragt).

   c. Richtig. Diese Lösung berücksichtigt die Interessen aller Stakeholder.

   a. Falsch. Diese Lösung berücksichtigt nur die Interessen einzelner Stakeholder.

2. Lösung b)

   a. Falsch. Mögliche Alternative, wenn Sie keine Genehmigung erhalten (siehe Lösung b), aber nicht der erste Schritt.

   b. Richtig. Dies ist der beste Weg, da in der Frage steht *im Normalfall ist es verboten*, also nicht generell. Es kann also sein, dass von der Behörde Ausnahmen gemacht werden. Sie sollten also erst einmal versuchen, alles zu erreichen, was Ihrer Planung hilft.

   c. Falsch. Widerspricht dem Verhaltenskodex.

   d. Falsch. Widerspricht dem Verhaltenskodex.

3. Lösung a)

   a. Richtig. In dieser Situation ist zu unterstellen, dass der potenzielle Auftragnehmer versucht hat, dem Projektleiter einen persönlichen Vorteil zu verschaffen, um seine Chancen für eine Auftragserteilung zu erhöhen. Ein integrer Projektleiter wird dies nicht annehmen und auch den Versuch dokumentieren und Konsequenzen ziehen.

   b. Falsch. Der Projektleiter verhält sich durch die Annahme der persönlichen Vorteile nicht korrekt.

   c. Falsch. Der Projektleiter verhält sich durch die Annahme der persönlichen Vorteile nicht korrekt.

   d. Falsch. Der Projektleiter zieht zwar Konsequenzen, durch die Annahme der Einladung verhält er sich jedoch nicht korrekt.

4. Lösung d)

   a. Falsch. Der Input des Mitarbeiters als Fachexperte ist wichtig für das Projekt.

   b. Falsch. Macht keinen Sinn, man kann keine Einschulung verschieben.

   c. Falsch. Setzt den Mitarbeiter unter Druck, dies reduziert Motivation und Engagement.

   d. Richtig. Sie sollten die Interessen des Mitarbeiters (auch er ist ein Stakeholder) berücksichtigen und den Termin nicht an seinem Urlaub ansetzen.

5. Lösung c)

   a. Falsch. Sie müssen den Kunden informieren (siehe Lösung c).

   b. Falsch. Sie müssen den Kunden informieren (siehe Lösung c).

   c. Richtig. Da ein Sicherheitsrisiko besteht und Terminverzug droht, müssen Sie den Kunden über das Problem informieren und Lösungsvorschläge anbieten.

   d. Falsch. Unrealistisch, kurz vor der Abnahme ist keine komplette Neuplanung des Projektes möglich.

6. Lösung a)

   a. Richtig. Ein Schlüsselfaktor für Kundenzufriedenheit ist die Definition der Anforderungen.

   b. Falsch. Während der Projektlaufzeit kann nicht jeder Wunsch erfüllt werden, ohne den Projekterfolg zu gefährden.

2

c. Falsch. Der Kunde sollte regelmäßig über den Projektstatus informiert werden.

d. Falsch. Der Kunde sollte nur über wichtige Aspekte informiert werden, nicht über alle Projektdetails.

7. Lösung c)

a. Falsch. Dies ist ein wichtiger Erfolgsfaktor für eine multikulturelle Projektarbeit.

b. Falsch. Dies ist ein wichtiger Erfolgsfaktor für eine multikulturelle Projektarbeit.

c. Richtig. Keine unabdingbare Voraussetzung. Die Kommunikation ist zwar einfacher, wenn das Team an einem Ort zusammenarbeitet, aber gerade bei internationalen Projekten ist dies oft nicht möglich.

d. Falsch. Dies ist ein wichtiger Erfolgsfaktor für eine multikulturelle Projektarbeit.

8. Lösung b)

a. Falsch. Zielt darauf ab, den Mitarbeiter bloßzustellen.

b. Richtig. Sie sollten den Mitarbeiter direkt auf die widersprüchlichen Aussagen ansprechen.

c. Falsch. Zielt darauf ab, den Mitarbeiter bloßzustellen.

d. Falsch. Wenn potenzielle Probleme erkannt werden, muss offensiv mit ihnen umgegangen werden.

9. Lösung b)

a. Falsch. Enthält einen Ansatz, um »das magische Dreieck« ins Gleichgewicht zu bringen. Aber diese Maßnahme muss mit der Unternehmensleitung als Auftraggeber abgestimmt werden.

b. Richtig. Auch wenn diese Lösung hart ist.

c. Falsch. Enthält einen Ansatz, um »das magische Dreieck« ins Gleichgewicht zu bringen. Aber diese Maßnahme muss mit der Unternehmensleitung als Auftraggeber abgestimmt werden.

d. Falsch. Enthält einen Ansatz, um »das magische Dreieck« ins Gleichgewicht zu bringen. Aber diese Maßnahme muss mit der Unternehmensleitung als Auftraggeber abgestimmt werden.

10. Lösung a)

    a.   Richtig. Da das Projekt in einem Sicherheitsbereich durchgeführt wurde, sollten Sie zuerst beim Kunden nachfragen, welche Informationen vertraulich sind und über welche berichtet werden darf.

    b.   Falsch. Sie müssen zuerst das Einverständnis des Kunden einholen.

    c.   Falsch. Verhalten entspricht nicht einem erstrebenswerten Verhalten hinsichtlich Weiterentwicklung der Wissensbasis.

    d.   Falsch. Verhalten entspricht nicht einem erstrebenswerten Verhalten hinsichtlich Weiterentwicklung der Wissensbasis.

2

3 Projektmanagementrahmen

3.1 Themengebiete des Wissensgebietes

Dieses Kapitel beschreibt die Umgebung und den Kontext, in den sich das Projekt, das Projektteam und dessen Aktivitäten einordnen. Beschrieben werden grundlegende Aspekte des Projektmanagements, die das Fundament für das Verständnis anderer Wissensbereiche bilden. Sie erhalten Informationen über Schlüsselaspekte, wie z.B. Projektphasen und den Projektlebenszyklus, über Projektstakeholder und organisatorische Einflüsse.

Arbeiten Sie dieses Kapitel sehr sorgfältig durch, denn hier werden Grundlagen vermittelt, die für das Verständnis aller weiteren Kapitel benötigt werden. Das im Folgenden dargestellte Prozessgruppenmodell sieht trivial aus. Aber die Verknüpfung der Konzepte *Prozessgruppen* und *Lebenszyklen* ist für die meisten Projektmanager ein neuer Ansatz, der in dieser Form weder in der gängigen deutschsprachigen Projektmanagementliteratur Einzug gefunden hat, noch in der Praxis thematisiert wird.

Ein weiterer Schwerpunkt dieses Kapitels liegt in der Darstellung von Organisationsformen, d.h. es geht um die Frage, wie Projektmanagement in der Organisation »stattfindet«.

3.1.1 Grundlagen

Was ist ein Projekt?

Die Beschreibung eines Projektes ist am ehesten anhand seiner charakteristischen Eigenschaften möglich. Der PMBOK Guide definiert (in Kapitel 1.2) ein Projekt als ein

> ... *zeitlich begrenztes Vorhaben zur Schaffung eines einmaligen Produktes, einer Dienstleistung oder eines Ergebnisses.*

Zeitlich begrenzt ist das Projekt, da es einen eindeutigen Anfang und ein eindeutiges Ende hat, es ist einmalig, da sich das Produkt oder die Dienstleistung von allen ähnlichen Produkten oder Dienstleistungen unterscheidet. Zusammenfassend hat ein Projekt damit folgende Charakteristika:

▶ **Einmalig** (Ergebnis ist ein einmaliges Produkt/eine einmalige Dienstleistung)

▶ **Anfang und Ende** (die Unternehmung ist zeitlich begrenzt)

▶ **Ergebnis**, entweder Produkt oder Dienstleistung

Insbesondere durch die Kriterien *zeitlich begrenzt* und *einmalig* lässt sich die Projektarbeit vom operativen Tagesgeschäft abgrenzen, denn das Tagesgeschäft ist im Gegensatz zum Projekt fortlaufend und wiederholend und besitzt auch entsprechende Prozesse, die die Wiederholbarkeit absichern. Es ist die Einmaligkeit eines Projektes, die eigentlich erst einen Projektleiter rechtfertigt.

Was ist Projektmanagement?

Der PMBOK Guide definiert Projektmanagement als

> *die Anwendung von Wissen, Fertigkeiten, Werkzeugen und Methoden auf Projektvorgänge, um die Projektanforderungen zu erfüllen.*

Die Projektanforderungen werden von den Stakeholdern bestimmt. Gedanklich zu ergänzen ist hier daher die Bedeutung der Stakeholder. Das Bestreben des Projektleiters ist zu einem nicht unwesentlichen Teil auf die Erfüllung der Wünsche von Stakeholdern gerichtet. Daran zeigt sich eines der wichtigen Grundkonzepte des PMBOK Guide, die starke Stakeholderorientierung und -ausrichtung, die wir im Abschnitt 3.1.2 behandeln.

Was ist ein Programm?

Betrachten wir zunächst einmal den Begriff. Er wird im deutschen Sprachraum nicht einheitlich verwendet. Im angelsächsischen Sprachgebrauch ist ein »program« eine Gruppe ähnlicher Projekte, die einer gemeinsamen Zielsetzung unterstehen und deren Nutzen »größer ist als die Summe der Einzelprojekte«. So könnte es z.B. in einem Automobilzulieferbetrieb einen »program manager« Nutzfahrzeuge geben, in dessen Verantwortung alle Projekte im Bereich Nutzfahrzeuge liegen. Hierzulande sind diese Aufgaben oft einem *Produktmanagement* zugeordnet.

Der Begriff *Programm* muss auch zu den Begriffen *Großprojekt mit Teilprojekten* und *Portfoliomanagement* abgegrenzt werden. Alle Begrifflichkeiten finden oftmals unterschiedliche Verwendung, merken Sie sich für die Prüfung daher die offizielle Lesart:

- **Programm** – Eine Menge von Projekten, die an einem gemeinsamen Nutzen ausgerichtet sind. Während Projekte einen klaren Fokus auf die endliche Zielerreichung legen (müssen), können Programme auch Langläufer sein, die einen Nutzen verfolgen, dessen Weg zur Erreichung vielleicht im Moment noch gar nicht klar ist!

- **Portfoliomanagement** – Das Managen einer Menge von Projekten, die eher aus organisatorischen Gründen einheitlich verwaltet werden. Zwar dienen die einzelnen Projekte der Erreichung der strategischen Geschäftsziele, sind aber nicht unbedingt miteinander verbunden.

- **Großprojekte** mit Teilprojekten – Es bestehen Ähnlichkeiten zum Programm, ein Großprojekt ist jedoch klar umrissen, ist zum Startzeitpunkt weitgehend planbar und hat einen starken Bezug zum Endtermin.

Frage

Wissen Sie, was man unter Multiprojektmanagement versteht?

Antwort

Der Begriff Multiprojektmanagement findet sich häufig in unserem Sprachraum, ist aber kein Begriff aus der PMI-Terminologie. Im Sinne des PMBOK Guide kann Multiprojektmanagement sowohl Programm-management bedeuten, als auch Portfoliomanagement als auch ein Großprojekt mit vielen Teilprojekten. Multiprojektmanagement ist also unspezifisch und wenn sich jemand Multiprojektmanager nennt, dann ist zunächst einmal zu klären, welche Art von Multiprojektmanagement vorliegt.

Was ist ein Projektmanagementbüro (PMO)?

Das Projektmanagementbüro (PMO) ist eine organisatorische Einheit, dem Aufgaben zum zentralen und koordinierten Management von Projekten innerhalb eines abgegrenzten Zuständigkeitsbereichs zugewiesen worden sind.

Für die PMP-Prüfung ist es wichtig zu wissen, dass mit einem PMO eben diese organisatorische Einheit gemeint ist und nicht ein PO/PB (Projektoffice / Projektbüro), das eher organisatorisch unterstützend ausgerichtet ist. In einem PMO werden Controllingaufgaben für Portfolios wahrgenommen, werden Standards für Projektmanagement gesetzt oder die Projektleiter zentral geschult bzw. gecoacht. Die Rolle eines PMO kann abhängig vom Projektmanagementreifegrad eines Unternehmens sein. Je reifer die Organisation das Projektmanagement ausgeprägt hat, desto mehr Stabsaufgaben bezüglich des Projektmanagements wird ein PMO übernehmen.

Das magische Dreieck

Als *magisches Dreieck* (Triple Constraint) oder auch als »Gut-Schnell-Billig-Dreieck« bezeichnet man eine verknüpfte Darstellung der Bälle, mit denen ein Projektleiter ständig jonglieren muss: Kosten, Termine sowie Inhalt und Umfang. Das Zusammenwirken dieser drei Komponenten entscheidet über die Qualität des Projektes und des Projektproduktes (siehe Abschnitt 3.1.3) und damit darüber, ob die Erwartungen der Stakeholder erfüllt werden, siehe Abbildung 3.1.

Abbildung 3.1: Das magische Dreieck

Die Kernaussagen des magischen Dreiecks sind:

1. Immer wenn eine Seite des Dreiecks eine Änderung erfährt, ergeben sich daraus Auswirkungen auf mindestens eine der beiden anderen Seiten.

2. Zielvorgaben können für zwei Seiten festgelegt werden (z.B. Kosten sowie Inhalt und Umfang). Die dritte Seite (hier Termine) wird von diesen Vorgaben bestimmt.

Frage

Überlegen Sie, was passiert, wenn seitens der Unternehmensleitung das Budget für das Projekt um 10% gekürzt wird.

3

Antwort

Wenn weniger Budget zur Verfügung steht, dann kann beispielsweise nicht der gesamte geplante Inhalt und Umfang realisiert werden. Eine Folge könnte auch der Einsatz von niedriger bezahltem Personal sein, das mit hoher Wahrscheinlichkeit weniger ausgebildet ist. Mögliche Konsequenzen können eine verzögerte Fertigstellung und verringerte Qualität sein.

3.1.2 Stakeholder und Stakeholdermanagement

Wie bereits erwähnt, wird der Erfolg eines Projektes von dessen Stakeholdern beeinflusst. Projektstakeholder werden wie folgt definiert:

> ... *Einzelpersonen und Organisationen, die aktiv am Projekt beteiligt sind oder deren Interessen als Ergebnis der Ausführung oder des Abschlusses des Projektes beeinflusst werden können. Eventuell verfügen sie auch über Einfluss auf die Ziele und Ausgangswerte des Projektes.*

Stakeholder können positiven oder negativen Einfluss auf das Projekt und seine Ergebnisse haben.

Grundsätzlich ist der Begriff Stakeholder im PMI-Sinne sehr weit auszulegen. Stakeholder sind nicht nur die unmittelbar Betroffenen oder Beteiligten an einem Projekt, sondern auch diejenigen Personen, Gruppen oder Organisationen, die das Projektgeschehen beeinflussen können, aber beispielsweise das Projekt an sich gar nicht zur Kenntnis nehmen, wie der Gesetzgeber oder Aufsichtsämter.

Frage

Überlegen Sie sich, welche Stakeholder an einem Projekt üblicherweise aktiv beteiligt sind und welche tendenziell eine passive Rolle einnehmen.

Antwort

Stakeholder, die aktiv am Projekt beteiligt sein können, sind:

▶ **Projektleiter** – Er leitet das Projekt.

▶ **Kunden** – Sie nutzen das Projekt bzw. das Ergebnis des Projektes. Dabei kann es Kunden auf verschiedenen Ebenen geben. Im Zusammenhang mit einem neu entwickelten Fahrzeug kommen z.B. der Autohändler, dessen Kunde, aber auch die finanzierende Bank in Frage.

▶ **Projektteammitglieder** – Die Gruppe von Personen, die die Arbeit am Projekt ausführt. Davon zu unterscheiden ist das *Projektmanagementteam*: dessen Mitglieder sind zusätzlich oder ausschließlich mit Projektmanagementvorgängen befasst.

▶ **Projektträger** (Auftraggeber, Sponsor) – Er stellt die finanziellen Mittel für das Projekt in Form von Geld oder Sachmitteln bereit.

▶ **Trägerorganisation** – Ist das Unternehmen, dessen Mitarbeiter die Projektarbeit auf direktem Wege (ohne mittelnde Einheiten) ausführen.

Beispiele für mögliche passive Stakeholder sind:

▶ staatliche Stellen

▶ Medien

▶ Interessenverbände

▶ Mitbewerber

▶ Aufsichtsstellen

▶ die Gesellschaft

Weiterhin wird zwischen internen und externen, aktiven und passiven Stakeholdern unterschieden sowie zwischen positiven und negativen Stakeholdern, also Stakeholdern, die den Projekterfolg wünschen, und diejenigen, die von einer Verzögerung oder gar von einem Projektabbruch profitieren würden. Negative Stakeholder werden oft vernachlässigt, nicht systematisch gemanagt und können dadurch den erfolgreichen Ausgang des Projektes gefährden.

Die Identifikation der Stakeholder, die Bestimmung ihrer Erwartungen und Interessenslage sowie ihrer Ziele dient in erster Linie der Kommunikation, der Kommunikationsplanung, aber auch der Risikoidentifikation. Es wäre aber zu kurz gesprungen, das Stakeholdermanagement nur auf diese Gebiete zu beschränken. Stakeholdermanagement ist die Geheimwaffe des Projektleiters.

Stakeholder, die besonders eng mit dem Projekt verbunden sind, werden oft auch als *Schlüssel-* oder *Key-Stakeholder* bezeichnet. Auftraggeber, Kunde und Projektteam sind immer Key-Stakeholder.

Wie bereits oben erwähnt, ist die Identifizierung der Stakeholder und die nachfolgende Feststellung ihrer Interessenslagen eine Grundvoraussetzung für ein erfolgreiches Projekt. Aufgabe des Projektmanagers ist es daher nicht ausschließlich, das Projekt dem Inhalt und Umfang entsprechend abzuarbeiten, sondern auch dafür Sorge zu tragen, dass die Erwartungen und Bedürfnisse der Stakeholder weitgehend berücksichtigt werden.

Frage

Wenn unterschiedliche Stakeholder unterschiedliche Interessenslagen repräsentieren, wessen Bedürfnisse sollten dann die höhere Priorität genießen?

Antwort

Ihrer Projekterfahrung folgend haben Sie jetzt vielleicht den Projektsponsor (das ist der interne Projektauftraggeber) genannt. Der PMBOK Guide legt jedoch fest, dass bei unterschiedlichen Ansichten zwischen den Stakeholdern zugunsten des Kunden entschieden werden sollte. Sie sollten daher diese »Kundenorientierung« bei der Beantwortung der Prüfungsfragen unbedingt berücksichtigen.

3.1.3 Phasen und Prozesse

Zusammenhang Projekt und Produkt

Hier sei eine Definition vorangestellt: **Als Produkt eines Projektes (oder auch »Projektprodukt«) werden zur Vereinfachung alle Ergebnisse eines Projektes zusammengefasst.** Wir haben bereits festgehalten, dass ein Projekt immer ein Ergebnis haben muss. Daher bezeichnen wir fortan die Menge aller Ergebnisse, Konzepte, Ideen, Dienstleistungen, handfester Artikel und sonstiger Resultate als Produkt oder Projektprodukt.

Frage

Überlegen Sie, wann ein Projekt als erfolgreich zu betrachten ist und wann ein Produkt. Gibt es einen Unterschied?

Antwort

Ja, es gibt einen großen Unterschied. Ein erfolgreiches Produkt (im Sinne eines Markterfolgs) kann theoretisch von einem katastrophalen Projekt entwickelt worden sein. Und umgekehrt. Ein wunderbares Projekt (schneller als geplant fertig, billiger, tolles Team etc) entwickelt ein Produkt, das dann aber vom Kunden nicht gekauft wird. Die beiden Aspekte dürfen auf keinen Fall verwechselt werden. Weder in der Prüfung und noch viel weniger in der Praxis.

Dazu ist es hilfreich, zunächst den Unterschied zwischen »Projekt« im Sinne von Projektmanagement und »Produkt« noch einmal herauszuarbeiten. Voneinander zu unterscheiden sind:

1. Aktivitäten, die der Strukturierung und Koordination aller notwendigen Aktivitäten und Abläufe dienen, die notwendig sind, um ein Ergebnis hervorzubringen.

2. Aktivitäten, die der Erstellung des Ergebnisses an sich dienen.

Verdeutlichen lässt sich diese Unterscheidung mit Hilfe zweier Fragestellungen:

1. Hat ein erfolgreiches Projekt immer ein erfolgreiches Produkt zur Folge?

2. Hatte ein erfolgreiches Produkt immer ein erfolgreiches Projektmanagement?

Bitte schauen Sie sich dazu die folgenden Beispiele an. Sie haben im Rahmen der Grillparty einen Partyservice beauftragt, ein italienisches Vorspeisenbuffet zu liefern:

Beispiel	Bewertung des Projektes	Bewertung des Produktes
Die Vorspeisen werden geliefert, während die ersten Gäste bereits aufbrechen. Also viel zu spät. Diejenigen, die noch nicht nach Hause gegangen sind, erleben einen kulinarischen Höhepunkt.	Schlecht	Gut
Die italienischen Vorspeisen treffen genau zum richtigen Zeitpunkt ein, sind aber leider ungenießbar.	Gut	Schlecht

Für den Erfolg von Produkten (im Sinne von Markterfolg) ist der Produktmanager verantwortlich. In vielen Fällen ist er auch der Auftraggeber für das Projekt zur Produkterstellung. Er hat die Marktverantwortung für dieses Produkt, er steht für Absatzzahlen gerade und betreut das Produkt während des gesamten Lebenszyklus (»Produktlebenszyklus«).

Für den Erfolg des Projektes, die Erstellung des Produktes gemäß Spezifikation ist der Projektleiter zuständig. Er verantwortet den Projektlebenszyklus, der nachfolgend dargestellt ist. Das Projekt endet, wenn alle Liefergegenstände erbracht sind.

Der Projektlebenszyklus

Die Summe aller Projektphasen wird als Projektlebenszyklus bezeichnet. Er definiert den Beginn und das Ende jedes Projektes. Aufgrund der unterschiedlichen Entwicklungsabschnitte, aber auch unterschiedlichen Berichts- und Steuerungsanforderungen, die sich aus verschiedenen Branchen und für verschiedene Produkte (nicht Projekte!) ergeben, gibt es auch unterschiedliche Projektlebenszyklen.

Projektphasen werden typischerweise durch das zu erstellende Produkt und deswegen sehr oft durch die zugrunde liegende Branche geprägt. So weisen die Phasen im Bauwesen (z.B. Machbarkeit, Planung und Entwurf, Errichtung, Übergabe und Inbetriebnahme) verglichen mit typischen Phasen in der Software-Entwicklung (Fachkonzept, DV-Konzept, Realisierung, Test und

3

Integration) zwar einerseits Ähnlichkeiten mit diesen, zugleich aber auch branchen- und produktspezifische Unterschiede auf.

Die Phaseneinteilung ist also stark vom Produkt beeinflusst. Die Vielfältigkeit der Ausprägungen entspricht der Vielfältigkeit der Produkte. Ebenso mannigfaltig sind die Phasenbezeichnungen, firmenintern werden oft auch nur einfache Abkürzungen wie z.B. M1 bis M7 für die Phasen gebraucht.

Es ist sehr wichtig, dieses Phasenkonzept nicht mit Projektmanagement an sich zu verwechseln. Phasen werden eingeführt, um einen Erstellungsprozess transparent darzustellen, um Vergleichbarkeit zu erreichen und um die Fertigstellung objektiv bewerten zu können.

Dieses Konzept – die Strukturierung der notwendigen Arbeiten zur Lösung einer komplexen Aufgabe in kleinere Abschnitte und zeitlich aufeinander folgenden Phasen – spiegelt sich in der betrieblichen Praxis in vielen verschiedenen Begriffen wider. Beispiele hierfür sind:

- Produkterstellungsprozess
- Vorgehensmodell
- Phasenmodell
- Projektlebenszyklus

Allen Lebenszyklen ist gemein, dass sie in den ersten Phasen einen eher konzeptionellen Charakter haben. Typische Phasennamen für diesen Zeitraum können sein: Initiierungsphase, Konzeptphase, Vorstudie, Machbarkeit oder Grundlagenerprobung. Üblicherweise folgt dann in den nächsten Phasen eine Detaillierung zur eigentlichen Produkterstellung hin. Beispielhafte Phasenbezeichnungen sind jetzt Programmierung, Rohbau, Fertigung oder Erstellung. Zum Projektabschluss erfolgt die Prüfung des Ergebnisses und dessen Übergabe. Die Projektphasen haben Bezeichnungen wie Test, Integration, Abnahme, Übergabe, Roll-out, Serienanlauf oder Kliniktest.

Wie erwähnt sind Phasennamen auf den Prozess der Produkterstellung bezogen und können daher nicht allgemeingültig definiert werden. Das macht der PMBOK Guide auch nicht und spezielle Phasenmodelle werden auch nicht im PMP-Examen abgefragt. Allerdings muss das generelle Prinzip der Phasenkonzepte wie oben beschrieben verstanden sein.

Jedes Projekt folgt immer einem Phasenmodell. Während der PMBOK Guide die Eigenschaften von Phasen allgemein beschreibt, möchten wir hier ein praktisches Beispiel heranziehen, das vor allem in den Sommermonaten den Vergleich mit der eigenen Vorgehensweise ermöglicht. Lassen Sie uns das Phasenmodell einer Grillparty einmal anschauen:

Frage

Stellen Sie sich vor, Sie haben Anfang Juni Geburtstag und würden daher gerne mit einigen Freunden feiern. Sie überlegen, ob Sie nicht eine Grillparty organisieren sollten. Welche Phasen hätte das Projekt *Grillparty*? Was geschieht während der Phasen?

3

Antwort

Mögliche Phasen wären: (1) Machbarkeit, (2) Vorbereitung, (3) Durchführung und (4) Aufräumen. Abbildung 3.2 zeigt den Phasenablauf auf.

Abbildung 3.2: Phasenmodell einer Grillparty

▶ In der *Machbarkeitsphase* werden Sie sich erst einmal überlegen, ob die Idee, eine Grillparty durchzuführen, überhaupt praktikabel ist. Hier spielen Faktoren wie das Vorhandensein von Räumlichkeiten, der Termin und das Budget eine Rolle.

▶ Wenn die Entscheidung für die Durchführung gefallen ist, fällt der Startschuss für die *Vorbereitungsphase*. Die Planung wird detailliert: Wer wird eingeladen, wie viele Lebensmittel und Getränke werden gekauft, wo kaufen Sie diese ein, haben Sie genug Sitzplätze und was machen Sie, wenn es regnet?

▶ Danach kommt die *Durchführungsphase*: Das Grillfest an sich. Dabei beginnt die Durchführung nicht erst, wenn die Gäste erscheinen, sondern in den meisten Fällen schon einen Tag vorher. Es werden beispielsweise Sitzgarnituren aufgestellt und Getränke eingekauft.

▶ Wenn das Fest beendet ist, beginnt die *Aufräumphase*. Ganz wichtig. Das Projekt ist mit der »Lieferung« seines Hauptliefergegenstandes »Feier« noch nicht beendet, auch wenn der Hauptliefergegenstand erbracht wurde. Sie müssen alles wegräumen und putzen. Eventuell machen Sie sich auch Notizen über den Verlauf der Party. Sie notieren die Anzahl der Gäste, der getrunkenen Biere und den Verbrauch an Salat und Brot. Auf diese Aufzeichnungen können Sie bei der Vorbereitung der nächsten Feier zurückgreifen und damit den Planungsaufwand erheblich reduzieren.

Der Projektmanagementlebenszyklus

Im Gegensatz zum Projektlebenszyklus beschreibt der Projektmanagementlebenszyklus die Prozesse, die für das Projektmanagement erforderlich sind **und in jeder Phase des Projektlebenszyklus ablaufen, der durch das Phasenmodell abgebildet ist.**

Abbildung 3.3 zeigt die Struktur des Projektmanagementlebenszyklus auf. Die Pfeile verdeutlichen dabei den Informationsfluss.

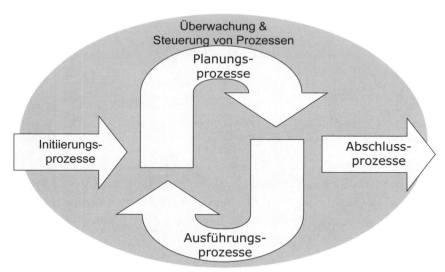

Abbildung 3.3: Projektmanagementlebenszyklus

Jede der Prozessgruppen besteht dabei aus ein oder mehreren Prozessen. Alle zusammen bilden die 42 Prozesse des PMBOK Guides.

Achtung: Die Prozesse im PMBOK Guide sind aber nicht nach Prozessgruppen organisiert, sondern nach Wissensgebieten. Diese Wissensgebiete beginnen mit Kapitel 4 und enden mit Kapitel 12. In der folgenden Tabelle finden sie eine Übersicht der im PMBOK Guide beschriebenen Prozesse, sortiert nach Prozessgruppenzugehörigkeit, sowie jeweils eine Angabe des entsprechenden Wissensgebietes und die zugehörige Kapitelnummer des PMBOK Guides.

Prozessgruppe	Prozess	Wissensgebiet	Prozess-Nr.
Initiierung	Projektauftrag entwicklen	Integration	4.1
	Stakeholder identifizieren	Kommunikation	10.1
Planung	Projektmanagementplan entwickeln	Integration	4.2
	Anforderungen sammeln	Inhalt und Umfang	5.1
	Inhalt und Umfang definieren	Inhalt und Umfang	5.2
	Projektstrukturplan erstellen	Inhalt und Umfang	5.3
	Vorgänge festlegen	Termin	6.1
	Vorgangsfolge festlegen	Termin	6.2
	Ressourcen für Vorgänge schätzen	Termin	6.3
	Vorgangsdauer schätzen	Termin	6.4
	Terminplan entwickeln	Termin	6.5
	Kosten schätzen	Kosten	7.1
	Budget festlegen	Kosten	7.2
	Qualität planen	Qualität	8.1
	Personalbedarfsplan entwickeln	Personal	9.1
	Kommunikation planen	Kommunikation	10.2
	Risikomanagement planen	Risiko	11.1
	Risiken identifizieren	Risiko	11.2
	Qualitative Risikoanalyse durchführen	Risiko	11.3

Tabelle 3.1: Übersicht PMBOK Guide-Prozesse

3

Prozessgruppe	Prozess	Wissensgebiet	Prozess-Nr.
	Quantitative Risikoanalyse durchführen	Risiko	11.4
	Risikobewältigungsmaßnahmen planen	Risiko	11.5
	Beschaffung planen	Beschaffung	12.1
Ausführung	Projektdurchführung lenken und managen	Integration	4.3
	Qualitätssicherung durchführen	Qualität	8.2
	Projektteam zusammenstellen	Personal	9.2
	Projektteam entwickeln	Personal	9.3
	Projektteam managen	Personal	9.4
	Informationen verteilen	Kommunikation	10.3
	Stakeholdererwartungen managen	Kommunikation	10.4
	Beschaffung durchführen	Beschaffung	12.2
Überwachung und Steuerung	Projektarbeit überwachen und steuern	Integration	4.4
	Integrierte Änderungssteuerung durchführen	Integration	4.5
	Inhalt und Umfang verifizieren	Inhalt und Umfang	5.4
	Inhalt und Umfang steuern	Inhalt und Umfang	5.5
	Terminplan steuern	Termin	6.6
	Kosten steuern	Kosten	7.3
	Qualitätslenkung durchführen	Qualität	8.3
	Projektleistung berichten	Kommunikation	10.5
	Risiken überwachen und steuern	Risiko	11.6
	Beschaffung verwalten	Beschaffung	12.3
Abschluss	Projekt oder Phase abschließen	Integration	4.6
	Beschaffung abschließen	Beschaffung	12.4

Tabelle 3.1: Übersicht PMBOK Guide-Prozesse (Forts.)

Innerhalb der Prozessgruppen gibt es Anordnungsbeziehungen zwischen den Prozessen. Diese Anordnungen werden im PMBOK Guide illustriert, allerdings ist die Darstellung unseres Erachtens etwas irreführend. Da sich eine Prozessgruppe in einer Phase mehrfach wiederholen kann, tun dies auch die in der Prozessgruppe enthaltenen Prozesse und dadurch ist ein sequentieller Ablauf der Prozesse nicht immer gegeben, sondern eher ein zyklisches Modell. Anordnungsbeziehungen lassen im ersten Moment jedoch eine Sequenz vermuten, daher der Hinweis »etwas irreführend«.

Zusammenhang Projektlebenszyklus und Projektmanagementlebenszyklus

Nicht ohne ein wenig mahnend den Finger zu erheben, möchten wir darauf hinweisen, dass dieser Zusammenhang zwischen Projektlebenszyklus und Projektmanagementlebenszyklus vielen Projektmanagern – teilweise sogar auch zertifizierten PMPs – nicht immer 100%ig klar ist.

Zu oft werden beide Lebenszyklen miteinander verwechselt, zu häufig wird der Projektmanagementlebenszyklus in ein Phasenmodell umgedeutet.

▶ Hat sich *Ihnen* der Unterschied wirklich vollständig erschlossen? Der Projektmanagementlebenszyklus besteht aus den Prozessgruppen Initiierung, Planung, Ausführung, Steuerung und Abschluss. Er könnte – aufgrund der verwendeten Bezeichnungen – in der Tat mit einem Phasenmodell verwechselt werden.

Nachfolgend haben wir Ihnen die wichtigsten Gemeinsamkeiten und Unterschiede zusammengefasst:

▶ Ja, es gibt Phasenmodelle, in denen es auch eine Phase *Initiierung* geben könnte.

▶ Ja, es gibt Phasenmodelle, in denen es auch eine Phase *Planung* geben könnte (denken Sie nur an Bauprojekte).

▶ Ja, es gibt Phasenmodelle, in denen es auch eine Phase *Ausführung* geben könnte.

▶ Nein, in keinem Phasenmodell wird es jemals eine Phase geben können, die *Steuerung* heißt. Das würde ja bedeuten, dass Sie sequenziell nach der Ausführung von beispielsweise Oktober bis März nur noch steuern. Geht nicht.

3

Welcher Zusammenhang besteht also zwischen beiden Lebenszyklen?

Wir kommen auf die Darstellung der Grillparty (vgl. Abbildung 3.2) zurück. Dort haben wir erörtert, was unter dem Projektlebenszyklus (nämlich dem Phasenmodell) zu verstehen ist. Wenn unsere Grillparty einen Projektlebenszyklus mit vier Phasen aufweist, wie viele Projektmanagementlebenszyklen hat die Feier? Mindestens genauso viele Projektmanagementlebenszyklen wie Phasen! Also mindestens vier! Hätten Sie das gedacht? Abbildung 3.4 stellt diesen Sachverhalt grafisch dar.

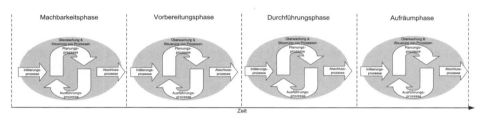

Abbildung 3.4: Zusammenhang Projektlebenszyklus und Projektmanagementlebenszyklus, Beispiel Grillparty

Konsequenterweise lassen sich aus dieser Darstellung folgende Aussagen ableiten:

In jeder Phase gibt es mindestens einen Projektmanagementlebenszyklus.

Es *könnten* grundsätzlich alle beschriebenen Projektmanagementprozesse innerhalb einer Phase vollständig durchlaufen werden. Der Projektleiter bestimmt in Zusammenarbeit mit dem Projektteam, welche Prozesse tatsächlich benötigt werden und wie jeder Prozess anzuwenden ist.

Wenn es also eine Phase *Planung* geben sollte, dann wird diese Phase initiiert, die Phase wird geplant (»die *Planung* wird geplant«), sie wird ausgeführt, sie wird gesteuert und sie wird abgeschlossen.

> **Frage**
>
> Überlegen Sie sich bitte anhand des Beispiels der Grillparty, welche Aktivitäten innerhalb des Projektmanagementlebenszyklus der Durchführungsphase anfallen.

Antwort

Die Durchführungsphase unserer Grillparty könnte wie folgt strukturiert sein:

▶ *Initiierung*: Sie sitzen mit Ihrem Partner am Frühstückstisch und sagen: »Jetzt gibt's kein Zurück mehr...«

▶ *Planung*: Sie definieren das Fine-Tuning der Feier (»spätestens um fünf Uhr den Grill anfeuern«) und wo Sie die Tische und Stühle aufstellen.

▶ *Durchführung*: Stühle aufstellen, Grill anfeuern etc.

▶ *Steuerung*: Sie überprüfen während der Feier, ob weiterhin ausreichend Getränke vorhanden sind, jeder Gast genügend zu essen hatte und die Musik nicht zu laut ist.

▶ *Abschluss*: Sie verabschieden die letzten Gäste.

3.1.4 Organisationsstrukturen

Organisationen sind Gruppen von Personen, die ihre Aktivitäten koordinieren müssen, um ihre Ziele zu erreichen. In der Literatur werden viele verschiedene Organisationsstrukturen beschrieben. Sie kennen sicherlich Begriffe wie Linien- und Stabsorganisation. Doch diese Begriffe werden international nicht einheitlich verwendet. Für die Prüfung ist es also wichtig, dass Ihnen die PMI-Terminologie vertraut ist. Wir geben Ihnen daher auch die englischen Fachbegriffe an. PMI identifiziert verschiedene Ansätze für die Organisation von Unternehmen, die sich an dem Grad der Verantwortung des Projektmanagers orientieren. Nachfolgend werden wir die verschiedenen Ansätze strukturieren und kurz charakterisieren sowie die Auswirkungen auf die Rolle des Projektmanagers aufzeigen.

1. **Linienorganisation** (traditionelle oder klassische Organisation)

   – Innerhalb der Linienorganisation wird die Gesamtaufgabe des Unternehmens nach fachlichen Kriterien in Teilaufgaben zerlegt und es werden dementsprechende Abteilungen gebildet. Sie kennen die Bezeichnungen für derartige Fachabteilungen, einige Beispiele sind: Finanzen, Marketing, Entwicklung und Fertigung (siehe Abbildung 3.5). Die Mitarbeiter erhalten nur von der ihnen unmittelbar vorgesetzten Stelle (dem Linienvorgesetzten) Anweisungen.

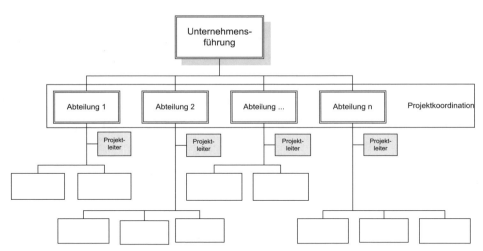

Abbildung 3.5: Linienorganisation

- Der Projektleiter ist meist mit dem funktionalen Linienverantwortlichen identisch.
- Der zentrale Nachteil dieser Organisationsform ist die unflexible Ressourcenauslastung und -verwendung. Muss ein Projekt linienübergreifend organisiert werden, ist die funktionale Organisationsform sogar sehr hinderlich, da »...die Integrationsleistung vom Kunden gemacht werden muss« (typische Prüfungsfrage).
- PMI-Begriff: *functional*

2. **Die Stab-Linienorganisation**

Bei einer Stab-Linienorganisation gibt es zusätzlich zu den Fachaufgaben eine Stabsstelle für Projektmanagement (siehe Abbildung 3.6).

Die Stab-Linienorganisation gibt es in zwei Ausprägungen:

Die Stabsstelle fungiert als Projekt**unterstützer:**

- Der Projektunterstützer koordiniert die Projekte über die Fachabteilungen hinweg und fungiert als Kommunikationszentrale. Er kann nicht eigenmächtig Entscheidungen herbeiführen oder treffen. Der Projektunterstützer berichtet an die jeweiligen Fachabteilungen.
- PMI-Begriff: *project expeditor*

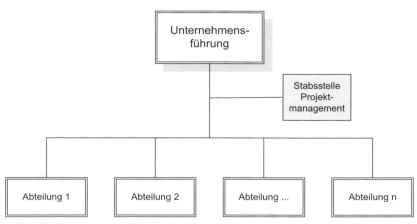

Abbildung 3.6: Stab-Linienorganisation

Die Stabsstelle fungiert als Projekt**koordinator:**

– Der Projektkoordinator hat grundsätzlich die gleichen Aufgaben wie der Projektunterstützer, verfügt jedoch über weitergehende Kompetenzen. Der Projektkoordinator berichtet im Regelfall an das obere Management.

– PMI-Begriff: *project coordinator*

3. **Die reine Projektorganisation:**

– Ist die Organisation ausschließlich projektbasiert strukturiert, wird für jedes Projekt ein Projektteam als funktionale Einheit zusammengestellt. Die Teammitglieder arbeiten immer nur für ein Projekt (siehe Abbildung 3.7).

– Der Projektleiter hat die Weisungsbefugnis für sein Team. Er berichtet an die Unternehmensführung.

– Diese Organisationsform scheint auf den ersten Blick die bestmögliche Implementierung von Projektmanagement zu sein, ist in Wirklichkeit aber nicht sehr effektiv. Die Linien sind die Heimat des Wissens in einer Organisation, daher verliert eine Organisation über die Zeit ihre Wissensbasis, wenn sie ausschließlich in einer reinen Projektorganisation aufgestellt ist.

– PMI-Begriff: *projectized*

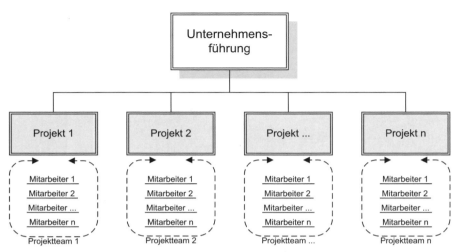

Abbildung 3.7: Reine Projektorganisation

4. **Matrixorganisation**

In einer **Matrixorganisation** werden linien- und projektbasierte Organisation verknüpft. Die Projektteams werden aus Mitarbeitern der Fachabteilungen gebildet, der Projektleiter hat für das Projekt je nach Ausprägung Budget- und auch Personalverantwortung. Ein Projektmitarbeiter hat insofern zwei Vorgesetzte, seinen Fachvorgesetzten und den Projektleiter (siehe Abbildung 3.8).

Ein Großteil der auf Organisationsstrukturen bezogenen Fragen im PMP-Examen setzt sich mit dieser Organisationsform auseinander. Neben den Fragen, die die Vor- und Nachteile verschiedener Organisationsformen zum Inhalt haben, sollten Sie mit Fragen rechnen, die sich von den verschiedenen Matrixformen ableiten lassen. Die Matrix kann in vielen verschiedenen Formen auftreten, es gibt jedoch drei wesentliche Varianten, die nachfolgend dargestellt sind:

Schwache Matrix

– Der Mitarbeiter ist stärker an die Fachabteilung gebunden als an das Projekt, z.B. hinsichtlich der Vergabe von Prioritäten. Der Linienvorgesetzte ist immer noch der erste Ansprechpartner für den Mitarbeiter.

– PMI-Begriff: *weak matrix*

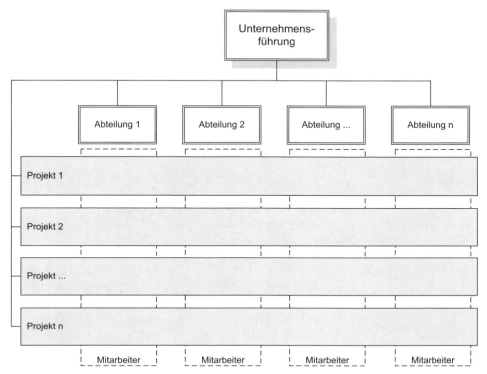

Abbildung 3.8: Matrixorganisation

Starke Matrix

- Handelt es sich um eine starke Matrix, schlägt das Pendel in die andere Richtung. Die Weisungsbefugnis des Projektleiters dominiert.
- PMI-Begriff: *strong matrix*

Ausgewogene Matrix

- Liegt eine ausgewogene Matrix vor, ist der Mitarbeiter zu gleichen Teilen der Fachabteilung und dem Projekt zugeordnet.
- PMI-Begriff: *balanced matrix*

In der Prüfung können Sie sich die Einordnung der Strukturformen und die Beantwortung der zugehörigen Fragen erleichtern, indem Sie jede Form mit folgenden Fragen in Beziehung setzen:

1. Welche Rolle nimmt der Projektmanager ein? Wie ist er im Vergleich zum Linienmanager positioniert?

2. Welche Vor- und Nachteile hat jede Organisationsform?

Frage

Wenn Sie die einzelnen Organisationsstrukturen vergleichen, welche Vor- bzw. Nachteile sehen Sie jeweils?

Antwort

Folgende Tabelle nennt jeweils drei Beispiele für Vor- und Nachteile. Die Bewertung erfolgt immer im Vergleich zur Linienorganisation.

Organisationsform	Vorteile	Nachteile
Linienorganisation	▶ Vereinfachte Kostensteuerung und Budgetierung ▶ Vereinfachte Personalsteuerung, jeder Mitarbeiter berichtet nur an eine Person	▶ Keine Verantwortlichkeit für das Gesamtprojekt, wenn linienübergreifend ▶ keine Entwicklungsmöglichkeiten des Projektpersonals ▶ Mangelnde Kundenorientierung
Stab-Linienorganisation	▶ Vereinfachte Projektkoordination ▶ Sammlung des Fachwissens Projektmanagement an einer Stelle ▶ Berichtswesen an einer zentralen Stelle	▶ Projektmanager hat nur begrenzte Verantwortung ▶ Interessenkonflikte zwischen Stab und Linie ▶ Mitarbeiter haben fachlichen und disziplinarischen Vorgesetzten

Tabelle 3.2: Vor- und Nachteile der verschiedenen Organisationsformen

Organisationsform	Vorteile	Nachteile
Matrixorganisation	▶ Projektmanager hat (begrenzte) Verantwortung über Ressourcen ▶ Flexibel in Bezug auf Änderungen ▶ Linienfunktionen unterstützen die Durchführung von Projekten	▶ Berichterstattung an zwei Stellen ▶ Eventuell konkurrierende Interessen zwischen Abteilungs- und Projektleiter ▶ Überwachung und Steuerung kompliziert
Projektbasierte Organisation	▶ Effiziente Projektorganisation ▶ Eindeutige Kommunikationswege ▶ Starkes Engagement der Mitarbeiter für das Projekt	▶ Unsicherheit der Mitarbeiter bei Abschluss des Projektes (»Wie geht es weiter?«) ▶ Kostenintensiv, da Dopplung von Unterstützungstätigkeiten und Funktionen ▶ Kaum Austausch zwischen den Projekten, damit kein hohes technisches Know-how

Tabelle 3.2: Vor- und Nachteile der verschiedenen Organisationsformen (Forts.)

3.1.5 Prozessvermögen der Organisation

Dieser Aspekt beschreibt das Vermögen einer Organisation, im Kontext von Prozessen zu funktionieren. Wenn der PMBOK Guide 42 Prozesse nennt, die pro Phase theoretisch zur Anwendung kommen können, so erfordert dies von den Beteiligten nicht nur ein Verständnis des PMBOK Guides, sondern allgemein von Prozessen zur Gestaltung betrieblicher Abläufe.

Wenn eine Organisation bereits in anderen Bereichen umfangreiche Prozessbestände aufgebaut hat und mit diesen gelernt hat, umzugehen, so wird dies mit den Projektmanagementprozessen, die im PMBOK Guide beschrieben sind, noch viel leichter gelingen.

3.2 Beispielfragen

1. Einer der am häufigsten verwendeten Projektlebenszyklen lässt sich in folgende Phasen unterteilen:

    a. Konzept, Entwicklung, Durchführung und Abschluss.

    b. Konzept, Ausführung und Berichtswesen.

    c. Konzept, Planung, Entwicklung, Ausführung und Berichtswesen.

    d. Planung, Steuerung, Definition und Abschluss.

2. Welcher der folgenden Punkte beschreibt die Merkmale eines Projektes am besten?

    a. Ein koordiniertes, einmaliges Vorhaben miteinander verknüpfter Vorgänge, gerichtet auf das Erreichen eines bestimmten Ziels innerhalb eines endlichen Zeitraums.

    b. Ein koordiniertes, einmaliges Vorhaben miteinander verknüpfter Vorgänge, gerichtet auf das Erreichen eines bestimmten Ziels innerhalb von drei Jahren.

    c. Ein großes, komplexes Vorhaben gerichtet auf das Erreichen eines bestimmten Ziels mit einem vorgegebenen Abschlusszeitpunkt.

    d. Ein großes, komplexes Vorhaben mit vielen Zielen, verschiedenen Kapitalquellen und keinem vorgegebenen Abschlusszeitpunkt.

3. In welcher Organisationsstruktur haben die Abteilungsleiter den größten Einfluss auf die Projektausrichtung?

    a. Starke Matrixorganisation.

    b. Ausgeglichene Matrixorganisation.

    c. Schwache Matrixorganisation.

    d. Durchsichtige Matrixorganisation.

4. Wenn eine Matrixorganisation eingesetzt wird, bedeutet das ...

    a. klare Verantwortungsbereiche.

    b. gemeinsam genutzte Ressourcen.

    c. innovative Lösungen für schwierige Kundenanforderungen/-wünsche.

    d. eine Verringerung des Mehraufwands.

5. Die Linienorganisation hat gegenüber den verschiedenen Formen der Matrixorganisation folgenden Vorteil:

    a. Schaffung einer technischen Kompetenz.

    b. Verbesserte Kundenbeziehungen bei Projekten.

    c. Hohe Fähigkeiten der Verarbeitung von Informationen.

    d. Fähigkeit »Simultaneous engineering« anzuwenden.

6. Mit welchen Problemen hat ein Projektleiter in einer »Projektorientierten Organisation« am ehesten zu rechnen?

    a. Unsicherheit bei den Mitarbeitern.

    b. Überstunden.

    c. Unklare Personalverantwortung.

    d. Schlechte Kundenansprache.

7. Im Projektmanagementlebenszyklus ist Projektplanung...

    a. ein definierter Prozess.

    b. eine Prozessgruppe.

    c. eine Projektphase.

    d. eine Produktentwicklungsphase.

8. Welche der folgenden Aussagen ist nicht falsch?

    a. Ein schlechtes Projekt hat immer ein schlechtes Produkt als Ergebnis.

    b. Ein erfolgreiches Projekt muss nicht immer ein erfolgreiches Produkt erzeugen.

    c. Ein erfolgreiches Projekt kann kein erfolgreiches Produkt erzeugen.

    d. Ein gutes Produkt ist immer aus einem erfolgreichen Projekt entstanden.

9. Ein Freund berichtet Ihnen von den Problemen in seinem neuen Projekt: die Organisation einer Hausmesse für alle Abteilungen seines Unternehmens. Er berichtet zwar direkt an die Unternehmensleitung und hat die Aufgabe, das Projekt zu koordinieren, aber die Abteilungsleiter unterstützen ihn nicht. In welcher Organisationsstruktur arbeitet Ihr Freund?

    a. In einer starken Matrixorganisation.

    b. In einer ausgewogenen Matrixorganisation.

    c. In einer projektbasierten Organisation.

    d. In einer Stab-Linienorganisation.

3

10. Sie sind der Projektleiter für die Erstellung eines Einfamilienhauses nahe einem Naturschutzgebiet. Alle der genannten Personengruppen sind aktive Stakeholder Ihres Projektes, außer...?

   a. Architekt.

   b. Bauherr.

   c. Lokaler Umweltschutzverband.

   d. Handwerker.

3.3 Lösungen mit Erklärungen

1. Lösung a)

   a. Richtig. Obwohl es branchenspezifische Projektlebenszyklen gibt, werden viele Projektlebenszyklen in diese vier Phasen untergliedert.

   b. Falsch. Das Berichtswesen ist keine Phase.

   c. Falsch. Das Berichtswesen ist keine Phase.

   d. Falsch. Die Steuerung ist keine Phase.

2. Lösung a)

   a. Richtig. Das ist die weit verbreitete Definition für ein Projekt.

   b. Falsch. Einige Projekte überdauern drei Jahre.

   c. Falsch. Projekte müssen nicht groß oder komplex sein.

   d. Falsch. Projekte müssen nicht groß oder komplex sein. Für viele Projekte existiert ein fester Abschlusszeitpunkt.

3. Lösung c)

   a. Falsch. Bei einer starken Matrixorganisation haben die Projektleiter größeren Einfluss als die Abteilungsleiter.

   b. Falsch. Der Einfluss des Projektleiters und des Abteilungsleiters hält sich in einer ausgeglichenen Matrixorganisation mehr oder weniger die Waage.

   c. Richtig. In einer schwachen Matrixorganisation hat der Projektleiter in der Regel die Rolle eines Koordinators inne, wobei die Anweisungen von den Abteilungsleitern gegeben werden.

   d. Falsch. Unsinnige Antwort. Einen solchen Begriff für eine Organisationsstruktur gibt es nicht.

4. Lösung b)

   a. Falsch. In Linienorganisationen bestehen eher klare Verantwortungsbereiche.

   b. Richtig. Solange keine Ressourcen gemeinsam benutzt werden müssen, ist eine Linienorganisation oder Projektorganisation wahrscheinlich effektiver.

   c. Falsch. Innovative Lösungen können genauso gut in einer Linienorganisation entwickelt werden.

   d. Falsch. Projekte verdoppeln häufig die unterstützenden Funktionen.

5. Lösung a)

   a. Richtig. Denn Linienorganisationen sind in der Regel anhand fachlicher Disziplinen organisiert.

   b. Falsch. Linienorganisationen sind in der Regel nur schwer in der Lage, eine einzige Kontaktstelle mit einer klaren Verantwortung für das Kundenmanagement aufzubauen.

   c. Falsch. Durch die Verbindung von Organisationen an vielen Orten über die traditionellen Aufgabenbereiche hinaus haben Matrixorganisationen in der Regel eine höhere Fähigkeit der Informationsverarbeitung.

   d. Falsch. Laut Definition schließt *Simultaneous engineering* in der Regel Personen verschiedener Abteilungen mit ein und erfordert deshalb eine Matrixorganisation.

6. Lösung a)

   a. Richtig. Es kann bei Mitarbeitern Unsicherheit aufkommen, da sie nach dem Projekt nicht wissen, wohin (da es keine rettende Linienorganisation mehr gibt ...).

   b. Falsch. Überstunden haben wenig mit der Organisationsform zu tun und treten in allen Formen auf.

   c. Falsch. In einer projektorientierten Organisation hat der Projektleiter auch Personalverantwortung.

   d. Falsch. Ist in dieser Organisationsform normalerweise extrem gut.

7. Lösung b)

   a. Falsch. Projektplanung besteht aus vielen Prozessen.

3

b. Richtig. Projektplanung besteht aus vielen Prozessen, deshalb spricht man von einer Prozessgruppe.

c. Falsch. Obwohl es im Projektlebenszyklus Phasen geben kann, die *Planung* heißen, war hier nach dem Projektmanagementlebenszyklus gefragt.

d. Falsch. Obwohl es bei der Produktentwicklung Phasen geben kann, die *Planung* heißen, war hier nach dem Projektmanagementlebenszyklus gefragt.

8. Lösung b)

a. Falsch. Die Aussage stimmt nicht. Auch schlecht geführte Projekte können ein gutes Produkt erzeugen.

b. Richtig. Auch wenn die Wahrscheinlichkeit niedrig ist. So kann es doch vorkommen, dass ein Projekt trotz gutem Projektmanagement ein schlechtes Produkt erzeugt (z.B. eines, das nicht am Markt angenommen wird).

c. Falsch. Die Aussage stimmt nicht. Die meisten erfolgreichen Projekte erzeugen gute Produkte.

d. Falsch. Die Aussage stimmt nicht. Siehe a)

9. Lösung d)

a. Falsch. In einer starken Matrix hätte der Projektleiter mehr Befugnisse.

b. Falsch. In einer ausgewogenen Matrix hätte der Projektleiter mehr Befugnisse.

c. Falsch. In einer projektbasierten Organisation gibt es keine Abteilungen.

d. Richtig. Die geschilderte Problematik ist typisch für eine Stab-Linienorganisation.

10. Lösung c)

a. Falsch. Ist ein aktiver Stakeholder.

b. Falsch. Ist ein aktiver Stakeholder.

c. Richtig. Diese Gruppe ist ein passiver Stakeholder.

d. Falsch. Sind aktive Stakeholder.

4 Integrationsmanagement in Projekten

4.1 Themengebiete des Wissensgebietes

Integrationsmanagement in Projekten ist ein Thema, dessen Existenz langjährige Projektleiter erst einmal verwundert. Aber bei genauerem Hinsehen wird deutlich, dass viele Methoden, die dazu im PMBOK Guide beschrieben werden, von erfahrenen Projektleitern in der Praxis intuitiv angewandt werden.

Zusammenfassend sind dem *Integrationsmanagement* in Projekten die Prozesse und Vorgänge zuzuordnen, die die Einzelteile des Projektes zu einem koordinierten Ganzen zusammenfügen. Integrationsmanagement ist nicht trivial, weder in der Praxis noch in der PMP-Prüfung. Die schwierigste Herausforderung in der Praxis besteht im Allgemeinen darin, den verschiedenen Interessen der Stakeholder gerecht zu werden und bei konkurrierenden Zielen und Handlungsalternativen die richtige Entscheidung zu treffen, nachdem die jeweiligen Vor- und Nachteile und die sich daraus ergebenden Konsequenzen sorgfältig gegeneinander abgewogen wurden. Ein weiterer Aspekt des Integrationsmanagement ist es sicherzustellen, dass die im Projekt erstellten Dokumente konsistent sind. Insbesondere bei den – mit Sicherheit im Projekt auftretenden Änderungen – ist es eine herausfordernde Aufgabe, die Wechselwirkungen zwischen den Projektdokumenten (z.B. Termin- und Kostenbasisplan) zu erkennen und aktiv zu managen.

In der Prüfung kann Integrationsmanagement zur Stolperfalle werden, da vielen Projektleitern gar nicht bewusst ist, dass es ein eigenes Wissensgebiet ist. Es beschreibt Aktivitäten, die zwingend durchgeführt werden müssen, damit das Projekt erfolgreich wird.

Integrationsmanagement umfasst das Zusammensetzen und die Koordination der vielen verschiedenen Facetten des Projektes, die in den folgenden Kapiteln dieses Buches behandelt werden. Wir empfehlen Ihnen daher die Lektüre dieses Kapitels auf jeden Fall zwei Mal: als Einstieg, um ein Gefühl für die Thematik zu erhalten, und am Ende, wenn Sie die restlichen Kapitel bearbeitet haben, um zu überprüfen, ob Sie alle Aspekte verstanden haben.

4

Frage

Bevor wir in die Einzelheiten dieses Kapitels einsteigen, überlegen Sie, was im Rahmen der Integration besonders wichtig ist.

Antwort

Um die verschiedenen Aspekte eines Projektes zu koordinieren und zu integrieren, ist eine effektive Kommunikation zwischen allen Beteiligten besonders wichtig. Hierfür ist der Projektleiter verantwortlich.

4.1.1 Prozesse des Wissensgebietes

4

Der PMBOK Guide beschreibt in diesem Wissensgebiet sechs Prozesse. Diese sind:

1. **Projektauftrag entwickeln** – Erstellen des Dokumentes, mit dem ein Projekt oder eine Projektphase formal genehmigt wird.

2. **Projektmanagementplan entwickeln** – Festlegen der Aktionen, die notwendig sind, damit die Definition, Vorbereitung, Integration und Koordination aller Teilpläne erfolgen kann.

3. **Projektdurchführung lenken und managen** – Ausführen der Arbeiten, die im Projektmanagementplan definiert sind, um die im Projektmanagementplan definierten Ziele zu erfüllen.

4. **Projektarbeit überwachen und steuern** – Verfolgen, Prüfen und Regulieren des Fortschritts des Projektes, um die im Projektmanagementplan definierten Leistungsziele zu erreichen.

5. **Integrierte Änderungssteuerung durchführen** – Prüfen aller Änderungsanträge, Genehmigen und Kontrollieren von Änderungen an den Liefergegenständen, der Eingangs- und Ausgangswerte des Prozessvermögens der Organisation, der Projektdokumente und des Projektmanagementplans.

6. **Projekt oder Phase abschließen** – Beenden aller Vorgänge in allen Projektmanagementprozessgruppen, um das Projekt oder eine Projektphase formal abzuschließen.

Wir empfehlen Ihnen, sich mit den Prozessen und ihren Beziehungen unbedingt vertraut zu machen, denn in der PMP-Prüfung kann auch Prozesswissen abgefragt werden. Auch wenn Sie nicht alle Eingangs-, Ausgangswerte und Werkzeuge der einzelnen Prozesse auswendig kennen müssen, das Verständnis der Abhängigkeiten zwischen den Prozessen erleichtert Ihnen die Beantwortung von Fragen, die beispielsweise wie folgt lauten können:

Welcher der folgenden Punkte ist **kein** Eingangswert des Prozesses »Entwickeln des Projektauftrages«?

a. Vertrag (sofern vorhanden)

b. Faktoren der Unternehmensumwelt

c. Beschreibung des Inhalts und Umfangs

d. Leistungsbeschreibung für das Projekt

Die richtige Antwort für diese Frage ist c). Die Beschreibung des Inhalts und Umfangs ist kein Eingangswert des Prozesses »Entwickeln des Projektauftrages«. Um zu dieser Antwort zu kommen, müssen sie die Eingangswerte des Prozesses nicht auswendig gelernt haben, sie müssen »nur« wissen, dass die Beschreibung des Inhalts und Umfangs erst später im Projektverlauf erstellt wird und auf dem Projektauftrag aufbaut.

4.1.2 Der Projektauftrag (Project Charter)

Vor dem offiziellen Projektstart erfolgt zunächst einmal die Projektauswahl. Denn oft befindet sich eine Organisation in der Situation, dass sie mehr Projekte durchführen möchte, als Ressourcen zur Verfügung stehen. Auch wenn der Projektmanager in der Regel nicht darüber entscheidet, welche Projekte durchgeführt werden, sollte er, um das Projekt erfolgreich zu leiten, wissen, welche Hintergründe zur Initiierung des Projektes geführt haben:

▷ Wer in in der Organisation hat über die Auswahl des Projektes entschieden?

▷ Welche Projektauswahlverfahren wurden angewandt?

Mit der Freigabe des Projektauftrags durch den Projektsponsor wird das Projekt gestartet und der Projektleiter erhält die Befugnis, Ressourcen für das Projekt aufzuwenden.

Folgende Punkte sollten Sie sich zum Projektauftrag merken:

▹ Er ist die **offizielle Freigabe**, um Mittel für das Projekt aufzuwenden.

▹ Er beantwortet die Frage **»Warum machen wir das Projekt?«**, das heißt, der Projektauftrag dokumentiert, welcher Zustand durch das Projekt geändert werden soll (Problemstellung, Geschäftsbedarf).

▹ Er beschreibt das Produkt (oder die Dienstleistung), das durch das Projekt erschaffen wird, damit beantwortet er die Frage **»Was wird erstellt?«**

▹ Er definiert die Anforderungen / Ziele auf einer hohen Ebene für das Projekt.

▹ Er sollte von einem **Verantwortlichen außerhalb des Projektes** ausgestellt werden.

▹ Er ist **die Basis** für die Festlegung von Terminen, Budget und Umfang.

▹ Der Projektauftrag darf nicht mit der externen Beauftragung durch einen Kunden verwechselt werden. Ein unterzeichneter Vertrag könnte auch »Projektauftrag« genannt werden, das ist aber nicht der Projektauftrag im Sinne des PMBOK Guide. Wenn Sie daher in ihrem Unternehmen den Begriff Projektauftrag verwenden, sollten Sie überprüfen, mit welcher Intention der Projektauftrag in Ihrem Unternehmen verwendet wird. Falls die PMBOK Guide Definition von der in Ihrem Unternehmen abweicht, ist das in der Praxis kein Problem. Aber in der Prüfung müssen Sie dann bei der Beantwortung der Fragen aufpassen, dass Sie diese nicht auf Basis ihrer Praxiserfahrung beantworten.

Bei der Erstellung des Projektauftrages werden alle bereits vorliegenden Informationen bzw. Anforderungen beachtet. Z.B. wird es oft bereits eine Leistungsbeschreibung (SOW – Statement of Work) geben, die entweder intern erstellt oder von externer Seite (Kunde) vorgegeben wurde. Auch wenn ein Kundenvertrag vorliegt bzw. ein Business Case erstellt wurde, fließen Informationen daraus als Eingangswerte in diesen Prozess ein.

Im PMBOK Guide werden als weitere Eingangswerte »Faktoren der Unternehmensumwelt« und »Prozessvermögen der Organisation« genannt. Zwei sperrige Begriffe, die in vielen Prozessbeschreibungen des PMBOK Guides vorkommen. Auch für diese Eingangswerte gilt: Sie müssen nicht auswendig lernen, für welche Prozesse diese beiden Input liefern. Aber Sie sollten wissen, was die beiden bedeuten:

Mit Faktoren der Unternehmensumwelt werden alle Punkte zusammengefasst, die dem Projekt Vorgaben liefern, die beachtet werden müssen. Dabei können diese Vorgaben außerhalb des Unternehmens generiert werden, z.B. rechtliche Vorgaben oder Branchenstandards. Die Faktoren können aber auch durch das Unternehmen selbst bedingt sein, z.B. durch die Standorte des Unternehmens, die Organisationsform etc.

Auch wenn der Projektleiter natürlich so früh wie möglich in die Projektplanung einbezogen werden sollte, ist in der Realität der Projektauftrag oft bereits erteilt, wenn er dem Projekt zugewiesen wird. Auch in dem Fall muss er sich – um erfolgreich zu sein – mit dem »Warum« beschäftigen und darf sich nicht nur auf das »Was« konzentrieren.

4.1.3 Der Projektmanagementplan

4

Der Projektmanagementplan ist ein Begriff, der in der Praxis nicht so oft Anwendung findet. Und ehrlich gesagt, versteckt sich hinter dem Projektmanagementplan auch eher ein Konzept als ein Dokument – aber ein gutes!!!

Der Begriff Projektmanagementplan wurde mit der Version 2004 des PMBOK Guide eingeführt und ersetzt seitdem den Begriff *Projektplan*. Darüber, ob der Begriff jetzt sprachlich schöner ist, kann man streiten. Er sorgt aber (hoffentlich) für mehr Klarheit. Die Frage nach dem Projektplan bringt nämlich viele Praktiker ins Stolpern, da dafür in der Praxis oft die Begriffe Netz- und Terminplan als Synonyme gebraucht werden. Der Theorie nach ist das aber nicht korrekt! Der Projektplan bzw. der Projektmanagementplan ist ein umfassendes »Ganzes«, das sich aus mehreren Bestandteilen – die in den verschiedenen Planungsprozessen entwickelt werden – zusammensetzt. Er beschreibt, wie die Arbeit im Projekt durchgeführt wird.

Der Projektmanagementplan ist somit (meist) nicht ein Dokument, sondern eher die Klammer, die die vielen verschiedenen Dokumente, die im Projekt erstellt werden, zusammenfasst.

Das Konstrukt des Projektmanagementplans baut auf folgenden Überlegungen auf:

▷ Der PMBOK Guide liefert nicht »die« Vorgehensweise, wie ein Projekt am besten gemanagt werden soll, sondern beschreibt die grundlegenden Prozesse und Werkzeuge.

▷ Jedes Projektteam muss daher als erstes die grundsätzliche Vorgehensweise festlegen, wie das Projekt bzw. dessen Phasen initiiert, geplant, ausgeführt, überwacht und abgeschlossen werden sollen.

▷ Für jedes Wissensgebiet muss festgelegt werden, welche Prozesse wann, wie und durch wen durchgeführt werden. Diese grundsätzlichen Überlegungen werden je Wissensgebiet in einem Terminmanagementplan, Kostenmanagementplan, Qualitätsmanagementplan usw. dokumentiert.

▷ Zum Umfang des Projektmanagementplans gehören neben den Managementplänen auch die freigegebenen Planungsdokumente, gegen die der Projektfortschritt gemessen wird, z.B. der Terminbasisplan und der Kostenbasisplan.

Frage

Überlegen Sie: Aus welchen Elementen besteht der Projektmanagementplan, wer ist an der Entwicklung beteiligt?

Antwort

Der Projektmanagementplan beinhaltet u.a.:

▶ Die Beschreibung des gewählten Phasenmodells und der anzuwendenden Prozesse

▶ Festlegungen, wie die Teilmanagementpläne aus den anderen Wissensgebieten integriert und konsolidiert werden

▶ Festlegungen, wie Änderungen überwacht und gesteuert werden, wer Änderungen freigibt etc.

▶ Kommunikationswege und -methoden,

▶ die Managementpläne der anderen Wissensgebiete (z.B. Plan für Projektinhalts- und Umfangsmanagement, Terminmanagementplan, Kostenmanagementplan, Qualitätsmanagementplan etc.),

▶ die Basispläne der einzelnen Wissensgebiete.

Verantwortlich für die Vollständigkeit und die Pflege des Projektmanagementplans ist der Projektleiter. Erstellt wird der Projektmanagementplan jedoch unter Mitwirkung des Projektteams.

Sie sehen, es wird nur wenige Projekte geben, die alle oben beschriebenen Inhalte des Projektmanagementplans in einem Dokument unterbringen.

Frage

Was ist der Unterschied zwischen einem Projektmanagementplan und einem Basisplan (Baseline)?

Antwort

Der *Projektmanagementplan* ist ein Arbeitsdokument, er wird auf Basis des aktuellen Projektfortschrittes aktualisiert. Ein *Basisplan* ist dagegen ein zeitweise »eingefrorener« Plan, gegen den der Fortschritt des Projektes gemessen wird.

4

Merken Sie sich unbedingt zwei Punkte zur Entwicklung des Projektmanagementplans:

1. Die Entwicklung ist keine einmalige Angelegenheit, sondern verläuft iterativ. Am Projektanfang ist der Projektmanagementplan ziemlich grob, da nur wenige Informationen vorliegen. Im Laufe der weiteren Projektdurchführung, beispielsweise nach der Erstellung des Projektstrukturplans und der Durchführung einer Risikoanalyse, wird er zunehmend detaillierter.

2. Kritischer Erfolgsfaktor der Entwicklung des Projektmanagementplans ist die Kommunikation zwischen allen beteiligten Parteien. Verantwortlich hierfür ist der Projektleiter.

Da der Projektmanagementplan die Basis der Projektarbeit ist, muss er formell freigegeben werden. Personen(gruppen), die dem Projektmanagementplan zustimmen sollten, sind:

➤ das obere Management,

➤ der Auftraggeber,

➤ die (Key-)Stakeholder,

➤ aber auch das Projektteam.

4

Wichtige Elemente des Projektmanagementplans

Im Folgenden wollen wir Ihnen Elemente des Projektmanagementplanes vorstellen, die im PMBOK Guide immer wieder angesprochen werden und deren Beachtung für eine erfolgreiche Projektdurchführung notwendig ist.

Beschränkungen (constraints)

Beschränkungen sind gegebene Rahmenbedingungen, die die Flexibilität des Projektteams einschränken. Dies können externe Rahmenbedingungen sein, wie gesetzliche Vorgaben, aber auch interne wie zum Beispiel die Verfügbarkeit von nur einem Experten.

Frage

Überlegen Sie, welchen Beschränkungen Ihr aktuelles Projekt unterliegt.

Antwort

Auf diese Frage kann es natürlich keine allgemein gültige Lösung geben. Beispiele für Beschränkungen sind: Der Lieferant der Komponente xy hat im August Betriebsferien. Systemtests können nur am Wochenende oder nachts durchgeführt werden, wenn keine Anwender aktiv sind.

Die Beschränkungen werden in der Planung unter Beteiligung möglichst vieler Stakeholder identifiziert. Während der Detaillierung der Projektplanung und der Projektausführung sollte regelmäßig überprüft werden, ob die Beschränkungen noch aktuell sind bzw. ob neue hinzugekommen sind.

Annahmen (assumptions)

Annahmen sind Faktoren, die vom Projektteam als vorgegeben angesehen werden. Im Gegensatz zu Beschränkungen herrscht über den Eintritt von Annahmen Unsicherheit. Sie werden als wahr angenommen, können eintreffen, müssen aber nicht. Annahmen enthalten damit immer ein gewisses Maß an Unsicherheit und müssen im Rahmen des Risikomanagements auf Eintrittswahrscheinlichkeit und Auswirkungen untersucht werden. Abhängig davon müssen ggf. Maßnahmen definiert werden.

Frage

Überlegen Sie: Wie wurde Ihr letztes Projekt von Annahmen, die einge-troffen sind – oder auch nicht – beeinflusst?

Antwort

Auch auf diese Frage kann es keine allgemein gültige Antwort geben. Ein Beispiel für den Einfluss einer Annahme ist: Das alte Produktionssystem soll im Projekt durch ein neues Produktionssystem ersetzt werden. Es wird angenommen, dass die Zuverlässigkeit der beiden Systeme identisch ist. Wenn in der Realität die Zuverlässigkeit des neuen Systems dann geringer als die des alten Systems ist, kann dies Auswirkungen auf die Qualität oder die Termineinhaltung haben. Ein anderes Beispiel ist die Mitarbei-terqualifikation. Wenn Sie einen neuen Mitarbeiter einsetzen, treffen Sie Annahmen über seine Fähigkeiten. Ob er aber tatsächlich für eine Arbeit ausreichend qualifiziert ist, merken Sie oft erst im tatsächlichen Einsatz.

Wie auch Beschränkungen werden Annahmen in der Planung mit möglichst vielen Stakeholdern identifiziert. Im weiteren Projektverlauf sollte regelmäßig

- überprüft werden, ob die identifizierten Annahmen noch gültig sind, ob ihre Einschätzung bzgl. Eintrittswahrscheinlichkeit und Auswirkungen noch stimmen;

- festgestellt werden, ob Annahmen bereits eingetroffen sind und welche Auswirkungen dies hatte;

- untersucht werden, ob neue Annahmen getroffen werden müssen.

Historische Daten (historical data)

Unter dem Begriff *Historische Daten* werden alle dokumentierten Informatio-nen zusammengefasst, die über bereits durchgeführte Projekte zur Verfü-gung stehen und dem Projektleiter helfen, ein Projekt zu planen und abzuwi-ckeln. Historische Daten können z.B. sein:

- Schätzungen,

- Projektstrukturpläne,

- Ablaufpläne,

▷ Gewonnene Erkenntnisse,

▷ Ressourcenzuordnung,

▷ Risikolisten,

▷ Testberichte etc.

Historische Daten werden vom PMBOK Guide so dargestellt, als ob sie immer verfügbar sind. Vor diesem Hintergrund sollten Sie auch die Prüfungsfragen beantworten, auch wenn es in der Praxis leider nicht immer der Fall ist, dass Daten von vorherigen Projekten strukturiert gesammelt und archiviert wurden. Der Hauptnutzen von historischen Daten liegt in verbesserten Schätzungen, effektiverem Risikomanagement und damit letztendlich in einer stabileren Projektplanung.

Gesammelte Erfahrungen (lessons learned)

Unter gesammelten Erfahrungen versteht man das Wissen, das sich das Projektteam während der Projektdurchführung aneignet und das für den Projektverlauf bzw. für zukünftige Projekte relevant sein kann. Sie merken, gesammelte Erfahrungen umfassen ein weites Spektrum und hängen eng mit den historischen Daten zusammen, denn wenn die gesammelten Erfahrungen dokumentiert werden, werden sie zu historischen Daten.

4.1.4 Projektdurchführung lenken und managen

In der Praxis ist der Prozess »Projektdurchführung lenken und managen« eine der Hauptaufgabe des Projektleiters. In der Theorie wird die Projektdurchführung relativ knapp behandelt, denn es müssen ja »nur« die geplanten Projektaktivitäten, so wie sie im Projektmangementplan festgelegt wurden, abgearbeitet werden.

Wichtige Punkte, die Sie zu dem Prozess Projektdurchführung lenken und managen wissen sollten, sind:

▷ Die Ausführung hängt stark vom zu entwickelnden Projektprodukt bzw. Anwendungsbereich ab.

▷ Der Name des Prozesses leitet etwas in die Irre, in diesem Prozess wird nicht nur gemanagt, sondern der Prozess liefert auch ein handfestes Ergebnis: Bei der Ausführung werden die definierten Arbeitspakete fertiggestellt und die Liefergegenstände erstellt.

▷ Der Prozess beschreibt, wie die verschiedenen technischen und organisatorischen Schnittstellen im Projekt gemanagt werden.

▷ Es müssen regelmäßig Informationen über die Arbeitsleistung ermittelt werden, z.B. welcher Anteil einer geplanten Leistung bereits erbracht wurde, welche Kosten dafür angefallen sind etc.

▷ Während der Ausführung werden in der Regel die meisten Ressourcen eingesetzt.

▷ Es werden regelmäßig Teambesprechungen auf verschiedenen Ebenen durchgeführt.

▷ Abweichungen vom Plan bzw. Änderungsvorschläge werden identifiziert.

Arbeitsfreigabesystem

Ein wichtiges Verfahren, um die Projektdurchführung zu managen und zu lenken, ist das *Arbeitsfreigabesystem* (work authorization system). Bei diesem Verfahren ist es einem Projektmitarbeiter erst dann erlaubt, mit einer Arbeit zu beginnen, wenn sie ihm (formell oder informell) zugeteilt wurde. Somit wird sichergestellt, dass nicht nur die definierten Arbeiten durchgeführt werden, sondern auch, dass die geplanten Arbeiten in der richtigen Reihenfolge ausgeführt werden und die Ressourcenauslastung zentral gelenkt werden kann.

Da mit dem Prozess »Projektdurchführung lenken und managen« die Erstellung der Liefergegenstände gemanagt wird, hat der Prozess starke Wechselwirkungen mit anderen Prozessen: Der Projektmanagementplan (der sich ja aus Elementen aller Wissensgebiete zusammensetzt) liefert Input aus den anderen Wissensgebieten. Die Arbeitsleistungsinformation, die der Prozess als Output liefert, geht in die Steuerungsprozesse der anderen Wissensgebiete als Input ein.

Damit dieses Zusammenspiel der einzelnen Elemente gemanagt werden kann, müssen die für das Projekt relevanten Daten gesammelt und verteilt werden. Dies geschieht mittels eines **Projektinformationssystems (PMIS)**. Die Ausprägung des PMIS hängt dabei nicht nur von den Rahmenbedingungen des Unternehmens ab, sondern auch von dem zu erstellenden Projektprodukt und der Projektorganisation an sich. Ein PMIS kann durch Software realisiert werden – muss aber nicht. Auch eine Papierablage ist ein PMIS. Aber wie auch immer die Umsetzung aussieht, der PMBOK Guide fordert: Jedes Projekt benötigt ein PMIS.

Da keine Projektdurchführung genau nach Plan abläuft, ist auch das Thema Änderungsmanagement ein zu beachtender Faktor in der Projektdurchführung: **Genehmigte Änderungen gehen als Eingangswerte in den Prozess ein** und der Prozess liefert – wenn während der Projektdurchführung Verbesserungspotential erkannt wird – **Änderungsanträge als Ausgangswerte** (über deren Durchführung dann im Prozess »integrierte Änderungssteuerung durchführen« entschieden wird). Änderungsanträge können dabei verschiedene Ausprägungen haben. Neben der Fehlerbehebung spielen im Projekt vor allen Dingen Korrektur- und Vorbeugemaßnahmen eine Rolle.

Frage

Kennen Sie den Unterschied zwischen Korrektur- und Vorbeugemaßnahmen?

Antwort

Eine *Vorbeugemaßnahme* soll verhindern, dass ein Fehler überhaupt auftritt. Eine *Korrekturmaßnahme* soll das wiederholte Auftreten eines Fehlers verhindern.

Korrekturmaßnahmen sind damit Tätigkeiten, die ausgeführt werden, wenn ein Fehler entdeckt wurde und sichergestellt werden soll, dass dieser oder ein anderer Fehler nicht noch einmal auftritt. Damit dies erreicht wird, muss nicht nur der Fehler selbst ausgemerzt werden (dies ist die Fehlerbehebung), sondern auch die Ursache(n) des Fehlers beseitigt werden.

Vorbeugemaßnahmen sind den Korrekturmaßnahmen sehr ähnlich. Nur dass bei Vorbeugemaßnahmen die Fehler noch nicht wirklich eingetroffen sind, sondern »vorhergesehen« werden.

Damit Korrektur- und Vorbeugemaßnahmen erfolgreich sind, müssen sie analog dem PDCA-Zyklus von Deming (siehe auch Kapitel *Qualitätsmanagement*) abgewickelt werden:

▶ Planen (**P**lan)　　Die Notwendigkeit einer Maßnahme feststellen und Maßnahme planen

▶ Tun (**D**o)　　Maßnahme durchführen

▶ Prüfen (**C**heck)　　Erfolg der Maßnahme prüfen

▶ Agieren (**A**ct)　　Maßnahme in Standardablauf integrieren

4.1.5 Projektarbeit überwachen und steuern

Während im Prozess Projektdurchführung managen und lenken ein Ausführungsprozess ist, in dem Aktivitäten durchgeführt werden, um das Projektprodukt zu erstellen, und regelmäßig der Status der Arbeitsleistung ermittelt wird, hat der Prozess *Projektarbeit überwachen und steuern* folgende Aufgaben:

▷ Überprüfung, ob die tatsächlich erbrachte Leistung mit der geplanten Leistung übereinstimmt.

▷ Erkennen und analysieren von Planabweichungen.

▷ Bereitstellen von Informationen über den Projektstatus.

▷ Entwicklung von Prognosen und Trends.

▷ Festlegung von notwendigen Korrektur- und Vorbeugemaßnahmen, um Prozessverbesserungen zu erreichen.

Wie auch der Prozess Projektmanagementplan entwickeln nicht separat betrachtet werden kann, sondern auf die Ergebnisse der anderen Planungsprozesse angewiesen ist und diese integriert, so ist auch der Prozess Projektarbeit überwachen und steuern ein Integrationsprozess, um die Ergebnisse der Steuerungsprozesse der anderen Wissensgebiete zu konsolidieren. Hier laufen alle Fäden der Projektsteuerung zusammen.

4.1.6 Integrierte Änderungssteuerung

Die *integrierte Änderungssteuerung* ist der zweite Steuerungsprozess des Wissensgebietes Integrationsmanagement.

Frage

Meinen Sie, dass Änderungen in einem Projekt sinnvoll sind?

Antwort

Auf jeden Fall kann es in einem Projekt sinnvolle und notwendige Änderungen geben. Da es im Normalfall kein Projekt gibt, bei dem alles nach Plan läuft, ist ein adäquates Änderungsmanagement ein kritischer Erfolgsfaktor für jedes Projekt.

Bevor Änderungen aber adäquat gemanagt werden können, muss erst einmal ein gutes Änderungsmanagement konzipiert werden, das Verantwortlichkeiten und Vorgehensweisen festschreibt (und wo ist dieses dokumentiert? – Jawohl, im Projektmanagementplan).

Zwei Quellen, die der integrierten Änderungssteuerung Input liefern, haben wir bereits kennengelernt: die Prozesse *Projektdurchführung managen und lenken* und *Projektarbeit überwachen und steuern*. Aber das sind nicht die beiden einzigen. Alle Steuerungsprozesse und viele Ausführungsprozess liefern Änderungsanträge als Ausgangswerte.

Nachdem wir jetzt bereits mehrfach den Begriff des Änderungsantrages verwendet haben, wollen wir uns einmal genauer ansehen, was sich denn dahinter verbirgt:

Ein Änderungsantrag ist im Normalfall ein formelles Dokument, das erstellt wird, wenn während der Ausführung des Projektplans erkannt wird, dass die geplante Vorgehensweise geändert werden muss. Das ist beispielsweise dann der Fall, wenn bei der Projektplanung verschiedene Aspekte nicht berücksichtigt wurden oder sich die Rahmenbedingungen geändert haben. Änderungsanträge können genehmigt oder abgelehnt werden. Wie dies geschieht, muss für jedes Projekt definiert werden.

Zur Bewertung, ob ein Änderungsantrag notwendig bzw. sinnvoll ist, können verschiedene Quellen herangezogen werden, z.B.:

▷ Anforderungen von externen Stellen (Kunde, gesetzliche Änderungen, ...)

▷ Planabweichungen

▷ Fortschrittsberichte

▷ Prozessanalysen

▷ Ergebnisse von qualitätssichernden Maßnahmen

▷ Prognosen

▷ Wenn-Dann-Analysen

Umgang mit Änderungen

Bestandteil der integrierten Änderungssteuerung ist die Festlegung eines Verfahrens, wie mit Änderungen umgegangen wird. Seien Sie in der Prüfung auf Fragen gefasst, die hinterfragen, welche Schritte dabei durchlaufen werden müssen. Merken Sie sich daher folgende Punkte.

Ein Projektleiter muss:

1. als erstes prüfen, was im Projektmanagementplan steht, wie mit Änderungen umgegangen wird,

2. die Auswirkungen eines Änderungsantrages bzw. einer aufgedeckten Planabweichung feststellen:
   - Welche Auswirkung hat die Änderungen auf die anderen Aspekte des Projektmanagements (beispielsweise wirken sich Änderungen im Terminplan auch oft auf Kosten und Qualität aus)?
   - Welche Interessen welcher Stakeholder sind betroffen?
   - Die Ursache ermitteln, warum ein Änderungsantrag notwendig geworden ist.
   - Lösungsvorschläge entwickeln und bewerten.
   - Intern mit den entsprechenden Stakeholdern (Sponsor, höheres Management, Projektteam etc.) eine Lösung abstimmen.
   - Gegebenenfalls die Lösung mit dem Kunden abstimmen.

Frage

Überlegen Sie, welche Alternativen der Projektleiter hat, wenn in einem Projekt Abweichungen vom Terminplan festgestellt werden, das Projekt aber unbedingt termingerecht fertiggestellt werden muss.

Antwort

Der Projektleiter kann z.B. (1) zusätzliche (qualifizierte) Mitarbeiter einsetzen – erhöht evtl. die Kosten. (2) Prüfungen weglassen – reduziert evtl. die Qualität. (3) Nacheinander geplante Aktivitäten überlappend ausführen (fast tracking) – erhöht das Risiko.

Steuerungsgremium für Änderungen

Es ist üblich, dass es in Projekten ein *Steuerungsgremium für Änderungen* (Change Control Board) gibt. Wie dieses Gremium genau im Projekt organisiert ist und bezeichnet wird, hängt vom Projekt ab (und wieder die Frage, wo ist es im Projekt dokumentiert? – Richtig, im Projektmanagementplan). Wichtig ist, dass für jedes Projekt folgende Fragen beantwortet werden:

▷ Wer genehmigt Änderungen in einem Projekt?

▷ Nach welchen Kriterien erfolgt eine Ablehnung bzw. Annahme eines Änderungsantrages?

▷ Gibt es Änderungen, die direkt – ohne vorherige Genehmigung – realisiert werden (z.B. bei Notfällen)? Wenn ja, wie erfolgt deren Dokumentation und Rückverfolgbarkeit?

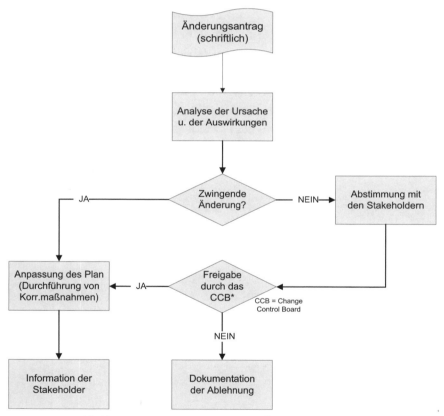

Abbildung 4.1: Behandlung eines Änderungsantrages

In vielen Projekten entscheidet der Projektleiter über all die Änderungen, die nicht die Erfüllung des genehmigten Projektmanagementplans gefährden. Er kann z.B. die Entscheidung treffen, dass eine Komponente beschafft anstatt selbst hergestellt werden soll, wenn sich hierdurch keine Änderungen für Budget oder definierte Meilensteine ergeben.

Bei allen Änderungen, die zur Konsequenz haben, dass der Projektauftrag nicht im vollen Umfang eingehalten werden kann bzw. die Ziele des Projektes (in Bezug auf Termine, Kosten, Inhalt und Umfang oder Qualität) gefährdet sind, entscheidet dass CCB bzw. müssen der Projektsponsor, das höhere Management bzw. der Kunde hinzugezogen werden.

Abbildung 4.1 fasst das oben Beschriebene noch einmal zusammen und zeigt einen möglichen Ablauf der Behandlung eines Änderungsantrages.

Änderungen vermeiden

Ziel der Änderungssteuerung ist es nicht nur, Änderungen zu managen, sondern vor allem auch, Änderungen vorbeugend zu vermeiden. Dabei ist es die wichtigste Aufgabe des

▷ **Projektleiters**, das Projekt so zu planen, dass möglichst wenig Änderungen zu erwarten sind, das heißt, vor allem in der Planung sicherzustellen, dass Inhalt und Umfang des Projektes genau definiert sind.

▷ **oberen Managements**, das Projekt vor Änderungen von außen zu beschützen.

Konfigurationsmanagement und Änderungsmanagement

Das Konfigurationsmanagement ist ein Teil der Änderungssteuerung, es umfasst laut PMBOK Guide das Identifizieren, Dokumentieren und Steuern von Basisplanänderungen. Es umfasst folgende Schwerpunkte:

▷ Sicherstellen, dass jedes Dokument jederzeit identifizierbar ist.

▷ Darstellen der Zusammenhänge und Unterschiede zwischen verschiedenen Konfigurationen.

▷ Feststellen, welche Dokumente und Versionen von identifizierten Fehlern und Verbesserungen betroffen sind.

▷ Sicherstellen der Verfügbarkeit der aktuellen und früherer Konfigurationen.

▷ Sicherstellen der Integrität (Gültigkeit, Inhalte) von Dokumenten.

4.1.7   Projekt oder Phase abschließen

Schon im Prozessnamen wird das iterative Konzept des PMBOK Guide deutlich. Der Prozess *Projekt oder Phase abschließen* wird nicht nur am Projektende durchgeführt, sondern auch am Ende jeder Projektphase.

Ziel des Prozesses ist es, sicherzustellen, dass alle geplanten Aktivitäten einer Phase durchgeführt wurden

▶ und die Ausgangskritierien einer Phase erreicht wurden (und wo stehen diese? Sie ahnen es – im Projektmanagementplan),

▶ die notwendig sind, die Ergebnisse in die nächste Phase zu übertragen,

▶ die erforderlich sind, um die Dokumente der Phase zu sammeln und zu archivieren sowie den Erfolg bzw. Nichterfolg zu überprüfen und die gewonnen Erkenntnisse festzuhalten.

Dabei wird der Prozess auch durchgeführt, wenn das Projekt nicht erfolgreich war, sondern vorzeitig abgebrochen wurde. Gerade in diesem Falle ist es im Sinne eines kontinuierlichen Verbesserungsprozesses oder – um es anders auszudrücken – einer lernenden Organisation wichtig, die Gründe für das Scheitern des Projektes zu ermitteln.

4.2   Beispielfragen

1. Die primäre Verantwortung des Projektleiters liegt ...

   a. im Systementwurf.

   b. im Kundenkontakt.

   c. im Statusberichtswesen.

   d. in der Integration.

2. Welches allgemeine Managementziel wird durch eine dokumentierte Arbeitsfreigabe nicht erfüllt?

   a. Die Koordination von Projektvorgängen.

   b. Die Dokumentation, welche Arbeit wann freigegeben wurde.

   c. Die Bereitstellung eines Kommunikationsmittels für den Projektleiter bezüglich der zu verrichtenden Arbeit.

d. Die Bereitstellung eines Mechanismus für das Projektteam, um den Inhalt und Umfang des Projektes zu verifizieren.

3. Der Projektmanagementplan wird in der Regel ... erarbeitet.

   a. vom leitenden Management der Trägerorganisation

   b. vom Kunden

   c. vom Projektleiter

   d. vom Projektteam

4. Welche der folgenden Beschreibungen hinsichtlich des Änderungsmanagements ist korrekt?

   a. Ein Vertrag auf Festpreisbasis wird das Erfordernis eines Änderungsmanagements minimieren.

   b. Ein Vertrag auf Selbstkostenbasis wird das Erfordernis eines Änderungsmanagements minimieren.

   c. Verträge sollten Verfahren zur Aufnahme von Änderungen enthalten.

   d. Änderungen bringen nur in seltenen Fällen einen echten Nutzen für das Projekt.

5. Der Projektmanagementplan ...

   a. stellt das Erreichen der Kostenziele des Projektes sicher.

   b. stellt das Erreichen der Terminziele des Projektes sicher.

   c. verbessert die Kommunikation innerhalb des Projektteams.

   d. dokumentiert die wesentlichen zu berücksichtigenden technischen Alternativen.

6. Worin unterscheidet sich ein Projektplan von einem Basisplan?

   a. Ein Projektmanagementplan wird im Laufe des Projektes aktualisiert und detailliert. Ein Basisplan ist eher statischer Natur, gegen ihn wird der Projektfortschritt gemessen.

   b. Der Projektmanagementplan wird in der Planungsphase des Projektes entwickelt und nicht mehr geändert. Änderungen im Laufe des Projektes werden im Basisplan dokumentiert.

   c. Projektmanagementplan und Basisplan sind Synonyme.

4

4

    d.   Der Projektmanagementplan dient der Steuerung von Terminen und Kosten, der Basisplan dokumentiert Inhalt und Umfang des Projektes.

7. Welche der folgenden Aussagen bzgl. »Annahmen« ist nicht richtig?

    a.   Für jede Annahme sollte die Eintrittswahrscheinlichkeit ermittelt werden.

    b.   Sind Annahmen detailliert genug definiert, ist das Risiko, dass sie eintreten, sehr gering.

    c.   Annahmen können, müssen aber nicht eintreffen.

    d.   Annahmen sollten im Laufe des Projektes auf ihre Gültigkeit überprüft werden.

8. Sie sind der Projektleiter eines kleinen internen Projektes mit drei Teammitgliedern, einem Monat Dauer und einem Budget von € 10.000. Der Projektinhalt und -umfang ist detailliert beschrieben. Welche der folgenden Aussagen trifft auf Ihr Projekt zu?

    a.   Der Schwerpunkt Ihrer Tätigkeit ist der Aufbau eines Systems zur Änderungssteuerung, da viele Änderungen zu erwarten sind.

    b.   Sie müssen Verfahren definieren, wie die Projektleistung gemessen und überwacht wird.

    c.   Da das Projekt nur eine Dauer von einem Monat hat, ist die Entwicklung eines Änderungssystems nicht notwendig.

    d.   Bei so kleinen Projekten gibt es kein Steuerungsgremium für Änderungen, es entscheidet immer der Projektleiter.

9. Welches ist die Hauptaufgabe des Projektmanagers im Rahmen des Änderungsmanagements?

    a.   Sicherzustellen, dass keine unnötigen Änderungen durchgeführt werden.

    b.   Bei aufgetretenen Planabweichungen adäquate Korrekturmaßnahmen zu definieren.

    c.   Die Stakeholder über die durchgeführten Änderungen zu informieren.

    d.   Die durchgeführten Änderungen und die Ursachen zu dokumentieren.

10. Nachdem der Entwurf für das zu erstellende Produkt vom Kunden abgenommen und die Produktion gestartet wurde, erhält der Projektleiter einen Änderungswunsch des Kunden. Das Projekt ist gut im Plan und die Änderung wäre kostenneutral zu realisieren. Was sollte der Projektleiter als nächsten Schritt tun?

    a. Die Änderung ablehnen, da der Entwurf bereits abgenommen wurde.

    b. Die Änderung an das Steuerungsgremium für Änderungen zur Entscheidung weiterleiten.

    c. Die Auswirkungen der Änderungen auf die anderen Komponenten des magischen Dreiecks (Termine, Inhalt und Umfang, Qualität, Erwartungen der Stakeholder) untersuchen.

    d. Die Änderung genehmigen und realisieren, da keine Kosten entstehen und die Änderung die Kundenzufriedenheit erhöht.

4

4.3 Lösungen mit Erklärungen

1. Lösung d)

    a. Falsch. Ist zwar eine Aufgabe des Projektleiters, aber nicht seine primäre Verantwortung.

    b. Falsch. Häufig sehr wichtig, aber keine primäre Verantwortung.

    c. Falsch. Ist zwar eine Aufgabe des Projektleiters, aber nicht seine primäre Verantwortung.

    d. Richtig. Laut Definition ist dies seine wesentliche Aufgabe.

2. Lösung d)

    a. Falsch. Aufgrund der Information der Teammitglieder über die zu verrichtende Arbeit ist dieses Ziel erfüllt.

    b. Falsch. Wenn dokumentiert wurde, ist dieses Ziel erfüllt.

    c. Falsch. Laut Definition ist dieses Ziel erfüllt.

    d. Richtig. Das Verifizieren des Inhalts und Umfangs erfolgt nicht durch Arbeitspaketfreigaben.

3. Lösung d)

   a. Falsch. Das leitende Management kann den Projektauftrag erteilen, aber es ist eher unwahrscheinlich, dass es den Projektmanagementplan erarbeitet.

   b. Falsch. In vielen Anwendungsbereichen ist der Kunde an der Ausarbeitung des Plans beteiligt, aber nur in seltenen Fällen, wenn überhaupt, arbeitet der Kunde den Projektmanagementplan alleine aus.

   c. Falsch. Nur wenn es sich um ein sehr kleines Projekt handelt, wird der Projektleiter den Projektmanagementplan alleine ausarbeiten.

   d. Richtig. Die Zusammensetzung des Projektteams kann je nach Projekt und Anwendungsbereich variieren, aber der Projektmanagementplan wird normalerweise durch diese Gruppe erarbeitet.

4

4. Lösung c)

   a. Falsch. Wunschdenken.

   b. Falsch. Wunschdenken.

   c. Richtig. Die große Mehrheit der Verträge wird in irgendeiner Art Verfahren für den Umgang mit Änderungen enthalten.

   d. Falsch. Änderungen werden gerade zum Nutzen eines Projektes beschlossen!

5. Lösung c)

   a. Falsch. Der Projektmanagementplan kann die Zielerreichung unterstützen, aber nicht sicherstellen.

   b. Falsch. Der Projektmanagementplan kann die Zielerreichung unterstützen, aber nicht sicherstellen.

   c. Richtig. Durch die Bereitstellung von Informationen über Projektziele, Liefergegenstände und andere wichtige Informationen.

   d. Falsch. Berücksichtigte technische Alternativen sind in den Projektaufzeichnungen dokumentiert, aber in der Regel nicht im Projektmanagementplan selbst.

6. Lösung a)

   a. Richtig. Der Basisplan ist ein »eingefrorener Plan«, gegen den der Projektfortschritt gemessen wird.

b. Falsch. Der Projektmanagementplan ist ein Arbeitsdokument, das im Laufe des Projektes detailliert wird.

c. Falsch. Projektmanagementplan und Basisplan sind nicht das Gleiche. Siehe Lösung a).

d. Falsch. Sowohl im Projektmanagementplan als auch im Basisplan sind Angaben über Kosten, Termine sowie Inhalt und Umfang enthalten. Siehe auch Lösung a).

7. Lösung b)

a. Falsch. Diese Aussage ist korrekt.

b. Richtig. Diese Aussage stimmt nicht. Der Detaillierungsgrad ist unabhängig von der Eintrittswahrscheinlichkeit.

c. Falsch. Diese Aussage ist korrekt.

d. Falsch. Diese Aussage ist korrekt.

8. Lösung b)

a. Falsch. Aufgrund der gegebenen Informationen ist eher zu erwarten, dass das Projekt stabil gegenüber Änderungen ist. Es müssen zwar Festlegungen bzgl. der Änderungssteuerung getroffen werden, aber dies wird nicht Ihr Schwerpunkt sein.

b. Richtig. Diese Aussage trifft auf alle Projekte zu.

c. Falsch. Es sollten immer Verfahren entwickelt werden, wie mit Änderungen umgegangen wird. Auch wenn sie bei kleinen Projekten nur informell festgelegt sein können.

d. Falsch. Auch bei kleinen Projekten muss festgelegt werden, wer über Änderungen entscheidet. Über Änderungen bzgl. Inhalt und Umfang entscheidet in der Regel der Auftraggeber.

9. Lösung a)

a. Richtig. Dies ist die Hauptaufgabe des Projektmanagers.

b. Falsch. Dies ist zwar eine Aufgabe des Projektmanagers, aber nicht die Hauptaufgabe.

c. Falsch. Dies ist zwar eine Aufgabe des Projektmanagers, aber nicht die Hauptaufgabe.

d. Falsch. Dies ist zwar eine Aufgabe des Projektmanagers, aber nicht die Hauptaufgabe.

4

10. Lösung c)

a. Falsch. Auch nach Abnahme des Entwurfes können noch Änderungen durchgeführt werden. Diese müssen aber erst untersucht und genehmigt werden.

b. Falsch. Zuerst sollten die Auswirkungen der Änderung untersucht werden. Danach erst wird die Änderung an das Steuerungsgremium zur Entscheidung gegeben.

c. Richtig. Dies wäre der nächste Schritt.

d. Falsch. Bevor eine Änderung durchgeführt wird, müssen die Auswirkungen auf die anderen Komponenten des magischen Dreiecks untersucht werden.

4

5 Inhalts- und Umfangsmanagement in Projekten

5.1 Themengebiete des Wissensgebietes

Inhalts- und Umfangsmanagement ist das Wissensgebiet, das sich mit dem zu erstellenden Projektprodukt und den Rahmenbedingungen des Projektes befasst: Was genau wird in diesem Projekt gemacht (und was nicht), wie sehen die Arbeitspakete aus, die die definierten Liefergegenstände erstellen, und wie wird sichergestellt, dass genau das gemacht wird, was der Auftraggeber will.

Der PMBOK Guide weist in der Einleitung zu Kapitel 5 ausdrücklich darauf hin, dass in dem Projekt auch wirklich nur diejenigen Arbeitspakete und Liefergegenstände erbracht werden sollten, die vom Auftraggeber gewünscht wurden, und keine weiteren (siehe hierzu auch Stichwort *Goldplating* im Kapitel *Qualitätsmanagement in Projekten*, S. 180). Da das Wissensgebiet *Inhalts- und Umfangsmanagement* die Basis für die erfolgreiche Projektdurchführung bildet, gibt es viele Schnittstellen zu den anderen Wissensgebieten. So sind die Inhalts- und Umfangsbeschreibung oder der Projektstrukturplan Eingangswerte für andere Prozesse. Insofern hilft eine gründliche Vorbereitung dieses Wissensgebietes auch bei der Prüfungsvorbereitung in den anderen Wissensgebieten.

Um die Prüfungsfragen im Wissensgebiet *Inhalts- und Umfangsmanagement* erfolgreich beantworten zu können, müssen Sie den Unterschied zwischen Inhalt und Umfang des Projektes und des Produktes verstanden haben, den wir bereits in Kapitel 3 dieses Buches behandelt haben. Die aufgeführten Fragen dienen daher der Rekapitulation.

Frage

Überlegen Sie, was die Unterscheidungsmerkmale zwischen einem Produkt und einem Projekt sind. Hat ein erfolgreiches Projekt immer ein erfolgreiches Produkt zur Folge? Hatte ein erfolgreiches Produkt immer ein erfolgreiches Projektmanagement?

Antwort

Die wichtigsten Kennzeichen eines Projektes kennen Sie: Es ist zeitlich begrenzt und es wird ein einmaliges Produkt erstellt. Ein Produkt »lebt« länger als das Projekt. Nachdem das Produkt durch ein Projekt erstellt wurde, kann es noch weitere Phasen im Produktlebenszyklus geben. Beispiele hierfür sind Inbetriebnahme, Wartung, Nutzung, Verschrottung.

Die Antworten auf die oben gestellten Fragen lauten daher jeweils »Nein«! Es besteht zwar ein Zusammenhang zwischen einem erfolgreichen Produkt und einem erfolgreichem Projekt, aber es kann auch sein, dass ein Projekt in Bezug auf das Projektmanagement erfolgreich war, das Produkt aber am Markt nicht angenommen wird, oder dass ein erfolgreiches Produkt trotz eines schlechten Projektmanagements erstellt wurde.

Lassen Sie uns noch mal zusammenfassen: Der Begriff »Inhalt und Umfang« kann sich im Projekt auf zwei verschiedene Dinge beziehen:

1. Auf den **Produktinhalt und -umfang**

   Der Produktinhalt und -umfang legt fest, welche Eigenschaften ein Produkt haben muss und welche Funktionen es erfüllen muss. Diese werden Anforderungen oder englisch *Requirements* genannt. Unter Produkten versteht man dabei allgemein ein Ergebnis oder ein Erzeugnis, es kann eine Ware oder eine Dienstleistung sein. Das Projektprodukt kann üblicherweise in ein oder mehrere Liefergegenstände unterteilt werden.

2. Auf den **Projektinhalt und -umfang**

   Der Projektinhalt und -umfang definiert die Arbeiten, die durchgeführt werden müssen, um den vereinbarten Produktinhalt und -umfang zu erstellen. Damit steht auch fest, dass Projektmanagement immer einer der Liefergegenstände ist. Dazu später mehr ...

Das Hauptaugenmerk dieses Kapitels liegt auf dem Definieren und Steuern des Projektinhalts und -umfangs.

Dazu gehört auch ein so genannter »Scope Management Plan«, ein Managementplan also, der beschreibt, wie der Scope (=»Inhalt und Umfang«) eines Projektes gemanagt werden soll. Er legt fest, wie der Projektinhalt und -umfang definiert und beschrieben, der Projektstrukturplan entwickelt und der Inhalt und Umfang verifiziert und gesteuert werden sollen. Außerdem finden sich in diesem Plan Angaben über den Änderungsprozess, die zu erwartende Änderungsstabilität und auch Angaben über den »Schärfegrad« der Projektzielvorgabe.

Frage

Wissen Sie, was man unter einem Metaplan versteht und welche Aufgabe er hat?

5

Antwort

Der Begriff *Meta* stammt aus dem Griechischen und bedeutet *übergeordnet* oder *darüber liegend*. Ein Metaplan ist demnach ein übergeordneter Plan. Er legt fest, wie etwas im Projekt geplant werden soll. Er dokumentiert nicht die Ergebnisse der Planung an sich.

Das Konzept der Metapläne wird innerhalb des PMBOK Guide durchgängig verfolgt. Auch in den anderen Wissensgebieten werden Managementpläne erstellt, um festzulegen, wie die einzelnen Themengebiete konkret im Projekt behandelt werden. Den übergreifenden Projektmanagementplan (darin laufen dann alle Managementpläne unter anderem zusammen) haben Sie ja bereits in Kapitel 4 kennengelernt.

5.1.1 Prozesse des Wissensgebietes

Im PMBOK Guide, Kapitel 5, werden die folgenden Prozesse des Inhalts- und Umfangsmanagements genannt:

1. **Anforderungen sammeln** – Klären, welche Anforderungen (»Requirements«) an das Projektprodukt existieren.

2. **Inhalt und Umfang definieren** – Ausarbeiten einer Beschreibung dessen, was im Projekt geleistet werden soll (»Die Liefergegenstände«) sowie mögliche Randbedingungen.

3. **Projektstrukturplan erstellen** – Unterteilen der Liefergegenstände eines Projektes und der Projektarbeiten in kleinere, besser managebare Komponenten.

4. **Inhalt und Umfang verifizieren** – Formale Abnahme der fertiggestellten Liefergegenstände eines Projektes.

5. **Inhalt und Umfang steuern** – Steuern der Änderungen am Projektinhalt und -umfang.

5.1.2 Anforderungen sammeln

Auch im deutschsprachigen Raum ist der Anglizismus für Anforderungen viel gebräuchlicher als das deutsche Original: Requirements!

Anforderungen bzw. Requirements sammeln beschäftigt sich mit dem Erheben der Anforderungen der Stakeholder an das Projekt bzw. das Produkt und ist je nach Projektprodukt sehr schnell erledigt oder bedarf einer umfangreichen Analyse bzw. sogar eines separaten Managements (oder sogar eines separaten Projekts). Denken wir nur einmal an zwei verschiedenen Situationen:

1. Im Laufe einer Ausschreibung erstellt eine Gruppe von Mitarbeitern die sehr detaillierten Spezifikationen und Planungen zur Erstellung des Projektprodukts. Diese Arbeiten münden in ein Angebot und das Angebot wird akzeptiert. Das Projektteam hat dann relativ wenig Aufwand zur Erhebung der Anforderungen (ist ja bereits in der Vertriebsphase passiert), und die Anforderungen münden direkt in den Projektauftrag.

2. Für das Marktsegment der 14- bis 18-jährigen Social Group User im Internet soll ein spezielles Add-On in einem bereits existierendem Userportal bereitgestellt werden, da hier in den kommenden drei bis fünf Jahren ein überproportionales Wachstum zu erwarten ist. Das Ziel ist klar, die detaillierten Requirements noch völlig unklar.

Beide Szenarien zeigen, dass je nach Projektsituation völlig unterschiedliche Anforderungen an das Anforderungsmanagement gestellt werden können. Der PMBOK Guide bietet hier für jeden etwas – je nach Projektsituation:

Auf jeden Fall benötigen wir im Projekt eine »Anforderungsdokumentation«, also eine Dokumentation bzw. Beschreibung der Anforderungen an das Projektprodukt. Diese umfassen: Funktionsanforderungen, Geschäftsbedarfe, Qualitätsanforderungen etc,

Die Anforderungen, die in dieser Dokumentation zusammengefasst und verwaltet werden, müssen im Laufe des Projektes nachverfolgt werden. Welche Anforderung wurde wo im Projektplan und in welchem Arbeitspaket berücksichtigt? Antwort darauf verspricht die »Anforderungs-Rückverfolgbarkeits-Matrix« (engl. Requirement Tracebility Matrix), die in der Regel als Tabelle (oder als Softwaretool) ausgeprägt ist.

Das gesamte Thema um Anforderungen kann – wie gesagt – je nach Projektaufgabenstellung sehr einfach bis extrem komplex ausfallen. In Projekten mit sehr vielen und detailliert beschriebenen Requirements ist nicht nur der Einsatz einer entsprechenden Softwareunterstützung sinnvoll, sondern auch der Aufbau und die Pflege eines Anforderungsmanagementplans. Ein Managementplan für Requirements enthält an sich keine einzige Definition einer Anforderungen, sondern wieder nur Spielregeln, wie in diesem Projekt mit den Anforderungen verfahren wird, wie Verantwortlichkeiten geregelt sind und welche weiteren Rahmenbedingungen in diesem Projekt gelten.

5.1.3 Verfahren zur Produktanalyse

Innerhalb des Prozesses *Definition des Inhalts und Umfangs* wird festgelegt, welche Arbeiten erforderlich sind, um das Projektprodukt zu erstellen. Um zu beurteilen, welche Aktivitäten notwendig sind, muss man vor allem das Produkt genau kennen. Der PMBOK Guide nennt mehrere Verfahren zur Produktanalyse.

▷ Die **Produktaufgliederung** (product breakdown) wird im Projektmanagement mittels eines Baumdiagramms dargestellt. Das Baumdiagramm beschreibt die vollständige, hierarchische Gliederung eines Liefergegenstandes in seine Komponenten. Dabei kann das Produkt grundsätzlich nach seinen Funktionen oder nach seinen Ergebnissen gegliedert werden.

▷ Die **Systemanalyse** (sytem analysis) ist die methodische Analyse eines Problembereichs zwecks Erstellung eines Modells, aus dem ein Produkt entwickelt werden kann. Die Systemanalyse umfasst insbesondere die Ermittlung und Beschreibung der Anforderungen im Dialog mit Auftraggeber und Benutzer und wird daher auch als Anforderungsanalyse (requirements engineering) gesehen.

▶ Unter dem Begriff **Systemtechnik** (system engineering) versteht man eine interdisziplinäre Methodik zur Problemlösung. Auch im deutschen Sprachgebrauch wird meistens der englische Begriff verwendet. System Engineering ist eine generell anwendbare Vorgehensweise zur zweckmäßigen und zielgerichteten Analyse und Gestaltung komplexer Systeme.

▶ Die **Wertgestaltung** (value engineering) ist ein Verfahren, bei dem wertanalytische Methoden zur Optimierung von Prozessen und Produkten eingesetzt werden.

▶ Die **Wertanalyse** (value analysis) ist ein Verfahren, das die Funktionalität und Effizienz von Produkten oder Dienstleistungen unter Berücksichtigung ihres Anschaffungspreises untersucht. Die Wertanalyse hat zum Ziel, optimale Qualität zum niedrigstmöglichen Preis zu erreichen.

▶ **Funktionenanalysen** (function analysis) dienen dazu, ein Produkt zu entwickeln oder zu verbessern. Die Funktionenanalyse wird meist im Zusammenhang mit der Wertanalyse eingesetzt. Im ersten Schritt werden die Funktionen für das gesamte Objekt ermittelt und angegeben und anschließend die Funktionen der Einzelteile eines Produktes oder die Teilabläufe einer Dienstleistung bestimmt.

5.1.4 Projektinhalts- und -umfangsbeschreibung (Scope Statement)

Die englische Originalausgabe des PMBOK Guides nennt das Ergebnis des Prozesses 5.2. »Scope Statement«. In der deutschen Übersetzung des PMBOK Guides wird Scope Statement auch mit »Pflichtenheft« übersetzt. Diese Übersetzung ist unglücklich, da im Deutschen das Pflichtenheft eine juristische Implikation hat. Unseres Erachtens ist diese Implikation nicht 100%ig mit dem im PMBOK Guide beschriebenen »Scope Statement« identisch.

Achtung! Wenn im PMP-Examen nun von einem Pflichtenheft die Rede sein sollte, dürfte damit das Scope Statement gemeint sein!

Das Scope Statement dient dazu, ein gemeinsames Verständnis der Stakeholder hinsichtlich des Projektes zu schaffen. Die Beschreibung des Inhalts und

Umfangs baut auf dem Projektauftrag (auch »Charter« genannt und in Kapitel 4 erläutert) sowie den definierten Anforderungen auf und bildet die Basis für zukünftige Projektentscheidungen. In einer Beschreibung des Inhalts und Umfangs sollten u.a. folgende Punkte dokumentiert sein:

- **Projektbegründung** (aus dem Projektauftrag) – Warum machen wir dieses Projekt?

- **Projektprodukt** (aus dem Projektauftrag) – Wie wird das Endresultat aussehen?

- **Liefergegenstände**: eine Liste von Produkten, deren vollständige und zufriedenstellende Auslieferung die Erledigung des Projektes kennzeichnet – Woher wissen wir, dass wir fertig sind?

- **Projekterfolgskriterien/Projektziele**: quantifizierbare, messbare Kriterien (Kosten, Termine und Anforderungen der Beteiligten), die erfüllt werden müssen, um das Projekt als erfolgreich anzusehen – War das Projekt ein Erfolg?

- **Schlüsselbeteiligte**: wichtige Personen oder auch Organisationen, deren Interessen durch das Projekt berührt werden können, zumindest Sponsor und Kunde – Wessen Anforderungen und Bedürfnisse müssen wir vorrangig beachten und wie lauten sie?

- **Beschränkungen**: Faktoren, die den Handlungsspielraum des Teams einschränken – Was beeinflusst uns?

- **Annahmen**: Umstände, die zur Planung als wahr, real oder sicher angenommen werden – Was wird unterstellt? Annahmen sind immer eine Quelle für Risiken.

Bitte beachten Sie:

Eine Beschreibung des Inhalts und Umfangs ist kein Projektmanagementplan! Überfrachten Sie sie nicht mit zu vielen Inhalten eines Projektmanagementplans. Der Sinn und Zweck dieses Dokuments liegt in der Klarstellung von Inhalt und Umfang, mit anderen Worten: Was soll eigentlich unter welchen Rahmenbedingungen gemacht werden und wie wird die Arbeit ausgeführt? Erst wenn hierüber Klarheit besteht, sollte man sich um weitere Details der Projektplanung, wie Kosten und Termine, kümmern.

5.1.5 Projektstrukturplan

Bevor wir uns dem Projektstrukturplan inhaltlich zuwenden, müssen wir zunächst die im PMBOK Guide verwendeten Abkürzungen klarstellen. Der Projektstrukturplan heißt im Englischen »*Work Breakdown Structure*« oder abgekürzt *WBS*. In der deutschen Normensprache heißt dieses Werkzeug *Projektstrukturplan* oder *PSP*. Beide Bezeichnungen und Abkürzungen sind synonym. Wir verwenden in diesem Buch die Abkürzung WBS.

Im Rahmen des Prozesses *Projektstrukturplan erstellen* werden die Liefergegenstände in kleinere, leichter handhabbare Einheiten unterteilt. Das zentrale Werkzeug bei der Erstellung des Projektstrukturplans ist die Zerlegung. Bei der Zerlegung wird ein Liefergegenstand in kleinere Komponenten unterteilt. Wie das geschieht, erläutern wir weiter unten.

Das PMI hat zum Thema Projektstrukturplan einen eigenen Standard (neben dem PMBOK Guide) entwickelt. Der Standard kann bei PMI bezogen werden und ist für Mitglieder kostenlos als PDF-Dokument erhältlich.

Definition Projektstrukturplan

Der *Projektstrukturplan* ist eine – normalerweise – an Liefergegenständen orientierte hierarchische Anordnung von Elementen, die den gesamten Inhalt und Umfang des Projektes definiert und gliedert. Der Strukturplan beinhaltet sowohl management- als auch produktorientierte Liefergegenstände und dort wird die gesamte Arbeit beschrieben, die das Projektteam ausführen muss, um die Projektziele zu erfüllen und die definierten Liefergegenstände zu erstellen.

Frage

Überlegen Sie, ob folgende Aussage richtig ist. »Auf der obersten Ebene kann ein Projektstrukturplan die Projektarbeit noch nicht vollständig beschreiben. Vollständigkeit wird erst durch die Detaillierung der Liefergegenstände erreicht.«

Antwort

Die Aussage ist nicht korrekt. Auch auf einer oberen Ebene ist eine WBS vollständig. Wenn auch auf einem so hohen Niveau, dass eine detaillierte Planung von Terminen und Kosten eher nicht möglich ist.

Mit jeder Ebene, die man sich nach unten bewegt, wird die erforderliche Projektarbeit detaillierter beschrieben. Die Elemente auf der niedrigsten Ebene des Projektstrukturplans werden *Arbeitspakete* genannt. Dieser Punkt ist wichtig, da aus den Arbeitspaketen die Aktivitäten bzw. Vorgänge für die Ablaufplanung abgeleitet werden. Wie das erfolgt, beschreibt der PMBOK Guide in einem separaten Prozess (6.1, Definition der Vorgänge). In der Praxis werden mit einer Projektmanagement-Software oft Strukturpläne entwickelt, die auch Aktivitäten enthalten und nicht auf der Arbeitspaketebene enden. Das ist in vielen Fällen praktikabel und gut, im Sinne der Strukturplandefinition und vor allem des PMP-Examens jedoch nicht korrekt.

Regeln zum Erstellen eines Projektstrukturplans

Wenn Sie bei der Erstellung des Projektstrukturplans einige grundlegende Regeln beachten, sollte die Erstellung (und auch die Beantwortung der Prüfungsfragen) keine Probleme bereiten:

▷ Ein Strukturplan enthält alle im Projekt notwendige Arbeiten – ist etwas nicht im Strukturplan, ist es nicht im Projekt.

▷ Die Detaillierungsebenen der einzelnen Liefergegenstände können unterschiedlich tief sein.

▷ Im Idealfall sind die Blätter des Strukturplans (die Arbeitspakete) unabhängig von der Struktur der oberen Hierarchie immer identisch.

▷ Jedes Element im Strukturplan erhält eine Identifikation, oft eine Ziffernkombination. Neben dem Effekt, dass so jedes Element eindeutig bezeichnet werden kann, ist es auch möglich, die entsprechende Strukturplanebene zu erkennen.

5

Frage

Was meinen Sie? Wie werden in einem Strukturplan zeitliche Abhängigkeiten von Arbeitspaketen dargestellt?

Antwort

Gar nicht! Ein Strukturplan strukturiert die Projektliefergegenstände – nicht mehr und nicht weniger. Abhängigkeiten zwischen einzelnen Arbeitspaketen werden hierbei nicht betrachtet, dies geschieht erst später in der Ablaufplanung.

Test der Vollständigkeit einer WBS

Um festzustellen, ob eine WBS vollständig ist, sollten Sie für jedes Element der untersten Ebene folgende Fragen beantworten können:

1. Kann man die Erledigung objektiv und messbar feststellen?

2. Kann man Kosten, Aufwand und Dauer schätzen?

3. Kann man klare Verantwortlichkeiten zuweisen?

Wenn eine der Fragen mit Nein beantwortet wird, dann muss weiter strukturiert, das Element weiter aufgeteilt werden.

Frage

Wir haben am Anfang geschrieben, die WBS ist sehr wichtig für das Projekt. Was meinen Sie, warum?

Antwort

Die Ergebnisse der WBS bilden direkt oder indirekt die Basis für weitere Projektmanagementaktivitäten, wie Schätzungen, Ablaufplanung, Risikomanagement, Personalplanung und Leistungsmessung.

Die WBS liefert direkten Input

Der Projektstrukturplan ist essentiell für den weiteren Projektverlauf. Er liefert die Basis für die weitere Planung, für die Festlegung des Budgets, die Ablauf- und Terminplanung und die Ressourcenzuordnung.

Frage

Überlegen Sie, welche Prozesse auf Informationen aus dem Projektstrukturplan aufbauen?

Antwort

Abbildung 5.1 zeigt auf, in welche Prozesse der Projektstrukturplan als direkter Eingangswert eingeht. Indirekt wird die WBS in fast allen anderen Planungsschritten ebenfalls referenziert.

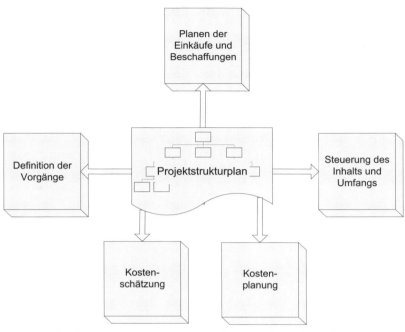

Abbildung 5.1: Auswirkungen des Projektstrukturplans

Zwei Begriffe müssen wir im Zusammenhang von Strukturplänen noch erwähnen:

1. *Control Accounts* oder auch Projektkostenstelle bzw. Kontrollkonto. Wenn ein Strukturplan eine bestimmte Größe erreicht hat, wird es schwer, jedes einzelne Arbeitspaket separat zu steuern und zu budgetieren. Hier bieten sich so genannte *Control Accounts* an, die eine Integration von Steuerungsgrößen darstellen und auf deren Niveau normalerweise die Earned Value Rechnung erfolgt. Meistens sind *Control Accounts* auch von dem Organigramm einer Trägerorganisation beeinflusst.

2. *Der Inhalts- und Umfangsbasisplan*. Was genau ist denn die Basis des Inhalts und Umfangs, der auch der Änderungskontrolle unterliegt? Nun, nach Aussage des PMBOK Guide gehören zum Inhalts und Umfangsbasisplan drei Elemente:

   – Die Beschreibung des Inhalts und Umfangs (Scope Statement)
   – Der Strukturplan (PSP bzw. WBS)
   – Das Strukturplanverzeichnis, also die genaue Beschreibung der Strukturplanelemente mit all ihren Attributen.

5.1.6 Inhalt und des Umfang verifizieren

Unter *Inhalt und Umfang verfizieren* wird die formale Abnahme einer Phase oder des ganzen Projektes durch die Stakeholder verstanden. Überprüft wird dabei, ob die Ziele der Phase bzw. des Projektes erreicht wurden und ob die erstellten Liefergegenstände die an sie gestellten Anforderungen erfüllen.

Frage

Überlegen Sie, wann im Projekt dieser Prozess durchgeführt wird und welcher Prozessgruppe die Verifizierung zugeordnet wird.

Antwort

Da bei der Verifizierung eine Abnahme, also eine Überprüfung durchgeführt wird, ist es ein Steuerungsprozess. Bezogen auf den Projektlebenszyklus wird die Verifizierung eher am Ende einer Phase durchgeführt.

Dieser Arbeitsschritt ist für den Projekterfolg sehr wichtig. Denn er stellt sicher, dass der Auftraggeber mit dem Projektergebnis zufrieden ist.

Erwarten Sie nicht, dass in der Prüfung immer direkt nach der Verifizierung von Inhalt und Umfang gefragt wird. Die Formulierungen können vielfältig sein. Schlagwörter bzw. Wendungen, wie Abnahme, Übergabe von Ergebnissen, Voraussetzungen für den Start einer neuen Phase, Feedback des Auftraggebers oder Vollständigkeit der Liefergegenstände können auf eine Frage nach dem Verifizieren des Inhalts und Umfangs hinweisen.

Frage

Was ist der Unterschied zwischen *Verifizieren des Inhalts und Umfangs* und der *Qualitätslenkung*? Auf den ersten Blick scheint das doch identisch zu sein!

Antwort

Beim Verifizieren steht die Abnahme durch den Auftraggeber im Vordergrund, bei der Qualitätslenkung wird der Plan mit dem Soll verglichen, das heißt, die Korrektheit wird überprüft.

5.1.7 Inhalt und Umfang steuern

Wie bereits ausgeführt, legt die Beschreibung des Inhalts und Umfangs den Rahmen des Projektes und die erforderlichen Liefergegenstände fest. Der Projektstrukturplan beschreibt, welche Arbeiten durchgeführt werden müssen, um die definierten Liefergegenstände zu erstellen. Das Projektteam darf nur Ressourcen für Arbeiten aufwenden, die in der WBS stehen. Anders ausgedrückt: Alles, was nicht in der WBS steht, ist nicht Bestandteil des Projektes. Ist die WBS einmal verabschiedet, dann bedeutet jede Veränderung an der WBS eine Änderung des Inhalts und des Umfangs. Erinnern Sie sich an das magische Dreieck im Kapitel 3? Dort haben wir Ihnen aufgezeigt, dass sich Änderungen an einer Seite des Dreiecks auf mindestens eine andere Seite des Dreiecks (in diesem Fall also Termine oder Kosten) auswirken.

5

Frage

Wissen Sie, was ein »Scope creep« ist?

Antwort

Mit dem Ausdruck **Scope creep** (Scope – Inhalt und Umfang, creep – kriechen) bezeichnet man eine schleichende (meist wachsende) Veränderung des ursprünglich definierten Inhalts und Umfangs, die häufig zu einem Anwachsen der geplanten Arbeit führt.

Diese schleichenden Änderungen stellen eine große Gefahr für den Projekterfolg dar. Oft haben »Scope creeps« ihre Ursache darin, dass die Anforderungen an das Projekt bzw. das Projektprodukt nicht detailliert ermittelt und dokumentiert wurden und im Projektverlauf dann unkontrolliert nachgebessert wird.

Merken Sie sich daher (für die Praxis und die Prüfung!): Änderungen an einer freigegebenen Inhalts- und Umfangsbeschreibung bzw. einem freigegebenen Projektstrukturplan dürfen nicht »einfach so« erfolgen, sondern müssen gelenkt werden. Wie dies geschieht, beschreibt der Prozess *Inhalt und Umfang steuern*. Rufen Sie sich hierzu auch noch einmal die Inhalte des Abschnitts *Integrierte Änderungssteuerung* in Kapitel 4 ins Gedächtnis.

5.2 Beispielfragen

1. Im Rahmen der Planung Ihres Projektes erstellen Sie einen Projektstrukturplan (WBS). Nach welchen Kriterien sollten Sie die WBS gliedern?

   a. Nach den Funktionseinheiten, die die Arbeit durchführen

   b. Nach dem Kontenrahmen der Buchhaltung

   c. Nach den Hauptliefergegenständen

   d. Nach den Stakeholdern, gemäß der Berichtswege

2. Was ist kein Bestandteil einer Inhalts- und Umfangsbeschreibung (Scope Statement) eines Projektes?

   a. Produktbeschreibung

   b. Annahmen und Einschränkungen

   c. Projektziele

   d. Vorgangsliste

3. Kriterien für die Projektauswahl oder Projektfortsetzung sind ...

   a. Kosten-Nutzen-Überlegungen, die Höhe des mit dem Projekt verbundenen Risikos, die Unterstützung der strategischen Ziele der Organisation und der finanzielle Gewinn.

   b. bereits aufgelaufene Kosten, die Höhe des mit dem Projekt verbundenen Risikos, die Unterstützung der strategischen Ziele der Organisation und der Nettogegenstandswert.

   c. der erwartete Gewinn, die Anzahl der identifizierten Risiken, die Unterstützung der strategischen Ziele der Organisation und der finanzielle Gewinn.

   d. Kosten-Nutzen-Überlegungen, die Höhe des mit dem Projekt verbundenen Risikos, die Unterstützung der strategischen Ziele der Organisation und der erwartete Diskontsatz.

4. Inhalts- und Umfangsmanagement ist ...

   a. hauptsächlich mit dem Management der täglichen Vorgänge des Projektes befasst.

   b. ein Teilgebiet des umfassenden Änderungsmanagements.

   c. befasst mit den Grenzen des Projektes.

   d. in der Verantwortung des Kunden.

5. Die Projektinhalts- und -umfangsbeschreibung (Scope Statement) liefert...

   a. eine Basis für zukünftige Entscheidungen über das Projekt.

   b. eine ausführliche Beschreibung der Anordnungsbeziehungen.

   c. die notwendigen Informationen über die Annahme oder Ablehnung vorgeschlagener Änderungen am Projektumfang.

   d. grundlegende Informationen über Kosten und Dauer.

6. Die Anwendung eines Projektstrukturplans (WBS) ...

   a. garantiert, dass die gesamte Projektarbeit identifiziert wird.

   b. unterteilt das Projekt in wöchentliche Liefergegenstände.

   c. liefert dem Auftraggeber einen zeitlichen Ablaufplan für die Aufgaben.

   d. unterstützt das Projektteam, die gesamte erforderliche Projektarbeit zu identifizieren.

7. Die Miteinbeziehung der Kunden in die Planung des Projektes ist ...

   a. hinderlich und verlangsamt den Fortschritt.

   b. häufig eine Hilfe für die vollständige und korrekte Erstellung eines Projektplans.

   c. ein notwendiges Übel, da Kunden in den seltensten Fällen wissen, was sie wollen.

   d. nur bei internen Dienstleistungsprojekten sinnvoll.

8. Die Anforderungen der Kunden sind dokumentiert...

   a. in einem Projektstrukturplan.

   b. in einem funktionellen Anforderungspapier.

   c. in der technischen Spezifikation.

   d. in der Schätzung der Projektkosten.

9. Sie haben die Projektleitung für ein komplexes Projekt zugeteilt bekommen. Der Projektauftrag ist von der Unternehmensleitung erteilt. Zusammen mit Ihrem Projektteam beginnen Sie mit der Entwicklung des Projektplans. Was gehört nicht zu Ihrer ersten Aufgabe?

   a. Das Festlegen des Projektinhalts und -umfangs

   b. Das Entwickeln von verschiedenen Alternativen

   c. Grundsatzüberlegungen zu Annahmen und Risiken

   d. Das Entwickeln von Vorgangsfolgen

5

10. Die Projektziele ...

    a.   sollten auf Inhalt und Umfang, Kosten und Terminplan begrenzt sein.

    b.   sollten die hohen Bestrebungen des Teams widerspiegeln und sind schwer messbar.

    c.   sind die Basis für die Festlegungen zur Projektfortschrittsmessung und der Berichtswege.

    d.   werden auch *Merkmale für den Produkterfolg* genannt.

5.3 Lösungen mit Erklärungen

1. Lösung c)

    a.   Falsch. So wird ein organisationsorientierter Strukturplan gegliedert, keine WBS.

    b.   Falsch. So wird ein kostenorientierter Strukturplan gegliedert, keine WBS.

    c.   Richtig. Eine WBS wird meistens nach Liefergegenständen strukturiert.

    d.   Falsch. Die WBS wird nicht nach Stakeholdern gegliedert.

2. Lösung d)

    a.   Falsch. Dies ist ein wesentlicher Bestandteil des Inhalts- und Umfangsmanagements.

    b.   Falsch. Dies ist ein wesentlicher Bestandteil des Inhalts- und Umfangsmanagements.

    c.   Falsch. Dies ist ein wesentlicher Bestandteil des Inhalts- und Umfangsmanagements.

    d.   Richtig. Die Vorgangsliste wird erst nach der Strukturierung ausgefertigt.

3. Lösung a)

    a.   Richtig. Alle diese Kriterien werden in der Regel verwendet.

    b.   Falsch. Bereits aufgelaufene Kosten sollten nicht berücksichtigt werden.

    c.   Falsch. Die Zahl der Risiken an sich ist kein angemessenes Kriterium, da auch die Wahrscheinlichkeit des Auftretens und die Auswirkungen oder das Ergebnis bekannt sein müssen.

d. Falsch. Der Diskontsatz ist ein Faktor verschiedener Finanzanalysen, aber er ist für sich betrachtet kein angemessenes Kriterium.

4. Lösung c)

a. Falsch. Die Definition ist zu umfassend für das Inhalts- und Umfangsmanagement. Umgekehrt ist bei allen Projekttätigkeiten zu prüfen, ob sie dem Inhalt und Umfang entsprechen.

b. Falsch. Auf ein Projekt bezogen, ist das umfassende Änderungsmanagement ein Teilgebiet des Inhalts- und Umfangsmanagements.

c. Richtig. Es ist die Hauptaufgabe des Inhalts- und Umfangsmanagements, sicherzustellen, dass das Projekt die erforderlichen Arbeiten, aber auch nur diese, umfasst.

d. Falsch. Inhalts- und Umfangsmanagement geht von einer geteilten Verantwortung aus.

5. Lösung a)

a. Richtig. Da der Zweck oder der Grund des Projektes dokumentiert wird.

b. Falsch. Die Projektinhalts- und -umfangsbeschreibung beinhaltet keine Anordnungsbeziehungen.

c. Falsch. Änderungen am Projektinhalt und -umfang können (und werden in der Regel auch) in Ebenen unterhalb der Projektinhalts- und -umfangsbeschreibung auftreten.

d. Falsch. Diese Informationen finden sich nicht in der Projektinhalts- und -umfangsbeschreibung. Sie werden vielmehr durch die Inhalte der Beschreibung vorbereitet.

6. Lösung d)

a. Falsch. Die WBS ist zur Erreichung dieses Ziels gedacht, ist aber keine Garantie dafür.

b. Falsch. Die WBS kann Liefergegenstände unterschiedlicher Dauer beinhalten.

c. Falsch. Die WBS beinhaltet keine Informationen über den Terminplan.

d. Richtig. Da eine Strukturierung und Zerlegung erfolgt, ist es wahrscheinlicher, dass alle Arbeiten identifiziert werden.

7. Lösung b)

   a. Falsch. Verbreitete falsche Auffassung.

   b. Richtig. Der Kunde könnte Informationen, Ideen und eine Sichtweise haben, die ansonsten dem Rest des Teams nicht zur Verfügung stünden.

   c. Falsch. Eine weitere verbreitete falsche Auffassung.

   d. Falsch. Die Miteinbeziehung der Kunden ist unabhängig von der Vertragsart.

8. Lösung b)

   a. Falsch. Der Projektstrukturplan dokumentiert die Projektarbeit, nicht die Anforderungen des Kunden.

   b. Richtig. In diesem Dokument werden produktbezogene Projektziele definiert (Was soll erreicht werden?).

   c. Falsch. Die technische Spezifikation dokumentiert, wie die Anforderungen erfüllt werden, aber nicht die Anforderungen an sich.

   d. Falsch. Die Kostenschätzung dokumentiert die zu erwartenden Kosten.

9. Lösung d)

   a. Falsch. Dies sollte eine der ersten Aufgaben sein.

   b. Falsch. Mögliche Alternativen sollten zu Beginn betrachtet werden.

   c. Falsch. Dies sollte eine der ersten Aufgaben sein.

   d. Richtig. Vorgangsfolgen werden nicht im ersten Schritt entwickelt.

10. Lösung c)

   a. Falsch. Projektziele sollten auch Angaben über Qualität, Risiko und viele andere Aspekte enthalten.

   b. Falsch. Projektziele sollten immer messbar sein (übrigens nicht nur Projektziele, auch alle anderen ...).

   c. Richtig. Da die Projektziele die Erfolgsmerkmale des Projektes bestimmen (festlegen), liefern sie die Basis (Soll), gegen die die Projektleistung gemessen werden muss.

   d. Falsch. Produkterfolg und Projekterfolg werden mit unterschiedlichem Maß gemessen und sollten nicht verwechselt werden.

6 Terminmanagement in Projekten

6.1 Themengebiete des Wissensgebietes

Terminmanagement wird oft (fälschlicherweise!) in der Praxis und von manchen Softwareanbietern mit Projektmanagement gleichgesetzt: Der Terminplan wird dann als Projektplan bezeichnet. Im PMBOK Guide ist Terminmanagement jedoch (nur) eines von neun gleichberechtigten Wissensgebieten.

Daher unser dringender Rat: Reflektieren Sie, welche Begriffe ihres Berufsalltages welchen Begriffen des PMBOK Guide entsprechen. Auch wenn Sie mit einem Softwaretool arbeiten, sollten Sie noch einmal hinterfragen, welche Begriffe dieses Tool verwendet und mit welchen Methoden gearbeitet wird und ob diese der PMI-Terminologie entsprechen. Einige Softwarehersteller haben die Projektmanagementtheorie nach eigenen Regeln interpretiert. Sprachgebrauch und Methodik sind nicht immer korrekt und in den seltensten Fällen prüfungskonform.

Grob betrachtet beschäftigt sich das Wissensgebiet Terminmanagement mit der Frage »Wann wird das Projekt abgeschlossen sein?«

Damit eine verlässliche Antwort auf diese Frage gegeben werden kann, müssen die verschiedene Prozesse des Terminmanagements (siehe Abschnitt 6.1.1) verstanden werden.

Neben den üblichen Fragen zu den Wechselwirkungen der Prozesse (Eingangs- und Ausgangswerte) können Sie in der PMP-Prüfung Fragen zur Erstellung und Berechnung von Netzplänen (bzw. ganz korrekt ausgedrückt Netzplandiagrammen) erwarten. Das ist die schlechte Nachricht. Das Gute daran ist, dass Sie die benötigten Kenntnisse mit überschaubarem Aufwand mit Hilfe dieses Buches erwerben können.

6.1.1 Prozesse des Wissensgebietes

Im PMBOK Guide, Kapitel 6, werden die folgenden sechs Prozesse genannt, die durchgeführt werden müssen, damit das Projekt seine zeitlichen Ziele erreicht.

6

1. **Vorgänge festlegen** – Der Prozess wird durchgeführt, um festzulegen, welche Aktivitäten durchgeführt werden müssen, um die Liefergegenstände des Projektes zu erstellen.

2. **Vorgangsfolge festlegen** – In diesem Prozess werden die Anordnungsbeziehungen zwischen den einzelnen Vorgängen identifiziert und dokumentiert.

3. **Ressourcen für Vorgänge schätzen** – Es wird geschätzt, welche Art von Ressourcen benötigt werden und wie viele davon, um die Vorgänge durchzuführen.

4. **Vorgangsdauer schätzen** – Es erfolgt eine Abschätzung, wie lange es dauert, um einen Vorgang mit den geschätzten Ressourcen durchzuführen.

5. **Terminplan entwickeln** – In diesem Prozess werden die vorhandenen Informationen analysiert (Vorgangsfolgen, Vorgangsdauern, Beschränkungen, ...) und der Terminplan entwickelt.

6. **Terminplan steuern** – Der Prozess wird durchgeführt, um den Projektstand zu überwachen und den Projektfortschritt zum sowie Änderungen am Terminbasisplan zu managen.

Die sechs Prozesse bauen logisch aufeinander auf. Das macht es einerseits einfach, die Prozesse zu verstehen. Aber Achtung, damit wird auch die Abgrenzung der einzelnen Prozesse schwierig. Z.B. wird der Prozess »Vorgänge festlegen« in der Praxis selten durchgeführt, sondern die Arbeitspakte werden aus der WBS eins zu eins in den Netzplan übernommen. Auch die Prozesse 6.2 (Vorgangsfolge festlegen) und 6.4 (Terminplan entwickeln) werden in der Praxis oft zusammengefasst.

Um gut für die Prüfung vorbereitet zu sein, sollten Sie daher genau wissen, durch welche Eingangs- / bzw. Ausgangswerte die Prozesse im Wissensgebiet 6, Terminmanagement, verknüpft sind.

> Wir schlagen Ihnen folgende Aufgabe vor:
>
> Schreiben Sie sich die Prozesse der Wissensgebiete Inhalts- und Umfangsmanagement sowie Terminmanagement auf Kärtchen.

Legen sie diese auf ein großes Blatt und zeichnen Sie die Verknüpfungen zwischen den Prozessen ein. Schreiben sie die entsprechenden Ein- und Ausgangswerte an die Pfeile.

Und noch ein Hinweis: Sie haben das Konzept der Managementpläne ja bereits kennengelernt und auch erfahren, dass der PMBOK Guide in diesem Punkt leider nicht stringent ist. Auch wenn der Terminmanagementplan (leider) nicht als einzelner Ausgangswert eines Planungsprozesses aufgeführt ist, heißt das nicht, dass es ihn nicht gibt. In der Einleitung zu Kapitel 6 wird ausgeführt, dass der Terminmanagementplan ein Teil des Projektmanagementplans ist. Er definiert u.a., welche Methoden zur Entwicklung, Dokumentation und Pflege des Terminplan eingesetzt werden, wie der Terminplan überwacht wird und wie mit Änderungswünschen bzw. aufgetretenen Änderungen von geplanten Terminen umgegangen wird. Und auch in den Ausgangswerten des Prozess 6.6.3 des PMBOK Guide, *Terminplan steuern*, wird der Terminmanagementplan als ein Unterpunkt bei »Aktualisierungen des Projektmanagementplans« genannt

6.1.2 Vorgänge festlegen

Arbeitspakte und Vorgänge

Um festlegen zu können, welche Vorgänge (Terminplanvorgänge) benötigt werden, um das Projekt abzuschließen, braucht man vor allen Informationen darüber, was das Projekt alles leisten soll. Wo findet man diese Informationen? Richtig, im Projektstrukturplan. Aber nicht nur dort, sondern auch in anderen Quellen, z.B. in der Inhalts- und Umfangsbeschreibung. Umfassend gesprochen, im Inhalts- und Umfangsbasisplan.

Im Prozess *Vorgänge festlegen* (6.1) wird untersucht, ob bzw. wie Arbeitspakete, die die unterste Ebene des Projektstrukturplans (WBS) bilden, weiter unterteilt werden können, um in eine zeitliche Abfolge gebracht werden zu können.

Wenn z.B. eine WBS das Arbeitspaket »Anwendertreffen durchführen« enthält, könnte dieses Arbeitspaket in folgende Vorgänge zerlegt werden: Teilnehmer einladen, Rückmeldungen auswerten, Raum reservieren, Verpflegung bestellen, Agenda erstellen, Treffen durchführen, Protokoll schreiben, ...

Die identifizierten Vorgänge werden in einer *Vorgangsliste* dokumentiert, die neben einer eindeutigen Kennzeichnung der Vorgänge eine Beschreibung der Vorgangsinhalte enthält. Diese Liste kann durch weitere Attribute ergänzt werden.

Rollierende Planung

Die rollierende Planung trägt dem Umstand Rechnung, dass Projekte einmalig sind und damit Unsicherheiten enthalten. Bei der rollierenden Planung wird nicht die Fertigstellung alle Liefergegenstände des Projektes zur gleichen Zeit in der gleichen Tiefe geplant, sondern die Arbeit, die in naher Zukunft durchgeführt wird, wird detaillierter geplant als die Arbeit, die später erledigt wird. In der rollierenden Planung spiegelt sich das Prozessdenken des PMBOK Guide wieder. Ein Prozess wird nicht nur einmal durchlaufen, sondern mehrmals im Laufe des Projektfortschrittes.

Meilensteine

Im Prozess *Vorgänge festlegen* (6.1.) werden aber nicht nur die Arbeitspakete der WBS zerlegt, sondern es erfolgt die Festlegung der bereits bekannten Meilensteine.

Meilenstein ist ein Begriff, der nicht nur in der Projektpraxis, sondern auch in der Umgangssprache häufig verwendet wird. Aber wissen Sie eigentlich genau, was ein Meilenstein ist?

Frage

Wie würden Sie Meilenstein definieren, was ist der Unterschied zu einem Vorgang?

Antwort

Meilensteine sind festgelegte Entscheidungspunkte, an denen die bisher erreichte Projektleistung beurteilt und über die weitere Fortsetzung des Projektes entschieden wird. *Vorgänge* besitzen einen Aufwand und eine Dauer. Ein Meilenstein stellt dagegen einen Zeitpunkt dar, der keine Dauer, keinen Aufwand und keine Kosten hat.

Meilensteine haben folgende Merkmale:

- Meilensteine sind Entscheidungspunkte. Sie gliedern das Projekt in Abschnitte.

- Für jeden Meilenstein müssen objektiv messbare Kriterien festgelegt werden, so dass über die Entscheidung, ob das Geplante erreicht wurde oder nicht, keine unterschiedlichen Meinungen entstehen können.

- Für jeden Meilenstein steht ein Termin fest, wann er erreicht werden muss.

- Meilensteine selbst haben jedoch keine Dauer!

Zweck von Meilensteinen:

- Instrument zur Projektfortschrittsmessung und zur Selbstkontrolle.

- Kommunikationsinstrument zwischen Auftraggeber, Projektleiter und Projektteam.

- Mittel zur Motivation der Mitarbeiter. Da es nicht leicht ist, Ziele zu verfolgen, die in der weiten Ferne liegen, definieren Meilensteine Zwischenetappen.

- Strukturieren des Arbeitsablaufs. Meilensteine stehen immer an entscheidenden Stellen des Projektes.

- Dokumentation von (Zwischen-)Ergebnissen.

Meilensteine haben per Definition keine Dauer, aber die Umsetzung dieser Theorie in die Praxis ist trickreich. Denn oft wird die Erreichung der Meilensteine durch eine formelle Abnahme oder ein Statusmeeting festgestellt. Diese Prüfung, ob der Meilenstein erreicht wurde, ist aber ein Vorgang, der mit Arbeit verbunden ist und selbstverständlich definiert werden muss.

6.1.3 Vorgangsfolge festlegen

Wenn feststeht, welche Vorgänge im Projekt durchgeführt werden müssen, um die Liefergegenstände zu erstellen, kommt der nächste Schritt: Die Überlegung, wie die Vorgänge von einander abhängen, d.h. welche Anordnungsbeziehungen zwischen den Vorgängen bestehen.

Vorgangsknotennetzplan

Die Darstellung der Abhängigkeiten erfolgt heute üblicherweise mit einem *Vorgangsknotennetzplan* (bzw. Vorgangsknotendiagramm), im englischen

Precedence Diagramming Method (PDM), dies ist auch die übliche und gängige Darstellung in fast allen Projektmanagement-Softwarepaketen. Wir verwenden im Folgenden die englischen Abkürzungen. In Abbildung 6.1 sehen Sie ein Beispiel für ein Vorgangsknoten- bzw. PDM-Diagramm.

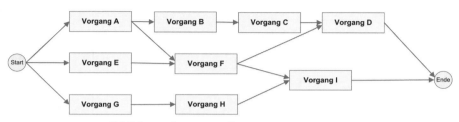

Abbildung 6.1: Darstellung PDM-Diagramm

Die Pfeile dienen nur der Darstellung der unterschiedlichen Anordnungsbeziehungen im Netzplan, die auch *Abhängigkeiten* genannt werden. Daher wird die Darstellung im englischen auch Activity-On-Node (AON) genannt. AON bedeutet, dass die Aktivitäten »im Knoten«, der meistens grafisch als Kästchen dargestellt wird, und nicht auf den Verbindungspfeilen stehen.

Es gibt im Knotennetzplan insgesamt vier Anordnungsbeziehungen:

1. Ende/Anfang oder Finish to Start
2. Anfang/Anfang oder Start to Start
3. Ende/Ende oder Finish to Finish
4. Anfang/Ende oder Start to Finish

Sie müssen die Definitionen der vier Anordnungsbeziehungen auswendig kennen und auch die Implikationen der Anordnungsbeziehungen verstanden haben.

Ende/Anfang

Der Normalfall unter den Anordnungsbeziehungen. Die Ende/Anfang-Beziehung heißt in gutem Definitionsdeutsch: Der Vorgänger muss beendet sein, bevor die Folgeaktivität beginnen kann, und hat die Notation, wie sie in Abbildung 6.2 gezeigt wird.

Abbildung 6.2: Ende/Anfang-Beziehung

Anfang/Anfang

Die Anfang/Anfang-Beziehung besagt, dass die Folgeaktivität erst anfangen kann, nachdem der Vorgänger begonnen hat (siehe Abbildung 6.3). Das ist ein kleiner Unterschied zu der oft gehörten Interpretation: »Beide Vorgänge fangen zur gleichen Zeit an«. Die offizielle Definition beinhaltet einen Trigger in Vorgang A, der den Start von Vorgang B steuert.

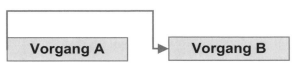

Abbildung 6.3: Anfang/Anfang-Beziehung

Ende/Ende

Die Ende/Ende-Beziehung verhält sich wie die Anfang/Anfang-Beziehung, nur dass das Ende des Vorgangs A das Ende von Vorgang B steuert bzw. der Vorgänger beendet sein muss, bevor die Folgeaktivität beendet werden kann (siehe Abbildung 6.4). Bitte beachten Sie auch hier den Unterschied, dass eine Ende/Ende-Beziehung nicht heißt, dass beide Vorgänge gleichzeitig aufhören müssen, sondern dass das Ende des einen das Ende des anderen steuert.

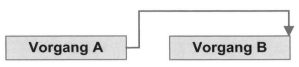

Abbildung 6.4: Ende/Ende-Beziehung

Anfang/Ende

Die Anfang/Ende-Beziehung ist der Exot unter den Anordnungsbeziehungen, der von der reinen Wortwahl her eher harmlos klingt, es aber in sich hat. Anfang/Ende-Beziehungen steuern ebenfalls Anordnungen, wobei der Beginn des Vorgangs A das Ende des Vorgangs B steuert (siehe Abbildung Abbildung 6.5).

Abbildung 6.5: Anfang/Ende-Beziehung

Die offizielle Definition lautet: »Der Vorgänger muss begonnen haben, bevor die Folgeaktivität beendet werden kann.«

Für die PMP-Prüfung empfehlen wir Ihnen die vier unterschiedlichen Anordnungen in einem Projektplanungstool, wie z.B. Microsoft Project, mindestens einmal zu probieren und die Auswirkung der Anordnungsbeziehungen auf die Vorgänge zu analysieren.

Vorlaufzeiten und Nachlaufzeiten

Vorlauf- bzw. Nachlaufzeiten sind Kennzeichnen besonderer Beziehungen zwischen Vorgängen.

▷ Eine Vorlaufzeit (engl. Lag) sagt aus, dass der nachfolgende Vorgang nicht sofort begonnen werden kann, sondern dass er etwas warten muss. Wird beispielsweise ein Konzept mit der Post verschickt, dann muss eine Zustellzeit von z.B. einem Tag eingeplant werden, bevor der nächste Vorgang (Konzept prüfen) starten kann.

▷ Eine Nachlaufzeit (engl. Lead) bedeutet dagegen, dass der nachfolgende Vorgang um eine bestimmte Zeitspanne früher starten kann, auch wenn der nachfolgende Vorgang noch nicht beendet ist.

Präferenzielle Logik

Die Vorgänge in einem Netzplan können auf verschiedene Arten von einander abhängen:

▷ Zwingende Abhängigkeiten (Hard Logic), die durch die Art der Arbeit bedingt sind (z.B. eine Software muss erst entwickelt werden, bevor sie getestet oder implementiert werden kann).

▷ Externe Abhängigkeiten, die durch Einflüsse von außen entstehen (z.B. rechtliche Änderungen zu einem bestimmten Stichtag, Urlaub eines Lieferanten).

▷ Frei wählbare Abhängigkeiten (präferenzielle Logik), die durch das Projektteam festgelegt werden können.
Diese präferenzielle Logik modelliert bevorzugte Abhängigkeiten, die oft durch Ressourceneinflüsse zustande kommen. In der PMP-Prüfung können Sie leicht durch eine Frage in Richtung präferenzielle Logik in die Irre geführt werden. Wie? Zunächst ein Beispiel zur Illustration der Problemstellung:

Sie bauen einen Keller um und möchten gerne an einem Abend noch zwei Aktivitäten erledigen. Die Wände sollen mit Gips ausbessert werden und das Türschloss muss repariert werden. Sie sind allein. Zeichnen Sie für diese beiden Aktivitäten einen kleinen Netzplan.

In unseren Trainings üben wir diese Situation ebenfalls, und in vielen Fällen entsteht der in Abbildung 6.6 dargestellte Vorschlag.

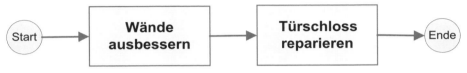

Abbildung 6.6: Netzplan Kellerumbau, Variante 1

Manchmal wird er durch die Alternative 2 ersetzt (siehe Abbildung 6.7).

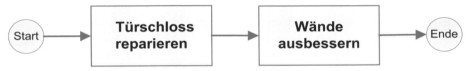

Abbildung 6.7: Netzplan Kellerumbau, Variante 2

Tatsächlich besteht zwischen diesen beiden Vorgängen aber keine harte Abhängigkeit. Zwar ist durch die eine vorgegebene Ressource eine zeitlich sequenzielle Abarbeitung notwendig, aber dennoch besteht zwischen beiden Vorgängen keine notwendige Anordnungsbeziehung. Ein Netzplan, der nur zwingende Anordnungsbeziehungen darstellt, würde daher wie in Abbildung 6.8 gezeigt aussehen:

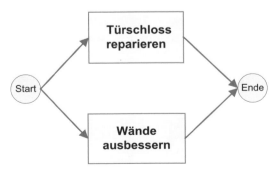

Abbildung 6.8: Netzplan Kellerumbau, zwingende Abhängigkeiten

6

Bitte beachten Sie, dass Vorgangsfolgen in erster Linie die unbedingt notwendigen Anordnungsbeziehungen darstellen sollten und weniger die bevorzugten. Warum ist das so wichtig? Nun, wenn Sie in einem realen Projekt mit dynamischer Netzplanung arbeiten und mit dem ermittelten Termin nicht zufrieden sind, dann können Sie durch Erhöhung von Einsatzmitteln (Ressourcen) eine Verkürzung der Terminsituation erreichen. Aber nur, wenn Ihre Anordnungsbeziehungen korrekt dargestellt sind.

Um in unserem kleinen Beispiel zu bleiben: Sie sind mit Ihrer Abendumbauplanung nicht zufrieden und stocken die Ressourcen auf. Ihr Nachbar hilft Ihnen. Wenn Sie eine der ersten beiden Anordnungsbeziehungen gewählt haben, muss zuerst der eine Vorgang beendet sein, bevor der andere beginnen kann. Wenn nicht gerade zwei Leute die Wände ausbessern können, dann muss der eine warten, bis der andere fertig ist. Das hat den Effekt, dass faktisch keine Verbesserung der Terminsituation eintreten wird.

Unter bestimmten Umständen können aber auch präferenzielle Anordnungselemente einfließen, etwa wenn triftige Gründe für die Wahl einer weichen Logik vorliegen. D.h. Sie müssen Ihre Beweggründe genau dokumentieren, da der Terminplan später durch diese Entscheidung betroffen sein kann.

6.1.4 Ressourcen für Vorgänge schätzen

Damit die Terminplanvorgänge abgearbeitet werden können, müssen Ressourcen eingesetzt werden. Wobei der Ressourceneinsatz hier nicht auf Personen beschränkt ist, sondern auch Maschinen, Waren etc. beinhaltet.

Bitte beachten Sie, dass der Prozess nicht nur mit den Prozessen des Terminmanagement, sondern auch mit Prozessen anderer Wissensgebiete eng verknüpft ist.

> Aufgabe: Überlegen Sie, zu welchen Wissensgebieten bzw. Prozessen Wechselwirkungen bestehen könnten.
>
> Wenn Ressourcen extern beschafft werden müssen, ist das Beschaffungsmanagement involviert. Da die Kosten für die benötigen Ressourcen geschätzt und Budget bereitgestellt werden muss, ist das Kostenmanagement betroffen und, da der Einsatz der Mitarbeiter geplant und abgestimmt werden muss, gibt es eine Wechselwirkung mit dem Wissensgebiet Personalmanagement.

Weitere grundlegende Überlegungen zum Thema Schätzen und Schätzmethoden behandeln wir im nächsten Abschnitt.

6.1.5 Vorgangsdauer schätzen

Achtung, auch wenn wir bei der Einleitung zum Terminmanagement gesagt haben, dass die Prozesse logisch zusammenhängen, heißt das nicht, dass sie sequentiell ablaufen. Sie können, müssen aber nicht die Dauer der Vorgänge schätzen, nachdem sie den Netzplan festgelegt haben. Wenn verschiedene Personen für die Prozesse verantwortlich sind, können sie auch parallel durchgeführt werden oder erst die Dauer geschätzt und dann der Netzplan erstellt werden. Egal in welcher Reihenfolge die Prozesse durchgeführt werden, wichtig ist immer, dass Dauer nicht mit Aufwand verwechselt wird.

Aufwand und Dauer

Aufwand ist die Arbeit, die erforderlich ist, um eine bestimmte Aufgabe zu erledigen, *Dauer* ist der Zeitraum, der dazu benötigt wird. Unklarheiten treten bezüglich der Unterscheidung und des Zusammenhangs auf. Die nachfolgende Darstellung soll Ihnen helfen, Aufwand und Dauer gegeneinander abzugrenzen, aber auch die Verkettung zu verstehen.

Einer *Arbeit* (zum Beispiel das Anstreichen einer Wand) liegt ein *Aufwand* zugrunde. Dieser Aufwand ist die Nettozeit, die eine Person brauchen würde, wenn sie sich nur dieser Aufgabe widmen würde. Wir nehmen für unser Beispiel zehn Stunden an. Das Verständnis wird durch die Tatsache erschwert, dass Aufwand und Dauer die gleichen Einheiten, nämlich Stunden oder Tage oder auch Jahre, verwenden. Zur besseren Abgrenzung verwendet man im Zusammenhang mit dem Aufwand die Bezeichnungen Manntage oder Personentage oder eben entsprechend -stunden, -wochen oder -jahre.

Eine *Dauer* ist ein Zeitraum, den die Durchführung einer Arbeit erfordert. Wir kommen auf unser Beispiel zurück: die zu streichende Wand. Wir haben für den Anstrich der Wand einen Aufwand von zehn Personenstunden ermittelt. Die Ermittlung der Dauer ist von mehreren Faktoren abhängig: Wird ein Maler streichen oder mehrere? Kann man die Streicharbeit an einem Stück erledigen oder wird sie aus Zeitgründen auf drei Vormittage verteilt? Daneben gibt es Vorgänge, die keinen Aufwand haben, aber eine Dauer. Ein gerne gewähltes Beispiel hierfür ist das Trocknen der Farbe.

6

Ist ein Vorgang **aufwandsorientiert** (»Streichen«) oder **dauerorientiert** (»Trocknen«)? Je nach Typus ergeben sich unterschiedliche Voraussetzungen im Bezug auf die Ermittlung der möglichen Kosten- und Termindimensionen des Vorgangs:

▷ Aufwandsorientierte Vorgänge lassen sich durch das Jonglieren mit Ressourcen verkürzen bzw. verlängern. Es wird Arbeit erledigt. Der Vorgang ist dann beendet, wenn die Arbeit erledigt ist.

▷ Auf dauerorientierte Vorgänge ist der Einsatz von Ressourcen wirkungslos. Der Vorgang ist dann beendet, wenn die Zeit (= »Dauer«) abgelaufen ist. Die Dauerlauferprobung einer Maschine kann nicht durch eine Verdopplung der prüfenden Ingenieure verkürzt werden.

Wenn Ihnen die Unterschiede klar sind, dann testen Sie sich:

Frage

a. Wie verhalten sich Kosten und Dauer, wenn in einem aufwandsorientierten Vorgang unter idealen Rahmenbedingungen Ressourcen (mit dem gleichen Kostensatz) hinzugefügt werden?

b. Wie verhalten sich Kosten und Dauer, wenn in einem dauerorientierten Vorgang Ressourcen hinzugefügt werden?

Antwort

a. Die Dauer verkürzt sich und die Kosten bleiben gleich.

b. Die Dauer bleibt unverändert, die Kosten erhöhen sich.

Es gilt daher – auch bei zeitkritischen Arbeiten – folgende Reihenfolge:

1. Zuerst den Aufwand ermitteln.

2. Durch Ressourceneinsatz und -planung sowie externe Einflüsse die Dauer bestimmen.

Die Argumentation aus der Praxis »Bei unseren mörderischen Terminplänen interessiert uns nur Dauer« führt nicht nur im PMP-Examen nicht zum richtigen Ergebnis.

Wichtig

Bitte prägen Sie sich daher ein: Es ist der Aufwand zu schätzen, bevor die Dauer bestimmt werden kann.

Grundregeln zum Schätzen

Auch die beste Schätzung kann aus der Unsicherheit, die sie darstellt, keine Sicherheit machen. Die Beachtung elementarer Grundregeln kann aber dabei helfen, zumindest die einer Schätzung zu Grunde liegenden Annahmen transparent und nachvollziehbar zu machen. Wenn Sie schätzen, sollten Sie daher auf die folgenden Punkte achten:

▷ Schätzungen sind immer in die Zukunft gerichtet und daher unsicher. Ein Projektmanager will die bestmögliche Schätzung abgeben, garantieren kann er das Eintreffen seiner Prognose nicht. Das Selbstverständnis eines PMP ist daher in diesem Zusammenhang darauf gerichtet, die Unsicherheiten der Schätzung zu reduzieren (z.B. durch eine Drei-Punkt-Schätzung) und die Unsicherheit zu kommunizieren.

▷ Die mit Schätzungen verbundene Unsicherheit ist am Projektanfang am größten und nimmt immer mehr ab, je näher das Projektende rückt. Trivial? Ja, aber nicht falsch. Die beste Schätzung ist die, die unmittelbar vor dem Projektende für die noch verbleibende Arbeit erstellt wird.

▷ Aber auch am Projektanfang sind verlässliche Schätzungen notwendig. Abhängig von der Phase, in der sich das Projekt befindet, unterscheidet man verschiedene Schätzmethoden, die wir im nachfolgenden Absatz darstellen. Im Verlauf des Planungsprozesses werden die Rahmendaten besser bekannt, man gelangt über verschiedene Stufen zur endgültigen Schätzung. Diese Schätzung ist dann die Grundlage zur Preisfestsetzung oder Angebotsabgabe oder Budgeterstellung.

▷ Um die Qualität von Schätzungen zu verbessern, sollten die Schätzungen von Experten durchgeführt werden, die über genügend Sachkenntnis verfügen.

▷ Schätzungen können u.a. basieren auf:
  - persönlichen Erfahrungen,
  - vorliegenden Kosten (Personal, Material etc.),
  - historischen Daten.

6

Schätzmethoden

Nachfolgend finden Sie kurze Erläuterungen zu gängigen Schätzmethoden. Weitere Schätzmethoden werden im Kapitel *Kostenmanagement* vorgestellt.

»Order of Magnitude«-Schätzung

Die *Order of Magnitude*-Schätzung, also die Größenordnungsschätzung, ist eine Schätzung auf hoher Ebene. Sie wird angewendet, um in einer sehr frühen Projektphase den Stakeholdern eine Größenordnung zu vermitteln. Denken Sie an den Architekten Ihres Traumhauses, der Ihnen nach dem ersten Gedankenaustausch bereits ein Volumen nennen kann. Er legt dabei ein relativ grobes Raster an, indem er den Preis vergleichbarer Objekte nennt, ohne dass die Details der Ausgestaltung Gesprächsinhalt sind.

6

Einzelwertschätzungen

Unter *Einzelwertschätzungen* versteht man die Ermittlung eines einzelnen Schätzwerts pro Vorgang, der dann als der »wahrscheinliche Wert« interpretiert wird (»Ich brauche dafür fünf Tage«) durch eine Person bzw. eine Gruppe von Personen. Einzelwertschätzungen neigen zur »Selbsterfüllung« und führen zur Einrechnung von (nicht kommunizierten) Reserven.

Wenn Sie einen Kollegen bitten, eine Schätzung abzugeben, wie lange er denn für das Streichen der Wand benötigt (kurze Anmerkung: Jetzt müsste Ihr Kollege nachfragen, ob dies eine Frage nach Aufwand oder Dauer ist.), dann möchte der Kollege natürlich »Wort halten« und nicht anschließend seine eigene Schätzung revidieren müssen. Um auf jeden Fall »Wort zu halten«, wird er einen leichten Zuschlag (sog. *Estimate Padding*) zu seiner Schätzung vornehmen, der dann das gesamte Schätzergebnis unerfreulich aufbläht. Die »Last des Einzelwertes« ist in der Tat ein nicht zu unterschätzendes Problem.

Hinweis: Einzelwertschätzungen sind auch ein Bestandteil der »Kritischen Pfad-Methode (CPM)«., die wir im folgenden ausführlich behandeln werden (siehe Abschnitt CPM). Wenn Sie also nach CPM-Schätzungen gefragt werden sollten, sollten Sie wissen, dass damit eine Einzelwertschätzung gemeint ist.

Wenn Sie das nächste Mal einen Verantwortlichen fragen, wie lange er denn für dieses Arbeitspaket braucht, und er sagt »Zehn Tage«, dann haben Sie gerade eine CPM-Schätzung bekommen. Sagt er jedoch »Wenn's gut geht, sechs, wahrscheinlich elf, im schlimmsten Fall jedoch 22«, dann erhalten sie eine Dreipunkt- bzw. Bereichsschätzung.

Die Dreipunkt-Schätzung

Verlässlichere Schätzwerte als eine Einzelwertschätzung liefert eine Drei-punktschätzung, **bei der für jeden Vorgang drei Werte geschätzt werden: der optimistische, der wahrscheinliche und der pessimistische Wert.** Alle Annahmen zu diesen Werten werden dokumentiert. Bei einer einfachen Dreipunkt-schätzung werden die Werte addiert und durch drei dividiert, um den Mittelwert zu erhalten. Gewichtete Dreipunktschätzungen geben dem wahrscheinlichen Wert mehr Bedeutung. Die bekannteste Methode ist hierbei die PERT-Schätzung. Bei der PERT-Schätzung wird der Mittelwert mit 4 gewichtet. Die Ermittlung einer einzelnen Summe erfolgt durch eine Formel, die für PERT wie folgt lautet:

$$\text{Einzelwert} = \frac{(\text{Optimistisch} + (4\text{-mal Wahrscheinlich}) + \text{Pessimistisch})}{6}$$

In unserem Beispiel von oben, dass die Erledigung eines Arbeitspaket »Wenn's gut geht, sechs, wahrscheinlich elf, im schlimmsten Fall jedoch 22 Tage dauert«, errechnen Sie den Mittelwert mit (6+4*11+22)/6= 12 und haben nun einen PERT-Schätzwert.

PERT-Schätzungen liefern wesentlich bessere Schätzergebnisse als Einzel-wertschätzungen, da insgesamt weniger Zuschläge eingerechnet werden und die Vorgehensweise transparent ist. Allerdings wird die Ermittlung von jeweils drei Werten in der Praxis oft als aufwändig angesehen.

Die Dreipunktschätzung ist die Basis für weiter gehende Analysen von Netz-plänen und auch bestimmte Aspekte der quantitativen Risikoanalyse wie z.B. der Monte-Carlo-Simulation.

Wahrscheinlichkeiten in der Schätzung

Ein kurzer Ausflug in die Wahrscheinlichkeitsbetrachtung: Eine Dreipunkt-schätzung ist in der Regel triangular, also der wahrscheinlichste Wert ist eben – wie der Name schon sagt – der wahrscheinlichste Wert und hat gegenüber den beiden anderen Werten eine deutlich höhere Eintrittswahrscheinlichkeit. Das lässt sich am besten durch die Grafik in Abbildung 6.9 illustrieren:

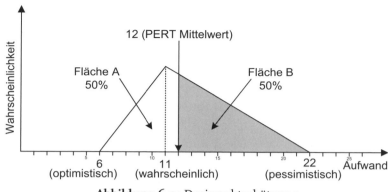

Abbildung 6.9: Dreipunktschätzung

Der errechnete Mittelwert aus der PERT-Formel liegt in unserem obigen Beispiel bei 12. Die Flächen links des Mittelwerts und rechts des Mittelwerts sind identisch. Der PERT-Mittelwert verhält sich daher wie der Scheitelpunkt einer Normalverteilung. Mit anderen Worten: Die Wahrscheinlichkeit, dass der Vorgang in zwölf Tagen oder eher beendet ist, liegt bei 50%.

Analoge und parametrische Schätzung

Aber egal ob wahrscheinlicher, pessimistischer oder optimistischer Wert, die Schätzwerte müssen verlässlich ermittelt werden und dafür gibt es verschiedene Vorgehensweisen:

▷ Sie können Experten befragen und sich so ein *Fachurteil* einholen.

▷ Sie können historische Daten von vergangenen ähnlichen Projekten analysieren (aber bitte nicht Äpfel mit Birnen vergleichen!) und darauf schließen, dass ihr Projekt genauso, d.h. analog, ablaufen wird. *Analoge Schätzungen* haben den Vorteil, dass sie mit relativ wenig Aufwand und schnell erstellt werden können (aber nur, wenn vergleichbare Daten vorliegen)! Der Nachteil ist, dass sie nicht sehr genau sind. Sie werden meisten in frühen Projektphasen eingesetzt.

▷ Wenn die Arbeit zur Erledigung eines Vorganges durch feste Parameter bestimmt wird, dann können sie die Schätzwerte auch berechnen, z.B. kann ein Maler nach der Besichtigung eines Raumes ziemlich genau schätzen, wie lange er für das Tapezieren des Raumes benötigen wird. Seine *parametrische Schätzung* wird dabei die Raumgröße, Deckenhöhe, Anzahl Fenster, Qualifikation des Mitarbeiters etc. berücksichtigen.

Aber Achtung, auch wenn die Schätzwerte berechnet werden: Die Schätzung an sich bleibt unsicher. Der Maler kann Ihnen nicht garantieren, genau zu dem geschätzten Termin fertig zu werden.

6.1.6 Terminplan entwickeln

Jetzt haben wir schon etliche Schritte durchgeführt, bis endlich die Frage »Wann wird denn das Projekt abgeschlossen sein?« beantwortet werden kann. In der Realität ist die Frage nach dem Endtermin oft die erste Frage, die gestellt und (leider) auch oft zu schnell beantwortet wird. Und das ohne die ganzen Informationen zu ermitteln, die die Prozesse 6.1 – 6.4 verlangen und ohne dabei die getroffenen Annahmen zu dokumentieren.

Aufgabe

Überlegen Sie, welche Informationen vorliegen müssen, damit ein Terminplan entwickelt werden kann?

Lösung

Lesen Sie sich im PMBOK Guide die Eingangswerte zum Prozess 6.5. durch.

Weitere Modulierungsmethoden

Neben dem bereits vorgestellten Vorgangsknotennetzplan (PDM) gibt es noch weitere Modulierungsmethoden, die in der heutigen Projektpraxis jedoch selten eingesetzt werden. Für die PMP-Prüfung sollten sie dennoch die Namen kennen und die Methoden gegeneinander abgrenzen können.

AOA-Diagramm

AOA heißt *Activity on Arrow*. Die Aktivität steht auf dem Pfeil (statt in den Kästchen wie bei PDM bzw. AON-Diagrammen). Auf Deutsch ist ein AOA-Diagramm ein *Vorgangspfeilnetzplan*. Die den AOA-Diagrammen zugrunde liegende Technik heißt ADM, das ist die *Arrow Diagramming Method*. Die AOA-Diagramme besitzen kaum mehr praktische Bedeutung, aber als Großväter der Netzplantechnik haben diese Diagramme ihren Platz in der »Hall of Fame des Projektmanagements«.

PERT

PERT steht für »*Program Evaluation and Review Technique*« und beschreibt eine Netzplan-Methode, die im Auftrag der U.S. Navy 1958/1959 entwickelt wurde. PERT enthält nur Ereignisse, die als Knoten dargestellt werden, und Anordnungsbeziehungen. Die Aktivitäten, die zu den Ereignissen führen, werden nicht beschrieben. Als Netzplan-Methode hat PERT heute kaum noch eine Bedeutung. Aber: Leider haben einige Software-Hersteller die Netzplanansicht des Terminplans (also das AON-Diagramm) fälschlicherweise und irreführend PERT-Ansicht genannt. Das ist falsch und im Sinne Ihrer Examensvorbereitung hinderlich.

Allerdings hat – wie bereits dargestellt – ein wesentliches Merkmal von PERT heute noch eine große Bedeutung im Projektmanagement: die Schätzmethode PERT mit der bereits vorgestellten gewichteten Dreipunktschätzung.

GERT

GERT ist die Abkürzung für *Graphical Evaluation and Review Technique*. Für Ihre Examensvorbereitung ist es wichtig zu wissen, dass GERT-Diagramme in der Lage sind, konditionale Sprünge abzubilden. Dies ist in den anderen Diagrammen nicht möglich.

Die Problemstellung also, dass an einem Schlechtwettertag andere Aktivitäten durchzuführen sind als an einem sonnigen, lässt sich in einem GERT-Diagramm darstellen. Die Darstellungsform ähnelt einem Prozessflussdiagramm. GERT-Diagramme werden in der täglichen Projektmanagementrealität eher selten eingesetzt, da die Modellierung von konditionalen Sprüngen die bestehende Komplexität um eine Dimension erweitert und keine Pufferberechnung zulässt.

GERT-Diagramme sind also Tools für Experten. Allerdings müssen Sie wissen, dass konditionale Sprünge, Verzweigungen, Wenn-dann-Szenarien in einem Netzplan abbildbar sind und dass diese Netzpläne dann GERT-Diagramme heißen.

CPM Critical Path Method

Im Gegensatz zu GERT genießt CPM Kultstatus. CPM steht für die *Critical Path Method*, zu Deutsch die Kritische-Pfad-Methode oder die Methode des kritischen Weges.

Tatsächlich verwenden fast alle einschlägigen Softwaretools die Algorithmen des CPM, wobei die Methode an sich nicht unumstritten ist. Das darf uns aber hier nicht der Mühe entheben, Netzplan und CPM-Rechnungen zu beherrschen und Pufferberechnungen durchführen zu können.

Wegen der besonderen Bedeutung von CPM für die Terminplanung werden wir dieses Thema folgend ausführlich behandeln.

Die CPM (Critical Path Method) ermittelt aus den Abhängigkeiten und den für die jeweilige Dauer geschätzten Werten den frühestmöglichen Endzeitpunkt des gegebenen Projektes. Dabei wird das frühestmögliche Ende von der längsten Vorgangsfolge im Netzwerk bestimmt. Diese längste Vorgangsfolge ist der kritische Pfad. Die Idee besagt, dass Verzögerungen auf diesem Pfad sehr wahrscheinlich den Endtermin beeinflussen werden. Es gilt gleichfalls, dass, wenn der Endtermin nach vorne verlegt werden soll, die Aktivitäten auf dem kritischen Pfad verkürzt oder parallel durchgeführt werden müssen.

6

Unten sind die wichtigsten Aussagen zum Thema kritischer Pfad noch einmal zusammengefasst:

1. Er ist die längste Vorgangsfolge im Netzplan, der die kürzestmögliche Projektdauer bestimmt. Aufgepasst! Die Begriffe »längste« und »kürzeste« sind ideal für die Konstruktion irreführender Fragen geeignet.

2. *Kritische Vorgänge* ist die Bezeichnung für Vorgänge auf dem kritischen Pfad.

3. Der Projektleiter muss jedoch auch noch andere Vorgänge, die nicht auf dem kritischen Pfad liegen, im Auge behalten. Wenn diese Vorgänge mit speziellen Ressourcen oder zu bestimmten Terminen stattfinden, sind sie gemäß CPM nicht kritisch, aus Sicht des Projektes müssen sie aber unbedingt beachtet werden.

4. Es gibt in jedem Netzplan mindestens einen kritischen Pfad.

5. In einem Netzplan können auch mehrere kritische Pfade existieren.

6. Kritische Pfade sind nicht statisch und können im Netzplan wechseln.

7. Kritischer Pfad und präferenzielle Logik vertragen sich nicht besonders gut. Die Kritischer-Pfad-Methode funktioniert dann ohne Probleme, wenn wenig bis keine Ressourcenprobleme existieren.

8. Auf dem kritischen Pfad gibt es keinen Puffer.

9. Durch die Netzplanlogik ergeben sich pro Vorgang frühestmögliche und spätestmögliche Anfangs- und Endtermine, die durch die so genannte Vorwärts- und Rückwärtsrechnung ermittelt werden.

Abbildung 6.10 zeigt ein Beispiel für einen Netzplan mit Dauer, frühestem sowie spätestem Anfangs- und Endtermin.

Sie sollten die Vorwärts- und Rückwärtsrechnung eines Netzplans beherrschen. Seien Sie auf Prüfungsfragen gefasst, die Ihnen die Netzplansituation textlich darstellen, so dass Sie sich zunächst den Netzplan auf Ihr Konzeptpapier skizzieren müssen, um dann die Rechnungen durchzuführen.

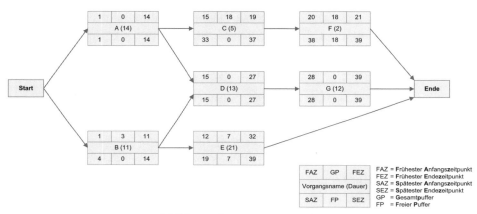

Abbildung 6.10: CPM-Netzplan

Freier Puffer und Gesamtpuffer

Aus der CPM ergeben sich nun die Puffer (auch Terminspielraum und Schlupf genannt), wobei Vorgänge auf dem kritischen Pfad per Definition keinen Puffer besitzen. Ein Wort zur englischen Notation. Puffer wird nicht mit »buffer« übersetzt, sondern mit »Slack« oder »Float«. Es mögen Unterschiede zwischen Slack und Float existieren, für das PMP-Examen sind sie ohne Belang und deswegen absolut synonym zu verwenden. Oder anders: Was ist der Unterschied zwischen Slack und Float? Antwort: Keiner!

Was ist nun Puffer? Sie sollten zwei verschiedene Arten kennen:

Gesamtpuffer (Total Slack/Total Float)

Gesamtpuffer ist der Puffer, den ein Vorgang hat und durch den das Projektende nicht beeinträchtigt wird. Betrachten Sie das Beispiel in Abbildung 6.11.

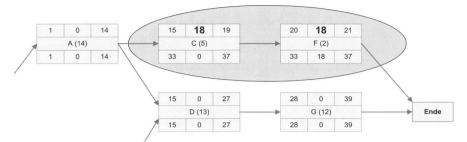

Abbildung 6.11: Beispiel Gesamtpuffer

Vorgang C und F haben 18 Tage Gesamtpuffer, um 18 Tage können sich die Vorgänge demnach verschieben, ohne dass das Projektende beeinträchtigt werden würde. Aufgepasst! Der Gesamtpuffer ist ein Puffer für einen kompletten Vorgangsstrang. In unserem Beispiel haben beide Vorgänge gemeinsam diesen Puffer, nicht jeder für sich. Wenn also der erste Vorgang C von diesen 18 Tagen Puffer fünf verbraucht, stehen für den Vorgang F nur noch 13 Tage zur Verfügung.

Dieser »Pferdefuß« bei der Betrachtung des Gesamtpuffers ist nicht nur für die PMP-Prüfung von Bedeutung. Wenn die Pufferangaben pro Vorgang in Listenform erfolgen, sehen Sie der Liste nicht unbedingt auf den ersten Blick an, welcher Vorgang sich welchen Gesamtpuffer mit welchen anderen Vorgängen teilt.

Bedenken Sie auch, dass sich Aussagen zum Gesamtpuffer nur auf das Projektende beziehen. In obigem Beispiel resultiert eine Verzögerung des Vorgangs E in einer Terminverschiebung des Vorgangs F. Zwar wird das errechnete Projektende nicht in Frage gestellt, dennoch könnten sich für den Vorgang F unangenehme Konsequenzen aus der (zwar für das Projektende unkritischen) Terminverschiebung ergeben.

Das Vorhandensein von *Gesamtpuffer* sagt nichts über das Verhältnis zu den direkten Vorgängern und Nachfolgern aus, sondern nur etwas in Bezug auf das Projektende. Der Puffer, der die Beziehungen zu den unmittelbaren Nachbarn widerspiegelt, heißt *freier Puffer*.

Freier Puffer (Free Slack/Free Float)

Bei der Betrachtung des freien Puffers ist die Anzahl der Tage oder alternativ gewählter Zeiteinheiten von Interesse, um die ein Vorgang verschoben werden kann, ohne seinen direkten Nachfolger zu beeinflussen.

6

Frage

Abbildung 6.12 zeigt einen Netzplan auf. Bitte berechnen Sie den Netzplan und nennen Sie dann den oder die Vorgänge, die

- keinen Puffer haben,
- nur Gesamtpuffer haben,
- auch freien Puffer besitzen.

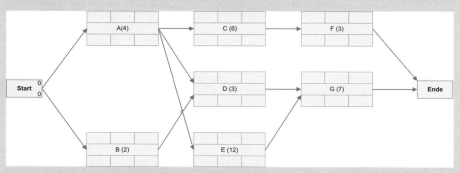

Abbildung 6.12: Beispiel – Vorgänge mit Puffer

Antwort

Die folgende Tabelle zeigt für jeden Vorgang die verschiedenen Puffer-Werte auf.

Aktivität	Dauer	FAZ	FEZ	SAZ	SEZ	Gesamt-Puffer	Freier Puffer
A	4	1	4	1	4	0	0
B	2	1	2	12	13	11	2
C	6	5	10	15	20	10	0
D	3	5	7	14	16	9	9
E	12	5	16	5	16	0	0
F	3	11	13	21	23	10	10
G	7	17	23	17	23	0	0

Tabelle 6.1: Lösung – Vorgänge mit Puffer

Die kritische Kette

Im Jahre 1997 veröffentlichte Dr. Eliyahu Goldratt den Ansatz der kritischen Kette (»Critical Chain«) in Form eines Romans. Dort wird die kritische Kette als Vorgangsfolge definiert, die sowohl (harte) Aktivitätenabhängigkeiten als auch weiche Ressourcenabhängigkeiten berücksichtigt. Im Gegensatz dazu fokussiert die Methode des kritischen Wegs ja ausschließlich auf Aktivitätenabhängigkeiten. Ein kleiner, aber feiner Unterschied. Das Konzept der kritischen Kette basiert auf der Überlegung, dass Schätzungen, Planungen und Projektausführungen von Menschen gemacht werden und nicht von Computern. Diese Erkenntnis scheint trivial, aber dennoch beeinflussen persönliche Schwächen und Stärken und die Unternehmenskultur die Projektausführung mehr als (vielleicht) erwartet. Im Planungs- und Ausführungsprozess existieren folgende Verhaltensmuster:

1. **Sicherheitszuschläge beim Schätzen**

   Wollen Sie der- oder diejenige sein, der/die am Verschieben des Endtermins schuld ist, nur weil Ihre Schätzung zu optimistisch war? Jede Schätzung einer Aktivität enthält einen Sicherheitszuschlag. Dieser ist abhängig vom Schätzer, von der Projektkultur und von der eigenen Erfahrung.

2. **Das Studentensyndrom**

   Eine Aktivität, die bekanntermaßen viel (offen kommunizierten) Puffer besitzt, wird doch bis zum letzten Moment aufgeschoben. Passiert dann etwas, ist der anfängliche Puffer vertan und die Aktivität verspätet.

3. **Parkinsonsches Gesetz**

   Die Arbeit wächst, um in die »vorgesehene Zeitscheibe« zu passen. Anders formuliert, wenn Sie zehn Tage für die Durchführung einer Aktivität schätzen, wird sie selten eher fertig gestellt. Wird sie in kürzerer Zeit fertig, wird die gewonnene Zeit mit Fehlersuche, Qualitätssicherung oder Erweiterung des Umfangs aufgefüllt.

4. **Multitasking**

   Das gleichzeitige Arbeiten an mehreren Aufgaben oder Projekten hat eine deutliche Ineffizienz zur Folge. Neben der »Rüstzeit«, sich immer wieder auf die nächste Aktivität einzustellen, beraubt man sich bei dieser Arbeitsmethode der Möglichkeit, eine Aufgabe tatsächlich frühzeitig abzuschließen.

6

5. **Keine frühzeitige Beendigung**

Viele Projektkulturen erlauben keine frühzeitige Beendigung von Aktivitäten. Fokussiert wird auf »on time« und »not late«, aber niemals auf »möglichst frühzeitig«. Die Gründe dafür sind auch hier vielfältig, es sei an dieser Stelle nur die Angst genannt, durch vorzeitiges Beenden seine eigenen Schätzungen zu diskreditieren.

Antworten zu den genannten Problemen

Die oben genannten fünf Muster sind auch beliebig kombinierbar. Das Konzept der kritischen Kette hat folgende Antworten, um diesen Problemstellungen zu begegnen:

▶ Rückwärtsplanung

Rückwärtsplanungen werden auch ohne das Konzept der kritischen Kette oft durchgeführt, allerdings eher in frühen Phasen und im Rahmen grundsätzlicher Projektüberlegungen. Das Konzept der kritischen Kette geht immer von der Rückwärtsplanung aus.

▶ Spätestmögliche Planung

Es wird konsequent ALAP angewandt: »As late as possible«. Das hat eine ganze Reihe von Vorteilen: Auch die Kosten fallen ALAP an, der Fokus ist besser und die Anzahl der in Arbeit befindlichen Vorgänge wird reduziert. Einen Nachteil hat diese Vorgehensweise jedoch auch: Viele Vorgänge sind dann auf dem kritischen Pfad. Dem wird mit kumulativem Puffer begegnet (siehe unten).

▶ Schätzungen

Es wird angestrebt, Schätzungen zu erhalten, die eine ca. 50-prozentige Eintrittswahrscheinlichkeit haben. Es geht also beim Konzept der kritischen Kette in erster Linie um einen Ansatz, auf den einzelnen Vorgang bezogene Sicherheitsschätzungen zu eliminieren. Die Zuschläge werden am Ende in so genannte Projektpuffer integriert. Diese Technik ist die umstrittenste und interessanteste Neuerung des Verfahrens, werden doch damit gängige Planungsverfahren neu definiert.

▷ **Das Staffelstabprinzip**

Der Übergang von zwei abhängigen Aktivitäten erfolgt nicht nach Start- und Endeplanungen aus der Kritischer-Weg-Berechnung, sondern ähnlich einem Staffellauf. Wenn der Vorgänger sich dem Ende nähert, wird bereits der Nachfolger »hochgefahren«, ähnlich einem Staffelläufer, der schon losläuft, bevor der Vorläufer ankommt. Man könnte dieses Vorgehen als ständiges Fast-Tracking bezeichnen.

▷ **Updates der Planung**

Sie erfolgen vom Prinzip her wie bei der Kritischer-Weg-Methode, aber die Über- und Unterdeckungen pro Aktivität werden nicht berücksichtigt. Das macht die Steuerung insgesamt einfacher.

▷ **Puffermanagement**

Zentraler Bestandteil des Konzepts der kritischen Kette ist der kumulative Puffer, der wie eine eigene Ressource gemanagt wird. Der kumulative Puffer wird unterteilt in drei Drittel. Jedes Drittel erhält eine eigene Farbe: Grün, Gelb, und Rot. Damit wird am »Big Picture« gehandelt und es werden keine Symptome kuriert.

Ressourcen und der Terminplan

Der Einfluss auf den Terminplan durch die Steuerung, Auswahl und Einsatz von Ressourcen kam bereits zur Sprache. Es liegt in der Verantwortung des Projektleiters, nicht nur die Terminsituation im Auge zu behalten, sondern auch den Ressourceneinsatz geschickt zu steuern.

Ressourceneinsatz verkürzt die Dauer ...

... nicht um jeden Preis. Wie bereits angeführt, ist die Umwandlung von Aufwand in Dauer von der Anzahl der eingesetzten Ressourcen (Einsatzmittel) abhängig, Das trifft jedoch nur für aufwandsorientierte Vorgänge zu. Die Umrechnung von Aufwand in Dauer kann aber nicht linear erfolgen, da selbst bei Einsatzmitteln, die einem Projekt in vollem Umfang zur Verfügung stehen, die Verfügbarkeit niemals 100% betragen wird. Es empfiehlt sich, mit einem Wert von ca. 80% zu beginnen. Übrigens wird in der Realität dieser Grad der Verfügbarkeit oft von zentralen Projektmanagementoffices (PMOs) ermittelt.

6

Die Umsetzung dieser Überlegungen in eine Prüfungsfrage könnte wie folgt aussehen:

Frage

Überlegen Sie, wie hoch die Dauer für einen Vorgang ist, dessen Aufwand mit 20 Personentagen angesetzt ist und dem zwei Ressourcen zugeordnet werden, die jeweils 70% für das Projekt zur Verfügung stehen?

Antwort

Lösung: Es stehen insgesamt 2 * 70% = 140% Arbeitskraft zur Verfügung, das heißt, dass dieser Vorgang mit 20 / 1,4 = 14,3 Tagen Dauer in der Terminplanung berücksichtigt werden muss.

Selbst bei aufwandsorientierten Vorgängen lässt sich die Dauer aber nicht beliebig durch zusätzliche Ressourcen verkürzen. Wie sagt der Volksmund? »Zu viele Köche verderben den Brei.« Übertragen auf Terminmanagement bedeutet das: Wenn Sie zu viele Ressourcen (Personen) für einen Vorgang einsetzen, erhöht sich in der Regel der Abstimmungs- und Kommunikationsaufwand, die eingesetzten Ressourcen arbeiten nicht mehr effektiv.

Einsatzmittelbedarf über Zeit

Ein zentrales Werkzeug für die Steuerung der Einsatzmittel ist das so genannte *Einsatzmittelhistogramm*, das die Auslastung des oder der Arbeitsmittel über die Zeit darstellt. Histogramme dieser Art gehören zum Standardrepertoire von Projektmanagement-Software.

Einsatzmittelhistogramme (siehe Abbildung 6.13) geben dem Projektleiter oder in größeren Projekten dem für die Ressourcenzuordnung verantwortlichen Mitarbeiter eine Möglichkeit an die Hand, Über- und Unterlastungen festzustellen und möglichst einen Einsatzmittelausgleich, eine so genannte (Auslastungs-)Glättung, durchzuführen.

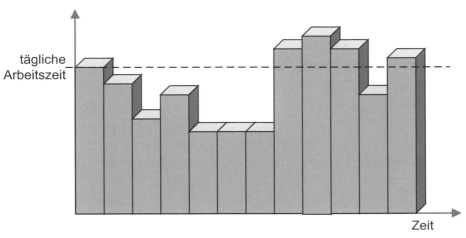

Abbildung 6.13: Einsatzmittelhistogramm

Ziel der *Glättung* (engl. *resource leveling*) ist eine möglichst ausgewogene Verteilung der Projektarbeiten auf die zur Verfügung stehenden Ressourcen. Das Verhältnis von Überlastungs- und Leerlaufzeiten soll optimiert werden (siehe Abbildung 6.14). Das gelingt am besten mit der Verschiebung von Projektarbeiten. Sinnvollerweise sollten Vorgänge ausgewählt werden, die freien Puffer aufweisen. Warum? Freier Puffer ermöglicht die zeitlich flexible Verschiebung von Arbeit, ohne Beeinflussung von Nachfolgern.

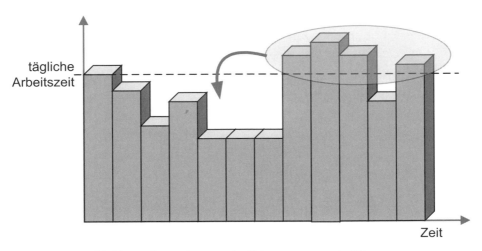

Abbildung 6.14: Einsatzmittelhistogramm mit Glättung

Das heißt andererseits jedoch auch, dass Vorgänge auf dem kritischen Pfad nur schwer geglättet werden können, ohne den Termin zu gefährden.

Verkürzung des Terminplans

Nicht immer liefert die Terminplanung Ergebnisse, die den gewünschten bzw. vorgegebenen Terminen entspricht. Sei es, dass die Terminvorgaben vom Kunden bzw. Projektsponsor zu optimistisch waren oder dass das Vorgänge aufgrund von außergewöhnlichen Ereignissen wie z.B. Krankheit von Projektmitarbeitern oder fachlichen Schwierigkeiten länger gedauert haben als geplant und somit die nachfolgenden Vorgänge später als geplant gestartet werden können.

In diesen Fällen, wenn die – durch die Terminplanung ermittelte – Endtermine zu spät sind, kommen die Methoden zur Terminplanverkürzung (engl. »Schedule Compression«) zum Einsatz.

Sie haben zum Ziel Vorgänge schneller abzuschließen, als es die die aktuelle Terminplanung vorgibt, aber ohne den Inhalt und Umfang des Projektes zu reduzieren. Die bekanntesten Methoden sind:

Crashing

Als *Crashing* bezeichnet man das Stauchen von Vorgängen. Der im Deutschen eher nach Unfall klingende Name hat keinesfalls eine negative Bedeutung. Es geht hierbei um das Verkürzen von Vorgängen. Die einfachste Form des Crashing ist die Erhöhung der Einsatzmittel, sofern es sich um aufwandsorientierte Vorgänge handelt. Ein Maler benötigt einen Tag, den Raum zu streichen, zwei Maler werden in kürzerer Zeit fertig. Der Vorgang wurde *gecrasht*.

Dem Projektleiter stehen in der Regel mehrere Alternativen zur Verfügung, um einen Vorgang zu verkürzen. Crashing bezeichnet dabei nicht nur das einfache Verkürzen eines Vorgangs, es ist auch die Verkürzung unter dem wirtschaftlich günstigsten Aspekt. Die wirtschaftliche Komponente ist elementarer Bestandteil des Verfahrens!

Gängige Crashingtechniken sind:

▶ Anordnen von Überstunden,

▶ Aufstocken des Personals,

▶ Eingehen eines höheren Risikos,

▷ Einsatz von mehr Maschinen oder entsprechenden Einsatzmitteln,

▷ Optimieren der Abläufe,

▷ Reduzieren des Umfangs.

Fast Tracking

Fast Tracking bezeichnet die Überlappung eigentlich sequenzieller Aktivitäten, Aktivitäten, die eine Ende/Anfang-Beziehung zueinander haben. Durch überlappende Arbeitsweise wird der Vorgang selbst nicht verkürzt, also nicht gecrasht, aber es erfolgt eine Verkürzung des Terminplans dadurch, dass nachfolgende Vorgänge bereits starten, ohne dass der Vorgänger vollständig abgeschlossen ist.

Fast Tracking ist eine Bezeichnung aus der Netzplantechnik. Sie darf und soll keinesfalls mit Simultaneous Engeneering (SE) verwechselt werden. SE ist eine phasenübergreifende Organisationsform, während Fast Tracking auf das Parallelisieren von Vorgängen abzielt.

6

> **Wichtig**
>
> Wenn Vorgänge einfach überlappt werden können, ist dies auch ein Anhaltspunkt dafür, dass hier unter Umständen Anordnungsbeziehungen gewählt wurden, die gar keine sind.

Durch den Einsatz von Fast Tracking werden Terminpläne verkürzt, aber die Risiken steigen. Das ist die Kehrseite der Überlappung.

Das Ergebnis: der Terminplan

Der Projektterminplan kann auf verschiedene Weisen dargestellt werden, abhängig von den Erfordernissen des Projektes und der Phase, in der sich das Projekt befindet. Neben den bereits angesprochenen Meilenstein- und Netzplänen sind vor allem Gantt-Charts (engl. Bar Charts) verbreitet.

Gantt-Charts

Gantt-Charts (Balkendiagramme) werden in der Regel von Projektmanagementsoftware verwendet. Ihr Vorteil ist ihre einfache Darstellung: Jede Aktivität wird durch einem Balken auf einer Zeitachse dargestellt, die Länge des Balkens entspricht der Aktivitätendauer, Anfangs- und Enddatum können direkt von der Zeitachse abgelesen werden.

Es sei an dieser Stelle aber ausdrücklich darauf hingewiesen, dass ursprünglichen Gantt-Charts keine Anordnungsbeziehungen zwischen den Vorgängen
aufwiesen. Ein echtes Gantt-Chart sieht daher aus wie das in Abbildung 6.15.

Kennung	Aufgabenname	Anfang	Abschluss	Dauer	3 Jul 2010						10 Jul 2010							
					4	5	6	7	8	9	10	11	12	13	14	15	16	17
1	Aufgabe 1	04.07.2010	08.07.2010	5t														
2	Aufgabe 2	11.07.2010	15.07.2010	5t														
3	Aufgabe 3	18.07.2010	20.07.2010	3t														
4	Aufgabe 4	04.07.2010	07.07.2010	4t														
5	Aufgabe 5	08.07.2010	22.07.2010	11t														
6	Aufgabe 6	08.07.2010	08.07.2010	1t														

Abbildung 6.15: »Echtes« Gantt-Chart

In vielen Softwarepaketen (und inzwischen auch im PMBOK Guide) wird
auch eine kombinierte Darstellung zwischen Netzplan und Balkendiagramm
als Gantt-Chart bezeichnet (siehe Abbildung 6.16). Bei wenigen Aktivitäten
mit ähnlicher Dauer und einfachen Beziehungen klappt die Darstellung von
Anordnungsbeziehungen auch. Aber sobald die Projekte komplexer werden,
kommen solche kombinierten Gantt-Charts an ihre Grenzen.

Kennung	Aufgabenname	Anfang	Abschluss	Dauer	3 Jul 2010						10 Jul 2010							
					4	5	6	7	8	9	10	11	12	13	14	15	16	17
1	Aufgabe 1	04.07.2010	08.07.2010	5t														
2	Aufgabe 2	11.07.2010	15.07.2010	5t														
3	Aufgabe 3	18.07.2010	20.07.2010	3t														
4	Aufgabe 4	04.07.2010	07.07.2010	4t														
5	Aufgabe 5	08.07.2010	22.07.2010	11t														
6	Aufgabe 6	08.07.2010	08.07.2010	1t														

Abbildung 6.16: Gantt-Chart einer Projektmanagement-Software

6.1.7   Terminplan steuern

Der Prozess »Terminplan steuern« ist ein Bestandteil der integrierten Änderungssteuerung und hat – wie die anderen Steuerungsprozesse der integrierten Änderungssteuerung – die Aufgabe:

▷ den aktuellen Status des Projektes zu ermitteln: in Bezug auf die Terminsituation;

▷ die Faktoren zu beeinflussen, die Änderungen am Terminplan verursachen;

▷ erkennen, dass sich der Terminplan geändert hat;

▷ Aufgetretene Änderungen zu managen.

Aus Sicht der Prüfungsvorbereitung (im Gegensatz zur Praxis) stecken in diesem Prozess keine größeren Herausforderungen, wenn Sie folgende Punkte beachten:

▷ Der Projektleiter reagiert nicht nur auf bereits aufgetretene Änderungen, sondern er analysiert den Projektstatus, um potentielle Änderungen zu erkennen → daher braucht dieser Prozess u.a. die »Arbeitsleistungsinformation« als Eingangswert

▷ Das Dokument, in dem steht, wie mit Änderungswünschen und eingetretenen Änderungen in Bezug auf den Terminplan umgegangen wird, ist der Terminmanagementplan.

Der Prozess hat relativ viele Methoden, die einerseits der Analyse von (potentiellen) Änderungen und ihren Auswirkungen dienen und anderseits zum Ziel haben, sicherzustellen, dass der Terminbasisplan eingehalten wird, in dem überprüft wird, ob Korrektur- und Vorbeugemaßnahmen eingeleitet werden müssen.

Änderungen können wertvoll für das Projekt sein, aber sie müssen aktiv gemanagt werden.

In dem Prozess wird nicht der Status der Projektes analysiert, sondern der Prozess liefert u.a. auch »Messungen der Arbeitsleistungen«, die an die entsprechenden Stakeholder verteilt werden müssen

Schauen Sie sich die Eingangs- und Ausgangswerte sowie die Methoden der einzelnen Prozesse an. Sie müssen Sie nicht aktiv auswendig lernen, aber Sie sollten Sie, wenn sie in einer Prüfungsfrage auftauchen, richtig zuordnen können.

6

6.2 Beispielfragen

1. Herr Klever ist der Projektleiter eines großen Entwicklungsprojektes. Zusammen mit seinen Teilprojektleitern hat er auf Basis der Aktivitätenliste einen Ablaufplan erstellt, geschätzt, welche Ressourcen notwendig sind, und wie lange es dauern wird, die einzelnen Vorgänge abzuschließen. Was muss Herr Klever und sein Team als nächstes tun?

   a. Überprüfen, dass der errechnete Endtermin des Projektes dem vom Kunden vorgegebenen Termin entspricht.

   b. Die Vorgänge auf dem kritischen Pfad besonders überwachen.

   c. Den Terminplan entwickeln.

   d. Festlegen, wie die Termineinhaltung überwacht wird.

2. Sie haben mit Hilfe einer Terminplanungssoftware einen zeitoptimierten Terminplan erstellt, der ihr Projektteam sehr unterschiedlich auslastet. Da sie von ihrem Vorgesetzten die Vorgabe haben, die Teammitglieder gleichmäßig einzusetzen, führen sie Einsatzmittelabgleich (Auslastungsglättung) durch. Welche Vorgänge betrachten Sie dabei vor allem?

   a. Vorgängen, denen mehr als eine Ressource zugeordnet ist

   b. Vorgänge des kritischen Wegs

   c. Vorgänge mit nur einer zugeordneten Ressource

   d. Vorgänge mit einer positiven Pufferzeit

3. Welcher der folgenden Punkte wird am häufigsten mit Hilfe von Balken-/Gantt-Diagrammen veranschaulicht?

   a. Anordnungsbeziehungen zwischen Projektvorgängen

   b. Wegkonvergenz

   c. Terminlicher Fortschritt versus Plan

   d. Einsatzmittelanforderungen pro Zeitperiode

4. Ein Kollege berichtet Ihnen, dass er in seinem Projekt »Fast Tracking« (Überlappung von Vorgängen) angewendet und u.a. folgende Konsequenz erreicht hat:

   a. Die Minimierung der Projektrisiken durch die Anwendung von Terminplan-Simulationen

b. Die Erfüllung der terminlichen Ziele, indem die Arbeit beim ersten Mal richtig erledigt wurde

c. Die Anordnung von Überstunden mit einem entsprechenden Ausgleich

d. Eine Erhöhung des Risikos

5. Ihre Firma hat – aufgrund von strategischen Zielen – beschlossen, die Firmenzentrale von Kassel nach Hamburg zu verlegen. Vor drei Monaten ist das Projekt gestartet, und nachdem heute der aktuelle Projektstatus vorgestellt wurde, wird deutlich, dass der geplante Umzugstermin nicht gehalten werden kann, wenn nicht Maßnahmen ergriffen werden. Der Projektleiter schlägt dem Steuerungsgremium vor, die Methode »Verdichtung« (»Crashing«) anzuwenden. Welcher der folgenden Punkte kennzeichnet dieses Verfahren?

a. Crashing wird angewandt, um sicherzustellen, dass der geplante Endtermin auf jeden Fall eingehalten werden kann. Kostenüberlegungen spielen dabei keine Rolle.

b. Crashing bedeutet, die geplanten Arbeiten effektiver auszuführen und damit eine Reduzierung der Projektdauer zu erreichen.

c. Beim Crashing wird eine Verkürzung der Projektlaufzeit dadurch erreicht, dass nicht unbedingt notwendige Arbeiten (z.B. Reviews) nicht durchgeführt werden.

d. Durch Crashing soll eine Verkürzung der Projektdauer erreicht werden. Durch die eingeleitet Maßnahmen entstehen oft zusätzliche Kosten.

6. Sie leiten ein Projekt zur Einführung einer neuen Finanzbuchhaltungssoftware bei einem Verpackungsunternehmen. Während eines Teammeetings wird deutlich, dass mit der Analyse der Anforderungen erst gestartet werden kann, wenn eine Kundenbefragung durchgeführt wurde. Welche Anordnungsbeziehungen besteht hier?

a. Ende-Anfang

b. Ende-Ende

c. Anfang-Anfang

d. Anfang-Ende

6

6

7. Gegeben ist ein Netzplan (Anfang-Ende-Beziehungen) mit vier Vorgängen A, B, C, D und folgenden Abhängigkeiten:
   A startet zu Projektbeginn und hat C als Nachfolger, B startet zu Projektbeginn und hat D als Nachfolger, D hat C und B als Vorgänger. Welche Aussage über freien Puffer in diesem Netzplan ist korrekt?

   a. Die Vorgängen A und B können über freien Puffer verfügen.

   b. Vorgang B kann einen freien Puffer haben.

   c. Vorgang A kann einen freien Puffer haben.

   d. Es ist keine Aussage über das mögliche Vorhandensein von freiem Puffer bei den Vorgängen möglich.

8. Welche Aussage zu Projektvorgängen, die nicht auf dem kritischen Weg liegen, ist richtig?

   a. Projektvorgänge, die nicht auf dem kritischen Weg liegen, müssen in der Regel nicht überwacht und gesteuert werden.

   b. Projektvorgänge, die nicht auf dem kritischen Weg liegen, werden nur selten eine Verschiebung des Projektendetermins verursachen.

   c. Projektvorgänge, die nicht auf dem kritischen Weg liegen, sollten in der Regel genauso genau überwacht werden wie die Vorgänge auf dem kritischen Weg.

   d. Projektvorgänge, die nicht auf dem kritischen Weg liegen, haben immer einen freien Puffer.

9. Welche der folgenden Aussagen über die Pufferzeit ist falsch?

   a. Der Projektleiter sollte die Pufferzeit als Einsatzmittel betrachten.

   b. Die Summe der Gesamtpuffer aller Vorgänge ergibt den Gesamtpuffer des Projektes.

   c. Die Pufferzeit ist ein Indiz für die Flexibilität bei der Terminplanung.

   d. Wenn ein Vorgang einen Gesamtpuffer hat, muss er nicht auch einen freien Puffer haben.

10. Sie wurden von einem Automobilhersteller beauftragt, neuartige Scheibenwischer zu entwickeln. Als Liefertermin für den Prototyp wurde der 28. Februar vereinbart. Jetzt informiert sie ihr Kunde, dass er den Prototyp aber bereits in der zweiten Januarwoche benötigt. Was tun Sie als Projektleiter jetzt als erstes?

a. Sie informieren Ihren Geschäftsführer und das Projektteam über die Anforderung des Kunden.

b. Sie ziehen den Terminmanagementplan zu Rate.

c. Sie suchen das Gespräch mit ihrem Kunden und erklären ihm, dass eine frühere Lieferung den Einsatz zusätzlicher Mitarbeiter erfordert und damit Mehrkosten verursacht.

d. Sie analysieren, welche Konsequenz die Realisierung der Kundenanforderung hätte, und erarbeiten Lösungsvorschläge.

6.3   Lösungen mit Erklärungen

1. Lösung c)

   a. Falsch. Zuerst muss der Terminplan erstellt werden, bevor überprüft werden kann, ob der errechnete Termin dem vorgegeben entspricht.

   b. Falsch. Um den kritischen Pfad zu kennen, muss zuerst der Terminplan erstellt werden

   c. Richtig. Das ist der nächste Schritt

   d. Falsch. Als nächstes wird der Terminplan entwickelt. (Die Vorgehensweise wie die Termineinhaltung überwacht wird, wird im Terminmanagementplan dokumentiert).

2. Lösung d)

   a. Falsch. Die Auslastungsglättung hat zum Ziel, die Ressourcen gleichmäßig einzusetzen. Die Anzahl der Ressourcen pro Vorgang ist dabei nicht entscheidend.

   b. Falsch. Ein Einsatzmittelabgleich verlängert häufig die Vorgangsdauer, daher sind Vorgänge auf dem kritischen Weg nicht die erste Wahl für eine Auslastungsglättung

   c. Falsch. Die Auslastungsglättung hat zum Ziel, die Ressourcen gleichmäßig einzusetzen. Die Anzahl der Ressourcen pro Vorgang ist dabei nicht entscheidend.

   d. Richtig. Eine Auslastungsglättung und damit oft eine Verlängerung der Dauer dieser Vorgänge verschiebt in aller Regel nicht das Gesamtprojekt.

3. Lösung c)

   a. Falsch. Obwohl Balkendiagramme zur Darstellung von Anordnungs-beziehungen verwendet werden können, sind diese besser durch ein Ablaufdiagramm darzustellen.

   b. Falsch. Die Wegkonvergenz hat mit Verzögerungen zu tun, die in parallelen Wegen als Folge unsicherer Dauer entstanden sind.

   c. Richtig. Der Fortschritt im Vergleich zum Plan wird häufig durch das Hinzufügen eines parallelen Balkens zur Darstellung des tatsächlichen Fortschritts veranschaulicht.

   d. Falsch. Diese Information wird besser durch ein Einsatzmittelhistogramm dargestellt.

4. Lösung d)

   a. Falsch. Die Risiken erhöhen sich in der Regel.

   b. Falsch. Dies hat mit »Fast Tracking« nichts zu tun.

   c. Falsch. Dieser Aspekt sollte bei »Fast Tracking« keine Rolle spielen.

   d. Richtig. »Fast Tracking« beinhaltet die parallele Abwicklung von Vorgängen, die bevorzugt nacheinander abgewickelt werden. Dies erzeugt ein Risiko aufgrund möglicher Fehler und einer Nachbearbeitung.

5. Lösung d)

   a. Falsch. Auch wenn die Verdichtung in der Regel zu einer Kostenzunahme führt, spielt beim Crashing die Wirtschaftlichkeit eine Rolle.

   b. Falsch. Effektiveres Arbeiten unterstützt die Erfüllung terminlicher Ziele, aber es liegt hier keine Verdichtung vor.

   c. Falsch. Das Weglassen von Arbeiten ist eine Reduzierung des Inhalts und Umfangs. Das kann zu einer Verkürzung der Projektdauer führen, ist aber kein Crashing.

   d. Richtig. Eine Verdichtung erfolgt oft durch die Zugabe von Ressourcen und damit zu erhöhten Kosten. Allerdings beinhaltet Crashing auch das Auffinden des wirtschaftlich günstigsten Weges zur Reduzierung der Projektdauer.

6. Lösung a)

   a. Richtig. Wenn die Befragung beendet ist, fängt die Anforderungsana-lyse an.

   b. Falsch. Dies ist eine Ende-Anfang-Beziehung.

   c. Falsch. Dies ist eine Ende-Anfang-Beziehung.

   d. Falsch. Dies ist eine Ende-Anfang-Beziehung.

7. Lösung b)

   a. Falsch. Vorgang A kann keinen freien Puffer haben, da er nur einen Nachfolger hat. Wenn sich die Dauer von Vorgang A ändert hat, das direkte Auswirkungen auf den frühestmöglichen Startzeitpunkt von Vorgang C.

   b. Richtig. Vorgang B kann einen freien Puffer haben. Und zwar dann, wenn die Dauer der Vorgangsfolge A-C länger ist als die Dauer von Vorgang B.

   c. Falsch. Vorgang A kann keinen freien Puffer haben, da er nur einen Nachfolger hat. Wenn sich die Dauer von Vorgang A ändert, hat das direkte Auswirkungen auf den frühestmöglichen Startzeitpunkt von Vorgang C.

   d. Falsch. Es ist eine Aussage über das mögliche Vorhandensein von freiem Puffer möglich (siehe Lösung b).

8. Lösung c)

   a. Falsch. Verzögerungen bei nicht-kritischen Vorgängen können sie auf den kritischen Weg bringen. Alle Vorgänge müssen daher überwacht und gesteuert werden.

   b. Falsch. Jeder Vorgang im Projekt kann sich verzögern und damit das Projektende verschieben.

   c. Richtig. Verzögerungen bei nicht-kritischen Vorgängen können sie auf den kritischen Weg bringen. Alle Vorgänge müssen daher über-wacht und gesteuert werden.

   d. Falsch. Nicht jeder Vorgang, der nicht auf dem kritischen Weg ist, hat freien Puffer.

6

9. Lösung b)

    a. Falsch. Die Aussage ist richtig. Einmal verbraucht, kann die Gesamt-pufferzeit nie mehr wiederhergestellt werden. Das Aufbrauchen der Pufferzeit verringert die Flexibilität hinsichtlich der Terminplanung des Projektes.

    b. Richtig. Die Pufferzeit ist ein zwar ein Merkmal eines einzelnen Vor-gangs, aber der Gesamtpuffer »gehört« immer der ganzen Vorgangs-reihe und kann aus diesem Grunde nicht addiert werden.

    c. Falsch. Die Aussage ist richtig.

    d. Falsch. Die Aussage ist richtig. Z.B. haben Vorgänge, die nur einen Vorgänger und einen Nachfolger haben, nie einen freien Puffer, sie können aber über Gesamtpuffer verfügen.

6

10. Lösung d)

    a. Falsch. Eine notwendige Aktivität, aber nicht der erste Schritt!

    b. Richtig. Der Terminmanagementplan enthält die geplanten Vorge-hensweisen zum Umgang mit Änderungen. Sie prüfen daher als ers-tes, was vereinbart worden ist, bevor sie in den nächsten Schritten Auswirkungen analysieren, Stakeholder informieren etc.

    c. Falsch. Eine eventuell notwendige Aktivität, aber nicht der erste Schritt!

    d. Falsch. Eine notwendige Aktivität, aber nicht der erste Schritt!

7 Kostenmanagement in Projekten

7.1 Themengebiete des Wissensgebietes

Kostenmanagement ist ein Wissensgebiet, das eng mit anderen Wissensgebieten verknüpft ist, insbesondere mit Termin- sowie Inhalts- und Umfangsmanagement.

Ein zentrales Thema in diesem Wissensgebiet ist die Earned-Value-Analyse, EVM bzw. EVA. Diese Methode gewinnt im europäischen Projektalltag immer größere Bedeutung und viele Projektmanager lernen sie im Zuge der Vorbereitung auf das PMP-Examen nun richtig kennen. Die verschiedenen Begriffe und Formeln wirken auf den ersten Eindruck verwirrend. Aber keine Sorge: Wenn Sie die im Buch genannten Begriffe und Formeln beherrschen, sollten Sie für die Prüfung gewappnet sein.

7.1.1 Prozesse des Wissensgebietes

Kostenmanagement in Projekten befasst sich vor allem mit den Fragen, welches Budget für die erfolgreiche Projektdurchführung benötigt wird und wie das Projekt im Rahmen dieses Budgets durchgeführt werden kann. Um diese Fragen zu klären, werden verschiedene Prozesse benötigt. Im PMBOK Guide, Kapitel 7, werden die folgenden Prozesse des Kostenmanagements genannt:

1. **Kosten schätzen** – Es wird abgeschätzt, welche Kosten für die benötigten Einsatzmittel anfallen.

2. **Budget festlegen** – Aus den geschätzten Kosten der einzelnen Vorgänge wird ein Gesamtkostenbasisplan erstellt.

3. **Kosten steuern** – Die Änderungen des Projektbudgets werden überwacht.

7.1.2 Kostenmanagement im Zusammenhang

Kostenmanagement in Projekten bezieht sich vor allem auf die *Kosten für die Einsatzmittel*, die für die Projektdurchführung erforderlich sind. Auftraggeber und Projektmanager werden versuchen, die Kosten für ein Projekt möglichst niedrig zu halten. Ein weiterer Aspekt des Kostenmanagements sind jedoch auch die *(Produkt-)Lebenszykluskosten*. Im Hinblick auf die Minimierung der späteren Produktwartungs- und -unterhaltskosten sollten sich im Projektbudget auch Überlegungen zu und Bewertungen von Aktivitäten wiederfinden, die die Folgekosten im Produktlebenszyklus zum Gegenstand haben.

7.1.3 Grundlagen

Sie müssen keine betriebswirtschaftliche Ausbildung haben, um den Teil des Examens zu meistern, der sich mit Fragen des Kostenmanagements auseinander setzt. Vermittelt werden vielmehr die Grundlagen, die auch Projektleiter benötigen, die ursprünglich eine Ausbildung in einem technischen Fach erhalten haben.

Was sind Kosten?

Als *Kosten* bezeichnet man den in Geld bewerteten Verbrauch von Gütern und Diensten zur Erstellung betrieblicher Leistungen. Kosten werden für eine Periode bzw. eine Menge bestimmt und lassen sich nach verschiedenen Kriterien unterteilen. Sie sollten nicht nur die Klassifizierung der Kosten kennen, sondern sich auch darauf einstellen, dass Sie in der Prüfung (einfache) Berechnungen durchführen müssen.

Nach der Abhängigkeit von der Auslastung einer Einheit werden unterschieden:

▶ **Fixe Kosten**, also Kosten, die unabhängig der Auslastung einer Einheit regelmäßig auftreten (z.B. Mietaufwendungen, Grundgehälter, Versicherungen).

▶ **Variable Kosten**, also Kosten, die abhängig von der Auslastung einer Einheit auftreten. Sie ändern sich im gleichen Verhältnis wie der Auslastungsgrad (z.B. Stückkosten, Aufwendungen für Überstunden, Benzinkosten).

Frage

In Ihrem Projekt werden 75 Einheiten produziert. Die variablen Kosten liegen bei 150 €/Einheit, die fixen Kosten bei 12.000 €. Der Kunde fragt an, ob er auch 90 Einheiten erhalten könnte. Wie hoch wären die Kosten für die Produktion der zusätzlichen Einheiten?

Antwort

Die Mehrkosten betragen 2.250 €. Die Formel zur Berechnung lautet: variable Kosten * zusätzliche Einheiten (150 € * 15). Achten Sie bei der Prüfung genau auf die Fragestellung. Hier war nur nach den Kosten für die zusätzlichen Einheiten gefragt. Die Frage »Wie hoch wären die Kosten für die Produktion von 90 Einheiten?« klingt sehr ähnlich. Die Lösung ist jedoch eine andere. Die korrekte Antwort auf Frage 2 lautet: 25.500 € (=12.000 € + 150 * 90).

Abhängig von der Zuordnung der Kosten unterscheiden wir:

▷ **Direkte Kosten (Einzelkosten)** können einer Einheit nach dem Verursacherprinzip direkt zugeordnet werden.

▷ **Indirekte Kosten (Gemeinkosten)** können einer Einheit nicht direkt zugeordnet werden, weil sie für alle Einheiten gemeinsam anfallen (z.B. Anschaffung von Projektmanagement-Software für mehrere Projekte, Steuern).

Frage

Die ABC GmbH gewährt Zusatzleistungen in Höhe von 40% des Grundgehalts. Der Gemeinkostenanteil liegt bei 60% des Gehalts. Wie hoch sind die Gesamtkosten für Arbeiter, die 22 €/Stunde (Grundlohn) erhalten?

Antwort

44 €. Die Gesamtkosten bestehen aus Grundlohn plus Zusatzleistungen plus Gemeinkosten.

Abschreibungen

Die *Abschreibung* ist eine Methode zur Ermittlung der Kosten (des Wertverlusts) je Zeitabschnitt durch Verteilung des Anschaffungspreises über mehrere Jahre. Durch die Abschreibung wird dieser Aufwand auf die Lebensdauer des Betriebs- bzw. der Arbeitsmittel verteilt. Die nachfolgenden Ausführungen erheben keinen Anspruch auf Vollständigkeit. Wir haben uns auf das prüfungsrelevante Wissen beschränkt. In diesem Zusammenhang sollten Sie die folgenden Abschreibungsverfahren kennen:

▷ **Lineare Abschreibung**: Das Wirtschaftsgut wird in gleich bleibenden Jahresbeträgen abgeschrieben. Hierbei wird die Bemessungsgrundlage (Anschaffungs- oder Herstellungskosten plus Erwerbsnebenkosten) gleichmäßig auf die Nutzungsdauer verteilt.

Beispiel: Ein Unternehmen schafft einen Personal Computer (PC) im Wert von 1.600 € an. Die Nutzungsdauer des PC beträgt vier Jahre. Die Abschreibung errechnet sich wie folgt: Abschreibungssatz: 100 Prozent / 4 Jahre = 25%. Die jährliche Abschreibung beträgt folglich 400 € (1.600 € x 25%).

▷ Im Zuge der **degressiven Abschreibung** wird das Wirtschaftsgut in fallenden Jahresbeträgen abgeschrieben. Im ersten Jahr ergibt sich somit der höchste Abschreibungsbetrag, demgegenüber im letzten Jahr der niedrigste.

Beispiel: Ein Unternehmen erwirbt eine Maschine im Wert von 25.000 € mit einer Nutzungsdauer von 15 Jahren. Eine degressive Abschreibung von 30% erfolgt nun nicht in gleichen Beträgen wie bei der linearen Abschreibung, sondern nimmt als Basis im ersten Jahr 30% des Anschaffungswertes, das entspricht 7.500 €, um im folgenden Jahr die nächsten 30% vom »Restwert« zu berechnen, also 25.000 € – 7.500 € = 17.500 €. Wiederum werden davon 30% berechnet, man erhält 5.250 € usw.

Die Nennung der degressiven Abschreibungsbeträge dient ausschließlich dem besseren Verständnis, Sie müssen sie für die Prüfung nicht berechnen können!

▷ Es kann vorkommen, dass in einer Prüfungsfrage nach zwei amerikanischen degressiven Abschreibungsmethoden gefragt wird: »*double declining balance*« und »*sum of the years digits*«. Es ist ausreichend, wenn Sie diese beiden Begriffe kennen und den Abschreibungsmethoden zuordnen können.

Sunk cost

Eine weitere nicht uninteressante Kostenart sind die *Sunk Cost*.

Frage

Bevor wir Ihnen jetzt diese Kostenart erläutern, können Sie sich vorstellen, was *Sunk Cost* sind?

Antwort

Sunk Cost sind die bereits aufgelaufenen Kosten, also Kosten, die bereits entstanden sind und die für künftige Investitionsentscheidungen nicht mehr relevant sein dürfen.

Beispiel: Sie kaufen zehn Aktien für 50 € pro Stück, also für insgesamt 500 €. Der Kurs fällt auf 20 €. Die Entscheidung, ob Sie die Aktie behalten oder abstoßen, sollte ausschließlich auf Basis der derzeit gültigen Rahmenbedingungen erfolgen und nicht durch die bereits verlorenen 300 € beeinflusst werden. Das gilt nicht nur für Aktien, sondern auch für Investitionsentscheidungen und daher auch für Projekte. Wenn in einem Projekt bereits 5 Millionen € aus dem Gesamtbudget ausgegeben wurden, ist das allein kein Grund, »dem schlechten noch mehr gutes Geld hinterher zu werfen«.

Ein einfache Regel, die in der Praxis oft verletzt wird. Das »Sunk Cost Principle« ist ein vor allem in angelsächsischen Ländern vielzitiertes Handlungsprinzip.

Opportunitätskosten

Eine weitere Kostengröße sind die Opportunitätskosten. Unter *Opportunitätskosten* versteht man Kosten, die dadurch entstehen, dass Möglichkeiten (Opportunitäten) zur maximalen Nutzung von Ressourcen nicht wahrgenommen werden können, also Kosten für die alternative Verwendung eines knappen Faktors. Sie sind in Entscheidungsrechnungen zu berücksichtigen, wenn eine Engpasssituation besteht. Opportunitätskosten sind virtuelle Kosten, die aber dennoch als Entscheidungsgrundlage dienen.

Beispiel: Ein Berater könnte einen Auftrag für 1.000 €/Tag bekommen, hat aber bereits eine Zusage an einen anderen Kunden für 700 €/Tag gegeben. Hier entstehen 300 € Opportunitätskosten.

7.2 Schätzen

Im Kapitel *Terminmanagement* haben wir bereits Aufwands- und Dauer-Schätzungen erwähnt. Da Schätzungen zur Definition des benötigten Budgets auch im Rahmen des Kostenmanagements eine große Rolle spielen, klassifizieren und erläutern wir an dieser Stelle die gängigsten Schätzmethoden.

Zuvor aber noch ein Hinweis darauf, welche Rahmenbedingungen bei allen Schätzungen beachtet werden müssen:

▷ Die Annahmen müssen dokumentiert werden.

▷ Die erwartete Schätzgenauigkeit sollte definiert werden.

▷ Wenn möglich, sollte die Schätzung verifiziert werden.

▷ Diejenigen, die die Schätzung ausführen, müssen entsprechend qualifiziert sein.

7.2.1 Unterteilung nach Detaillierungsart

Man kann generell zwei Arten von Schätzungen unterscheiden: die Top-Down- bzw. die Bottom-Up-Ansätze.

1. **Top-Down**-Schätzungen oder auch Projektschätzungen genannt:

   Es wird eine Schätzung des Gesamtprojektes erstellt. Diese Schätzungen sind sehr grob und sollen in frühen Projektphasen erste Anhaltspunkte über die Größenordnung des Projektbudgets liefern. Der Nachteil an Top-Down-Schätzungen ist, dass das Wissen über

   – den detaillierten Projektinhalt und -umfang,

   – die voraussichtlich eingesetzten Ressourcen,

   – die organisatorischen Rahmenbedingungen,

   – die technischen Rahmenbedingungen

   noch recht unvollständig ist.

2. **Bottom-Up**-Schätzungen oder Aktivitätenschätzungen:

   Die Schätzungen werden für die Ergebnisse auf niedrigster Ebene erstellt und anschließend nach oben aggregiert. Die Bottom-Up-Schätzung basiert auf dem Projektstrukturplan und ist daher wesentlich genauer, ihre

Erstellung ist aber auch wesentlich arbeitsintensiver als die einer Top-Down-Schätzung.

Schwierigkeiten ergeben sich bei dieser Art von Schätzung daraus, dass die WBS ggf. nicht vollständig und häufig auch dynamisch ist. Da mit Fortschreiten der Projektphasen die Projektstrukturpläne ständig verfeinert werden, dürfen tiefere Ebenen der WBSs nicht auf einmal zu höheren Aufwänden des Gesamtprojektes führen. Das würde ja bedeuten, dass die tieferen Ebenen Aufwände enthalten, die auf der höheren Ebene nicht beachtet wurden.

In der Praxis können diese beiden Ansätze auch gemischt werden, das ist sinnvoll, wenn für einen Liefergegenstand bereits detaillierte Informationen vorliegen, für einen anderen dagegen nicht.

7.2.2 Schätzverfahren

Es gibt viele verschiedene Schätzverfahren, viele finden spezifisch in einem bestimmten Bereich Anwendung, wie die Function-Point-Methode in der Software-Entwicklung. Für die Prüfung sollten Sie folgende drei Verfahren kennen:

Parametrische Schätzung

Die *parametrische Schätzung* verwendet ein mathematisches Modell zur Ermittlung des Schätzwerts oder Budgets. Es kann sehr einfach gehalten sein. Typisches Beispiel für eine parametrische Projektschätzung ist der erste Besuch beim Architekten, nachdem Sie den Entschluss gefasst haben, ein nettes kleines Häuschen zu bauen. Mit Hilfe einer einfachen Berechnung – Länge mal Breite mal Höhe und durchschnittlicher Preis pro m^3 umbauter Raum – können Sie schnell, aber für diese Zwecke relativ genau desillusioniert werden.

Die parametrische Schätzung kann jedoch auch für genaue Kostenschätzungen herangezogen werden, wenn die Rahmenbedingungen genau festgelegt sind. Wenn Sie z.B. einen Raum mit Fliesen auslegen wollen und die Fliesen bereits ausgesucht haben, können Sie die Kosten mit der Faustformel Preis * Quadratmeter + Arbeitsaufwand voraussagen.

Analogie-Schätzung, auch historische Schätzung

Wie der Name schon sagt, handelt es sich um eine analoge oder historische Schätzung auf Basis von dokumentierten Istwerten bereits durchgeführter

7

Projekte bzw. Vorgänge. Analogie-Schätzungen werden normalerweise auf einem sehr hohen Niveau durchgeführt. Beispiel: »Der Aufbau des Funknetzes in Land A hat x Millionen € gekostet, also kostet der Aufbau in Land B x+1 Millionen €«.

Analogie-Schätzungen sind sehr weit verbreitet und werden im Projektalltag häufig eingesetzt.

Die Vorteile liegen auf der Hand: schnell, zu einem frühen Zeitpunkt durchführbar und mit ein wenig Erfahrung gut anwendbar. Aber daraus ergeben sich auch die Nachteile: Erfahrungswissen muss tatsächlich vorhanden sein, die verwendeten »Analogie-Daten« sollten dokumentiert vorliegen und Sie sollten nicht Äpfel mit Birnen vergleichen.

Außerdem ist die Gefahr, mit dieser Schätzung nicht den gesamten Umfang des Projektes zu erfassen, sehr hoch.

Expertenmeinung

Auch hier erschließt sich bereits aus dem Namen, wie diese Schätzmethode anzuwenden ist. Die *Expertenmeinung* ist eine Schätzmethode, bei der ein Fachexperte auf Grund seines Wissens und seiner Erfahrung einen Schätzwert ermittelt. Sie wird häufig in frühen Projektphasen (als Top-Down-Schätzung) eingesetzt, ist aber auch bei Bottom-Up-Schätzungen anzutreffen. Generell gilt: Es kann nur jemand eine Schätzung abgeben, der den Schätzgegenstand kennt und entsprechende Erfahrung hat. Daraus ergibt sich auch, dass ein Projektleiter keinesfalls die Schätzungen alleine durchführen kann. Ist er denn der Experte auf allen Elementen des Strukturplans?

7.3 Earned Value

Earned Value ist ein anerkannter Standard, mit dessen Hilfe der aktuelle Zustand des Projektes ermittelt und der weitere Projektverlauf prognostiziert werden kann. Die dazugehörige Methode heißt einfach *Earned-Value-Methode* (EVM).

Im deutschen Sprachgebrauch gibt es einige Abwandlungen, eine der gängigen deutschen Übersetzungen ist die Fertigstellungswertanalyse.

EVM ist aber mehr als eine Methode zur Ermittlung der Kostensituation – EVM ist auch ein sehr starkes Kommunikationstool und hat ebenfalls Bezüge zum Risikomanagement.

Das Verfahren ist vom US-Militär geprägt. Sinn und Zweck der Entwicklung des Standards war die Forderung der Auftraggeber, verlässliche Kenngrößen für die Ermittlung des Projektverlaufs der Unterauftragnehmer zu erhalten. Dieses durchaus legitime Ansinnen verfolgen nicht nur Vertreter des Militärs – ein Grund, warum Earned Value zunehmende Verbreitung findet und aus der PMP-Prüfung nicht mehr wegzudenken ist.

Lernen Sie daher die Formeln und das Prinzip in- und auswendig. Etwa zehn Fragen zu diesem Thema sollten Sie im Examen erwarten. Das sind immerhin 5% des gesamten Pools. Es ist eine sichere Bank, wenn Sie das Verfahren beherrschen.

7

Noch ein Hinweis zur Begriffsterminologie von Earned Value: Das Verfahren ist nicht, wie des Öfteren fälschlicherweise berichtet wird, von PMI erfunden worden. Es handelt sich vielmehr um eine Best Practice, die in verschiedenen Branchen angewendet wird. Der PMBOK Guide in der Version 1996 verwendete noch die allgemein verbreiteten Earned-Value-Begriffe. Mit der PMBOK Guide Version 2000 hat PMI diese Begriffe geändert und verwendet nun andere Abkürzungen. Die neuen Abkürzungen sind kürzer, besser und griffiger – aber nun existieren zwei Lager, nämlich die Abkürzungen im PMBOK Guide seit dessen Version 2000 und die traditionellen Abkürzungen, wie sie auch noch in vielen Softwarepaketen zu finden sind. Es handelt sich um drei Elemente, mehr nicht:

1. Aus BCWP (Budgeted Cost of Work Performed) wurde EV (Earned Value).
2. Aus BCWS (Budgeted Cost of Work Scheduled) wurde PV (Planned Value).
3. Aus ACWP (Actual Cost of Work Performed) wurde AC (Actual Cost).

Da die PMP-Prüfung eine Best-Practice-Prüfung ist und sich nicht nur auf den PMBOK Guide bezieht, wäre es nicht überraschend, wenn in den Examensfragen dem PMBOK Guide zum Trotz auch die ursprünglichen Abkürzungen abgefragt werden. Aber das ist nur eine These...

Das Prinzip

EVM funktioniert auf Basis von drei Grundwerten, die in unterschiedliche Beziehungen gesetzt werden. Diese Grundwerte sind:

1. Der **Planwert** zum gegenwärtigen Zeitpunkt, genannt *PV* (Planned Value) oder *BCWS* (Budgeted Cost of Work Scheduled). Dieser Planwert ergibt sich aus der Kostenplanung.

2. Der Wert der zum Stichtag angefallenen Kosten (**Istkosten**) *AC* (Actual Cost) oder *ACWP* (Actual Cost of Work Performed).

3. Der Wert der aufgrund des Fertigstellungsgrades geleisteten Arbeit (**Fertigstellungswert**) *EV* (Earned Value) oder *BCWP* (Budgeted Cost of Work Performed).

Diese Grundwerte bilden die Basis für weitergehende Berechnungen, die weiter unten dargestellt sind.

Grundgedanke des Verfahrens ist es, eine Bewertung der fertiggestellten Arbeit in Bezug zu den tatsächlich angefallenen Kosten und der ursprünglichen Planung zu ermöglichen.

Beispiel:

Ein Projekt hat ein *Gesamtbudget* (bei der EVM spricht man hier vom BAC, Budget At Completion) von 200.000 €. Dieses Budget ergibt sich aus der Planung – und zwar im Wesentlichen aus einer Struktur-, Kosten- und Netzplanung. Diese Planung ist das Produkt des Prozesses 7.2. *Budget festlegen*.

Angenommen, etwas mehr als die Hälfte der Projektlaufzeit ist vorbei, und es sollten bis jetzt der Planung zufolge 120.000 € Budget verbraucht sein. Dies ist der *PV*.

Ein Blick in die Projektaufzeichnungen verrät uns, dass inzwischen 90.000 € »verbraucht« wurden. Das ist der AC. Ein Vergleich zwischen dem PV und dem AC ist eigentlich sinnlos. Er bleibt auch sinnlos, da nicht klar ist, welchen Projektfortschritt das Projekt besitzt, auch wenn Tausende von Projektberichten immer noch diese beiden Zahlen in Beziehung zueinander stellen. Denn Sie benötigen nun die dritte Dimension, den *Earned Value*.

Nehmen wir einmal an, der Projektleiter stellt fest, dass inzwischen 40% der fertigzustellenden Arbeit erbracht wurde (Details über die Ermittlung des Fertigstellungswerts finden Sie im Abschnitt *Ermittlung des Fertigstellungsgrades*). Diese 40% entsprechen, gemessen am Gesamtbudget und vorausgesetzt, Planung und Schätzung sind korrekt, einem »Fertigstellungswert« von 40% * BAC = 40% * 200.000 € = 80.000 €. Das ist der *Earned Value*!

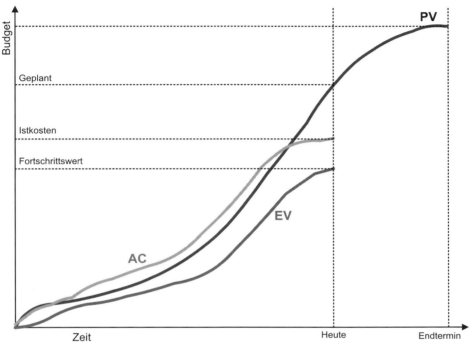

Abbildung 7.1: Beispiel für EVM

Abbildung 7.1 zeigt ein EVM-Diagramm. Sie sehen dort die Funktionen für PV, EV und AC. Um zu beurteilen, ob ein Projekt im Plan ist, müssen diese drei Kennzahlen jetzt in Beziehung gesetzt werden.

Dies geschieht auf verschiedene Arten:

1. **CV, Cost Variance** (Kostenabweichung)

   Wir haben 80.000 € »verdient« und dafür 90.000 € ausgegeben. Alternativ kann der Wert mit der Formel EV – AC = CV ermittelt werden. CV ist die *Cost Variance*.

   In Zahlen: CV = 80.000 € – 90.000 € = –10.000 €.

Ein Wert kleiner Null ist »kostenungünstig«, Null ist genau im Plan und ein Wert größer Null ist »kostengünstig«.

2. **CPI, Cost Performance Index** (Kostenentwicklungsindex)

Wir können die beiden Zahlen auch dividieren, also EV / AC = CPI. Der CPI ist der *Cost Performance Index.*

In Zahlen: CPI = 80.000 € / 90.000 € = 0,89.

Hier ist der Übergang von »gut« nach »weniger gut« die 1, nicht die 0. Denn wenn 10 € verdient wurden und 10 € ausgegeben wurden, dann ist der CPI eben EV / AC, also 10/10, und das ist 1.

3. **SV, Schedule Variance** (Terminabweichung)

Wir haben 80.000 € verdient, wollten aber bis heute Leistungen erbracht haben, die einen Wert gemäß Planung von 120.000 € haben. Wir sind also zeitlich gesehen »hintendran«. Oder auch EV – PV = SV. SV ist die *Schedule Variance.*

In Zahlen: SV = 80.000 € – 120.000 € = –40.000 €.

Ein Wert kleiner Null ist »terminlich ungünstig«, Null ist genau im Plan und ein Wert größer Null ist »terminlich günstig«.

4. **SPI, Schedule Performance Index** (Terminentwicklungsindex)

Wir können die beiden Zahlen auch dividieren, also EV / PV = SPI. Der SPI ist der *Schedule Performance Index.*

In Zahlen: SPI = 80.000 € / 120.000 € = 0,67.

Hier ist der Übergang wie beim CPI von »gut« nach »weniger gut« die 1, nicht die 0.

5. **BAC, Budget At Completion** (Geplantes Gesamtbudget)

Wie bereits oben ausgeführt, wird das Gesamtbudget auch BAC genannt, wobei BAC für *Budget At Completion* steht. In unserem Beispielfall sind das die oben genannten 200.000 €.

6. **ETC, Estimate To Complete** (geschätzte Restkosten)

Interessant wird es nun, wenn wir nach vorne schauen möchten. Diese Kennzahl heißt ETC, und ETC steht für *Estimate To Complete*, also der noch zu leistenden Arbeit. Für die noch zu leistende Arbeit sind dabei Annahmen zu treffen. Grundsätzlich können im Projekt drei Situationen auftreten und damit drei Varianten zur ETC-Berechnung.

a. Es geht ab jetzt so weiter, wie ursprünglich geplant wurde. Dann wird die noch zu leistende Arbeit aus der Differenz von BAC und EV ermittelt. Man spricht in diesem Fall auch von einer untypischen Abweichung.

Somit ist die Grundformel für den ETC wie folgt:

ETC = BAC − EV

In Zahlen: ETC = 200.000 € − 80.000 € = 120.000 €

b. Es geht so (gut oder schlecht) weiter wie im bisherigen Projektverlauf. Das heißt, die Abweichung ist typisch. Dann wird die noch zu leistende Arbeit um den CPI korrigiert:

ETC = (BAC − EV) / CPI

In Zahlen: ETC = (200.000 € − 80.000 €) / 0,89 = 134.831 €

c. Für die noch zu leistende Arbeit erfolgt eine völlig neue Schätzung. In diesem Fall gibt es keine Formel, sondern es wird ein ganz neuer Schätzwert verwendet.

7. **EAC, Estimate At Completion** (Gesamtkosten am Projektende)

Eine weitere Kennzahl, wenn wir nach vorne schauen möchten, ist EAC, und EAC steht für *Estimate At Completion*. Der EAC errechnet sich aus dem bereits verbrauchten Budget (also dem AC) zuzüglich der noch zu leistenden Arbeit. Die Formel für den EAC lautet daher:

EAC = AC + ETC

Während über den AC keine Unklarheit besteht, kann der ETC – abhängig von der Projektsituation – verschiedene Werte annehmen (siehe hierzu die Beschreibung der drei Varianten unter Punkt 6 zur Berechnung des ETC).

Unter der Annahme, dass es im Projekt ab jetzt so weitergeht, wie ursprünglich geplant wurde, ist der EAC dann in Zahlen:

EAC = (200.000 € − 80.000 €) + 90.000 € = 210.000 €

8. **VAC, Variance At Completion** (Kostenabweichung am Projektende)

Vom EAC ausgehend lässt sich noch eine weitere Kenngröße ableiten. Dies ist der VAC, *Variance At Completion*. VAC beleuchtet die Unterschiede des EAC zum BAC. Die Formel lautet VAC = BAC – EAC und berechnet also den Betrag, um den das Projekt günstiger oder teurer wird als geplant.

In unserem Beispielfall ermittelt sich unter Verwendung der ETC-Grundformel (zur Ermittlung des EAC) die Kostenabweichung wie folgt:

VAC = 200.000 € – 210.000 € = – 10.000 €.

In der textuellen Aufbereitung erscheint Ihnen die Summe der Informationen vielleicht zunächst verwirrend. Die untenstehende Tabelle soll Sie bei der Vertiefung des Stoffes unterstützen. In der Übersicht wird schnell klar, dass diese Verwirrung sich auflöst, wenn sich Ihnen die Struktur erschlossen hat.

Die Zusammenfassung aller Earned-Value-Formeln:

Begriff	Bedeutung	Formel	Beschreibung
PV BCWS	Planned Value Budgeted Cost of Work Scheduled		Planwert der Kosten und Leistung per heute
BAC	Budget At Completion		Geplantes Gesamtbudget (=PV am Projektende)
EV BCWP	Earned Value Budgeted Cost of Work Performed	EV = BAC * Fst%	Earned Value, Fertigstellungsgrad in Prozent per heute mal Gesamtbudget
AC ACWP	Actual Cost Actual Cost of Work Performed		Tatsächliche Kosten per heute
CV	Cost Variance	CV = EV – AC	Kostenabweichung: Wie viel über/ unter Budget liegen wir zum aktuellen Zeitpunkt, in absoluten Zahlen?

Tabelle 7.1: Zusammenstellung EVM-Formeln

Begriff	Bedeutung	Formel	Beschreibung
SV	Schedule Variance	SV = EV – PV	Terminabweichung: Wie viel Wert an Arbeit haben wir zum aktuellen Zeitpunkt geleistet, im Vergleich zum Plan (in absoluten Zahlen)?
CPI	Cost Performance Index	CPI = EV / AC	Kostenentwicklungsindex: Kennzahl, inwieweit die Kostenplanung eingehalten wird.
SPI	Schedule Performance Index	SPI = EV / PV	Terminentwicklungsindex: Kennzahl, inwieweit die Terminplanung eingehalten wird.
ETC	Estimate To Complete		Geschätzte Restkosten: Was, glauben wir, kostet das Projekt ab jetzt noch bis zum Ende?
		ETC = BAC – EV	Variante 1 (Grundformel) Es geht weiter wie geplant (atypische Abweichung)
		ETC = (BAC – EV) / CPI	Variante 2 Es geht weiter wie gehabt (typische Abweichung), Hochrechnung wird mit CPI korrigiert
			Variante 3 Freie Restschätzung
EAC	Estimate At Completion	EAC = AC + ETC	Gesamtkostenhochrechnung zum Projektende
		EAC = BAC / CPI	Rechnerisch identisch zur Berechnung des EAC mit ETC Formel -Variante 2
VAC	Variance At Completion	VAC = BAC – EAC	Kostenabweichung am Projektende: Wie viel über/unter Budget werden wir das Projekt abschließen, in absoluten Zahlen?

Tabelle 7.1: Zusammenstellung EVM-Formeln (Forts.)

Es sei an dieser Stelle auch auf einen weiteren Standard aus der PMI-Bibliothek hingewiesen, der sich mit Earned Value beschäftigt und von jedem PMI Mitglied kostenlos als PDF-Dokument von PMIs Webseite heruntergeladen werden kann.

7.4   Ermittlung des Fertigstellungsgrades

Für die oben dargestellte Earned-Value-Methode ist einer der entscheidenden Eingangswerte der Fertigstellungsgrad des Projektes. Der Fertigstellungsgrad hat unmittelbaren Einfluss auf jede Earned-Value-Berechnung.

Unabhängig davon ist der Fertigstellungsgrad für die Stakeholder von höchstem Interesse, handelt es sich doch um eine Positionsbestimmung im Projektverlauf, die auch ohne anschließende Weiterbetrachtung als wichtige Kennzahl für die aktuelle Positionsbestimmung dient.

Grundsätzlich gelten für Betrachtungen im Zuge des PMP-Examens folgende Merksätze:

1. Der Fertigstellungsgrad wird nicht nach Gefühl bestimmt, sondern folgt klaren Vereinbarungen, die zu Beginn des Projektes oder während der ersten Planungsiterationen getroffen wurden.

2. Der Wert muss den realen Zustand so gut wie möglich treffen, es dürfen mehrere Verfahren kombiniert werden, wenn sie so eine bessere Näherung ermöglichen

3. Schwierig zu betrachten sind die angefangenen Arbeitspakete, da deren Bewertung am unsichersten ist.

4. Über den Fertigstellungsgrad sollte es im Projektverlauf keinen Konflikt geben, wenn die Regeln für dessen Ermittlung klar definiert wurden.

Die sieben Verfahren der Fertigstellungsgradermittlung

Es gibt sieben Verfahren in drei Gruppen zur Ermittlung des Fertigstellungsgrades. Hier eine Übersicht, die Erläuterungen finden Sie weiter unten.

1. Messung nach Statusschritten (Statusschritte)

2. Mengenproportional (proportionales Verfahren)

3. Zeitproportional (proportionales Verfahren)

4. Schätzung (Bewertungen der Arbeitspakete)

5. 0/100 (Bewertungen der Arbeitspakete)

6. 20/80 (Bewertungen der Arbeitspakete)

7. 50/50 (Bewertungen der Arbeitspakete)

1. **Ermittlung nach Statusschritten**

Das ist das einfachste Verfahren und setzt das Vorhandensein eines Phasenmodells oder sonstiger grober Zeiteinteilungen voraus, die anerkannt und erprobt sind. Die Ermittlung des Fertigstellungswertes ist direkt abhängig von der Phase, in der sich das Projekt befindet. Die Bewertung des Fortschritts der angefangenen Phase wird in der Regel freihändig geschätzt. Dadurch ist das Verfahren sehr ungenau, aber schnell und einfach anwendbar.

Beispiel: Man sagt, für die Entwicklung einer Software werden normalerweise 40% des Gesamtaufwands für Konzept und Design benötigt, 30% für die Programmierung und 30% für Test und Integration. Das Projekt hat gerade die erste Phase abgeschlossen, der Fertigstellungsgrad beträgt somit 40%.

7

Ermittlung durch proportionale Verfahren

Die proportionalen Verfahren messen den Fertigstellungsgrad anhand von Menge oder Zeit und brauchen dafür entsprechende Bezugsgrößen. Auch gilt bei dieser Art von Fertigstellungsgradermittlung, dass das zu Grunde liegende mathematische Modell realitätsnah sein muss.

2. **Mengenproportional**

Hier erfolgt die Fertigstellungsgradermittlung anhand der proportional zur Gesamtmenge fertig gestellten Einheiten.

Beispiel: Sie haben ein Projekt, dessen Umfang sich dadurch definiert, dass 500 gleichartige PCs ein neues Betriebssystem-Update erhalten.

Frage

Sie haben 150 PCs umgestellt, wie lautet Ihr Fertigstellungsgrad?

Antwort

Richtig: 30%!

3. **Zeitproportional**

Die Fertigstellungsgradermittlung erfolgt anhand der proportional zur Gesamtdauer verstrichenen Zeit. Dies ist eine gültige proportionale Methode, die allerdings eine Tücke hat. Stellen Sie sich vor, Sie haben ein Arbeitspaket zu bearbeiten, für das zehn Tage als Aufwand und Dauer geschätzt sind. Nach dem sechsten Tag werden Sie nach Ihrem Fertigstellungsgrad gefragt. Der ist jetzt nicht notwendigerweise 60%. In diesem Buch liest sich das wie eine Selbstverständlichkeit, aber in der Praxis ist es leider eine gängige Fehlerquelle.

Wenn Sie einen Beratungsauftrag bekommen, der zehn Tage umfasst und der definitiv nach zehn Tagen vorbei ist und der völlig unabhängig von Ergebnissen ist, dann können Sie mit Recht sagen, dass Sie am Ende des sechsten Tages tatsächlich 60% erledigt haben. Aber nur dann.

4. **Bewertung der Arbeitspakete**

Hier erfolgt die Ermittlung auf Basis der fertiggestellten Arbeitspakete im Verhältnis zum Gesamtumfang. Das Verfahren ist relativ einfach, wenn man ohne die angefangenen Arbeitspakete rechnet.

Beispiel:

Aktivität	Plan-Wert	Status
A-1	10	Fertig
A-2	20	Fertig
A-3	10	Fertig
A-4	30	Fertig
A-5	20	Nicht begonnen
Summe	**90**	

Tabelle 7.2: Bewertung der Arbeitspakete, Beispiel 1

Die oben stehende Tabelle führt fünf Aktivitäten auf, vier davon sind fertig, die fünfte wurde noch nicht begonnen. Der Fertigstellungsgrad beträgt 70/90 oder 78%.

Beachten Sie bitte, dass der Fertigstellungsgrad auch bei 78% bleibt, selbst wenn Sie für A-1 statt zehn Tagen 15 gebraucht hätten. Es werden niemals Istwerte zur Ermittlung herangezogen.

Das eigentliche Problem stellt die Bewertung der angefangenen Arbeitspakete dar. Man kann die angefangenen Arbeitspakete schätzen:

Beispiel: Schauen Sie noch einmal in die oben stehende Tabelle. Gehen Sie davon aus, dass für die fünfte Aktivität eine Schätzung vorliegt, dass sie zur Hälfte fertig ist. Wie lautet der Fertigstellungsgrad?

Wir müssten zehn Tage (die Hälfte des Planwertes) zu der Anzahl der fertig gestellten Tage hinzuzählen und kämen auf 80/90 = 89%.

Der große Nachteil des Verfahrens liegt wieder in der Schätzung begründet. Zur Umgehung werden feste Zuschlagssätze für angefangene Arbeiten vergeben. Daraus leiten sich die Namen der folgenden Methoden ab:

7

5. **0/100-Methode**

Es werden keinerlei angefangene Arbeiten bewertet. 0% werden der angefangenen Arbeit zugewiesen, 100% dann, wenn sie fertig ist. Sehr konservativ! Empfehlenswert bei Vorgängen, deren Erledigung unsicher ist.

6. **20/80-Methode**

Diese Methode unterstellt jedem angefangenen Vorgang 20% seines Planwertes als fertig gestellt, egal, welchen Grad der Fertigstellung er wirklich hat.

7. **50/50-Methode**

Für jeden angefangenen Vorgang werden 50% seines Planwertes als fertiggestellt angenommen, unabhängig davon, welchen Grad der Fertigstellung er wirklich hat. Diese Vorgehensweise empfiehlt sich für Vorgänge, deren Erledigung als sicher gilt und die eher ein kleines Volumen besitzen.

Betrachten Sie nachstehende Tabelle und machen Sie sich die jeweiligen Unterschiede in Bezug auf den Fertigstellungsgrad deutlich!

Aktivität	Plan-Wert	Status	0/100	20/80	50/50
A-1	10	Fertig	10	10	10
A-2	20	Fertig	20	20	20
A-3	10	Fertig	10	10	10
A-4	30	Angefangen	0	6	15
A-5	20	Nicht begonnen	0	0	0
Summe	90		40	46	55
Fertigstellungsgrad			44%	51%	61%

Tabelle 7.3: Bewertung der Arbeitspakete, Beispiel 2

Fazit

Es gibt nicht *die* eine richtige Methode. Sie ist abhängig von der gewählten Vorgehensweise und den Gegebenheiten im Projekt.

7.5 Weitere Bewertungen

Je nach Anwendungsbereich kann Kostenmanagement auch Prozesse zur Bewertung des finanziellen Erfolges des Projektproduktes bzw. zur Projektauswahl einschließen. In der PMP-Prüfung wird daher die Kenntnis der folgenden Verfahren vorausgesetzt, wobei es hier mehr auf die Dimension »Hab' ich schon mal gehört und kann ich in etwa einordnen« ankommt als auf die weiterführende Anwendung.

7.5.1 Present Value

Present Value (Barwert) bezeichnet die Diskontierung von künftigen Zahlungen. Wie bewertet man 300.000 € bei einem angenommenen Zins von 5%, die in drei Jahren fällig sind? Diese Frage ist deswegen für Projektleiter von Bedeutung, da sich Entscheidungen über Zahlungen, Zahlungsströme und -zeitpunkte direkt auf das Budget auswirken können.

Achtung: Present Value wird auch mit PV abgekürzt, verwechseln Sie es bitte nicht mit dem PV (Planned Value) aus dem Earned Value.

Die Present-Value-Formel hat im Detail folgende Elemente:

▷ PV = Present Value

▷ FCF = Zukünftiger Geldbetrag (Future Cash Flow)

▷ n = Anzahl Perioden

▷ und als Formel: **PV = FCF / (1 + Zins)n**

wobei n die Anzahl der Zeitperioden bedeutet.

Frage

Wie würde sich in unserem Beispiel der Barwert des künftigen Geldbetrags errechnen?

Antwort

Die Berechnung lautet: Present Value = 300.000 € / (1 + 0,05) 3 = 259.151 €, oder auch: 300.000 € in drei Jahren bei 5% Zins entsprechen einem heutigen Gegenwert von ca. 260.000 €.

7.5.2 Net Present Value-Methode

Die *Net Present Value-Methode* (Kapitelwertmethode) verwendet den oben beschriebenen Present Value, verfeinert die Berechnung aber durch periodengerechte Betrachtung. Dies erlaubt eine differenzierte Darstellung von Geldströmen in unterschiedlichen Perioden.

Beispiel: Sie haben ein Drei-Jahres-Projekt mit prognostizierten Gesamtkosten von 500.000 € und prognostizierten Gesamtumsätzen von 550.000 €.

Frage

Soll das Projekt durchgeführt werden unter der Bedingung, dass nur Vorhaben mit positivem Deckungsbeitrag freigegeben werden?

Antwort

Der reine Zahlenvergleich ergibt einen Überschuss von 50.000 €. Da die Geldflüsse jedoch in unterschiedlichen Zeitperioden anfallen, empfiehlt sich die Anwendung von Net Present Value, also dem periodengerechten Ermitteln der jeweiligen Barwerte. Tabelle 7.4 zeigt auf, dass die NPV-Berechnung eine Kostenunterdeckung von fast 33.000 € (436.500 € – 469.800) ergibt, das Projekt würde also nicht freigegeben.

Jahr	Umsatz in Tsd. €	Barwert bei 10% Zins in Tsd. €	Kosten in Tsd. €	Barwert bei 10% Zins in Tsd. €
0	0	0	300	300
1	100	90,9	100	90,9
2	100	82,6	50	41,3
3	350	263	50	37,6
Summe	550	436,5	500	469,8

Tabelle 7.4: Berechnung Net Present Value – Beispiel

Für die PMP-Prüfung sollten Sie eine derartige Berechnung durchführen können.

7.5.3 Payback (oder Pay-off) Period

Die *Payback Period* (die Amortisationsdauer) bezeichnet den Zeitraum, in dem es möglich ist, aus den Rückflüssen einer Investition die Investitionskosten wiederzugewinnen. Im *Break-even-Point* (Kosten-Deckungspunkt, Gewinnschwelle) schneiden sich Umsatzfunktion und Kostenfunktion, sie sind identisch. Der Break-even-Point beschreibt also den Zeitpunkt, ab dem der erste Gewinn gemacht wird. Ab dann werden die Fixkosten von den durch den Verkauf erzielten Deckungsbeiträgen vollständig abgedeckt.

7.5.4 Benefit-Cost Ratio (BCR)

Bei der Ermittlung des *Benefit-Cost Ratio* (Gewinnkoeffizient) geht es um eine Bewertung der Nutzen-Kosten-Verhältnismäßigkeit.

Der Benefit-Cost Ratio vergleicht Nutzen und Kosten durch Division und ermittelt den Quotienten. Bitte beachten Sie, dass der Nutzen in dieser Formel, im Gegensatz zur üblicherweise gebrauchten deutschen Bezeichnung »Kosten-Nutzen-Verhältnis«, immer im Zähler steht. Daraus lässt sich ableiten, dass je größer der Quotient ist, desto besser das Verhältnis zwischen Nutzen und Kosten ist.

Der Schwerpunkt dieser Methode liegt in der Bewertung des Nutzens. Im Examen sind Fragestellungen zu erwarten, die in folgende Richtung gehen: »Ein Projekt hat einen BCR von 1,2 und das andere von 1,8, welches würden Sie wählen?« Das andere natürlich.

7.6 Beispielfragen

1. In einem Projekt beträgt der Kostenentwicklungsindex (CPI) zum aktuellen Zeitpunkt 1,1. Welche der folgenden Aussagen ist korrekt?

    a. Fertigstellungswert (EV) = 110, Planwert (PV) = 100

    b. Fertigstellungswert (EV) = 100, Planwert (PV) = 110

    c. Fertigstellungswert (EV) = 110, Istkosten (AC) = 100

    d. Istkosten (AC) = 110, Planwert (PV) = 100

2. Kostenmanagement in Projekten beinhaltet alle Prozesse bis auf die folgenden:

    a. Kosten schätzen

    b. Budget festlegen

    c. Kosten steuern

    d. Leistung messen

3. Welche der folgenden Aussage zur Definition von »Earned Value« ist richtig?

    a. Unter Earned Value versteht man nur eine Methode zur Messung der Projektleistung.

    b. Unter Earned Value wird sowohl eine Methode zur Messung der Projektleistung als auch der Fertigstellungswert eines Vorgangs bzw. einer Gruppe von Vorgängen verstanden.

    c. Unter Earned Value wird sowohl eine Methode zur Messung der Projektleistung als auch der Fertigstellungswert eines Teilprojektes verstanden.

    d. Unter Earned Value versteht man nur den Fertigstellungswert eines Vorgangs bzw. einer Gruppe von Vorgängen.

4. Dem Projektleiter liegen folgende Informationen vor: Planwert (PV bzw. BCWS) = 4.400 €, Fertigstellungswert (EV bzw. BCWP) = 4.000 €, Istkosten (AC bzw. ACWP) = 5.000 €. Wie hoch ist die Kostenabweichung (CV)?

    a. −600 €

    b. +1.000 €

    c. +400 €

    d. −1.000 €

5. Welche der folgenden Verfahren wird üblicherweise nicht bei der Kostenschätzung eingesetzt?

    a. Top-Down-Schätzung

    b. Parametrische Schätzung

    c. Analogieschätzung

    d. Dauer-Schätzung

6. Dem Projektleiter liegen folgende Informationen vor: Planwert (PV bzw. BCWS) = € 1.000, Fertigstellungswert (EV bzw. BCWP) = € 1.200, Istkosten (AC bzw. ACWP) = € 1.000. Welchen Wert hat der Terminentwicklungsindex (SPI) und was sagt er aus?

    a. SPI = 1,2; das Projekt wird wahrscheinlich früher fertig als geplant.

    b. SPI = 0,83; das Projekt wird wahrscheinlich früher fertig als geplant.

    c. SPI = 1,0; das Projekt liegt genau im Plan.

    d. SPI = 0,83; das Projekt wird wahrscheinlich später fertig als geplant.

7. Was bedeutet ein Terminentwicklungsindex (SPI) von 1,0 und ein Kostenentwicklungsindex (CPI) von 0,9?

   a. Das Projekt liegt terminlich im Plan und wird wahrscheinlich weniger Kosten verursachen als geplant.

   b. Das Projekt wird wahrscheinlich früher fertig als geplant und mehr Kosten verursachen als geplant.

   c. Das Projekt liegt terminlich im Plan und wird wahrscheinlich mehr Kosten verursachen als geplant.

   d. Eine verlässliche Aussage bezüglich Fertigstellung und Kosten ist aufgrund der gegebenen Daten nicht möglich.

8. Was bedeutet es, wenn der Planwert (PV bzw. BCWS) einer Einheit gleich dem Fertigstellungswert (EV bzw. BCWP) ist?

   a. Die budgetierten Kosten für die Einheit wurden aufgebraucht.

   b. Die geplante Arbeit wurde durchgeführt. Die Einheit ist fertig gestellt.

   c. Der Wert der fertig gestellten Einheit entspricht den geplanten Kosten.

   d. Der Kostenentwicklungsindex hat einen Wert von 1,0.

9. Welcher der folgenden Punkte wird mit der geringsten Wahrscheinlichkeit als direkte Kosten für ein Projekt verbucht?

   a. Das an einen hauptberuflichen Projektleiter bezahlte Gehalt.

   b. Das an Teilzeitbeschäftigte, die nur für das Projekt arbeiten, bezahlte Gehalt.

   c. Aufwendungen für Ware, die von einem externen Lieferanten zur Nutzung im Projekt beschafft wurde.

   d. Abschreibungen für die Projektmanagement-Hard- und -Software, die in der gesamten Organisation genutzt wird.

10. Der Auftraggeber wünscht von Ihnen Auskunft zur Vorgehensweise bei Kostenabweichungen und Kostenänderungen. Wo sind solche Informationen in der Regel dokumentiert?

   a. Diese Informationen sind in einem Bericht zur Kostensteuerung zu finden.

   b. Solche Informationen sind Bestandteil des Kostenmanagementplans.

7

c. Diese Informationen sind Bestandteil der Projektinhalts- und -umfangs-beschreibung.

d. Diese Informationen sind Annahmen eines in Phasen gegliederten Projektbudgets.

7.7 Lösungen mit Erklärungen

1. Lösung c)

a. Falsch. Der CPI wird berechnet EV / AC.

b. Falsch. Der CPI wird berechnet EV / AC.

c. Richtig. Der CPI wird berechnet EV / AC. Ein CPI von 1,1 bedeutet, dass für einen ausgegebenen Euro 1,1 Euro verdient werden.

d. Falsch. Der CPI wird berechnet EV / AC.

2. Lösung d)

a. Falsch. Dies ist ein Prozess des Kostenmanagements.

b. Falsch. Dies ist ein Prozess des Kostenmanagements.

c. Falsch. Dies ist ein Prozess des Kostenmanagements.

d. Richtig. Die Leistungsmessung ist ein Werkzeug und Verfahren des Prozesses *Steuerung der Kosten*. Siehe PMBOK Guide Kapitel 7.

3. Lösung b)

a. Falsch. Man versteht unter EV auch den Fertigstellungswert.

b. Richtig. Mit Earned Value wird sowohl die Methode als auch der Fertigstellungswert bezeichnet.

c. Falsch. Statt Teilprojekt müsste es Vorgang bzw. Gruppe von Vorgängen heißen.

d. Falsch. Man versteht unter EV auch die Methode.

4. Lösung d)

a. Falsch. Die Kostenabweichung berechnet sich wie folgt: CV = EV – AC.

b. Falsch. Die Kostenabweichung berechnet sich wie folgt: CV = EV – AC.

c. Falsch. Die Kostenabweichung berechnet sich wie folgt: CV = EV – AC.

d. Richtig. Die Kostenabweichung berechnet sich wie folgt: CV = EV – AC, d.h. € 4.000 – € 5.000 = € –1.000.

5. Lösung d)

    a. Falsch. Dies ist ein Verfahren der Kostenschätzung.

    b. Falsch. Dies ist ein Verfahren der Kostenschätzung.

    c. Falsch. Dies ist ein Verfahren der Kostenschätzung.

    d. Richtig. Schätzungen der Dauern werden zur Festlegung des Terminplans benötigt, nicht für Kostenschätzungen.

6. Lösung a)

    a. Richtig. Der Terminentwicklungsindex berechnet sich wie folgt: SPI = EV / PV, d.h. € 1.200 / € 1.000 = 1.2. Ein SPI größer 1 sagt aus, dass das Projekt vor Plan liegt.

    b. Falsch. Der Terminentwicklungsindex berechnet sich wie folgt: SPI = EV / PV.

    c. Falsch. Der Terminentwicklungsindex berechnet sich wie folgt: SPI = EV / PV.

    d. Falsch. Der Terminentwicklungsindex berechnet sich wie folgt: SPI = EV / PV.

7. Lösung c)

    a. Falsch. Ein SPI = 1 sagt zwar aus, dass das Projekt terminlich im Plan liegt, ein CPI < 1 bedeutet jedoch, dass das Projekt wahrscheinlich mehr Kosten als geplant verursachen wird.

    b. Falsch. Ein CPI < 1 sagt zwar aus, dass das Projekt wahrscheinlich mehr Kosten als geplant verursachen wird, ein SPI = 1 bedeutet jedoch, dass das Projekt terminlich genau im Plan liegt.

    c. Richtig. Ein SPI = 1 sagt aus, dass das Projekt terminlich im Plan liegt, und ein CPI < 1 bedeutet, dass das Projekt wahrscheinlich mehr Kosten als geplant verursachen wird.

    d. Falsch. Aufgrund von SPI und CPI sind Projektvorhersagen möglich.

8. Lösung b)

    a. Falsch. Eine Aussage bzgl. der Kosten ist aufgrund der gegebenen Werte nicht möglich.

    b. Richtig. Wenn der Planwert dem Fertigstellungswert entspricht, wurde die Einheit wie geplant fertig gestellt.

7

c. Falsch. Eine Aussage bzgl. der Kosten ist aufgrund der gegebenen Werte nicht möglich.

d. Falsch. Wenn EV = PV ist, dann ist der Terminentwicklungsindex 1,0 (SPI = EV / PV), nicht der Kostenentwicklungsindex.

9. Lösung d)

a. Falsch. Der Anteil der Gehälter der Teammitglieder, der für das Projekt von Vorteil ist, besteht aus direkten Kosten.

b. Falsch. Der Anteil der Gehälter der Teammitglieder, der für das Projekt von Vorteil ist, besteht aus direkten Kosten.

c. Falsch. Aufwendungen für Ware, die speziell für das Projekt eingekauft wurde, werden in der Regel als direkte Kosten eingestuft.

d. Richtig. Kosten für Hard- und Softwareprodukte, die von der gesamten Organisation genutzt werden, sind in der Regel Gemeinkosten.

10. Lösung b)

a. Falsch. Strategien und Verfahrensweisen bei Kostenabweichungen und -änderungen sollten im Kostenmanagementplan stehen.

b. Richtig. Strategien und Verfahrensweisen bei Kostenabweichungen und -änderungen sollten im Kostenmanagementplan stehen.

c. Falsch. Strategien und Verfahrensweisen bei Kostenabweichungen und -änderungen sollten im Kostenmanagementplan stehen.

d. Falsch. Strategien und Verfahrensweisen bei Kostenabweichungen und -änderungen sollten im Kostenmanagementplan stehen.

8 Qualitätsmanagement in Projekten

8.1 Themengebiete des Wissensgebietes

Unternehmensweites Qualitäts- und Projektmanagement sind zwei Themengebiete, die stark miteinander verzahnt sind. Denn einerseits bestimmen die Qualitätsvorgaben der Trägerorganisation, wie sich das Qualitätsmanagement im Projekt gestaltet, andererseits wirken sich die »Lessons Learned«, die gesammelten Erfahrungen, im Zuge einer kontinuierlichen Verbesserung wiederum auf das Qualitätsmanagement der Organisation aus.

Das Wissensgebiet *Qualitätsmanagement* kann eine Stolperfalle in der Prüfung sein, da dieses Thema in der praktischen Projektarbeit oft nicht als separates Themengebiet betrachtet wird. Zum Beantworten der Prüfungsfragen wird jedoch ein detailliertes Fachwissen benötigt. Wenn die Normenreihe ISO 9000 und Statistik bisher für Sie Bücher mit sieben Siegeln waren, dann kommt Arbeit auf Sie zu, denn neben den allgemeinen Aspekten des Qualitätsmanagements sollten Sie sich vor allem mit der statistischen Qualitätssicherung vertraut machen. Entscheidend ist auch, dass Sie verstehen, dass Qualitätsmanagement in Projekten nicht nur auf die Produktqualität fokussiert, sondern auch die Projektqualität gemanagt wird.

Da wir immer wieder die Rückmeldung erhalten haben, dass es in der Prüfungsvorbereitung anscheinend schwierig ist, Literatur zu finden, die die weniger bekannten Tools kurz und bündig erläutert, ohne zu sehr in die Tiefe zu gehen, haben wir dieses Kapitel ausgeweitet und erläutern Ihnen ausgewählte Methoden näher.

8.1.1 Prozesse des Qualitätsmanagements

Der PMBOK Guide erläutert in Kapitel 8 die drei Hauptprozesse des Qualitätsmanagements. Bevor Sie jetzt nachschlagen bzw. weiter lesen, bitte überlegen Sie doch erst einmal:

8

Frage

Welche drei Qualitätsmanagement-Prozesse definiert der PMBOK Guide?

Welchen Prozessgruppen werden die Prozesse jeweils zugeordnet?

Antwort

Die Antworten auf die zwei Fragen finden Sie in der folgenden Auflistung.

Der PMBOK Guide nennt in Kapitel 8 folgende drei Prozesse.

▶ **Qualität planen** – Planungsprozess

Die relevanten Qualitätsanforderungen und -standards werden identifiziert und festgelegt. Des Weiteren wird definiert, wie die Erfüllung der Anforderungen und Standards im Projekt nachgewiesen werden kann. Der Grundsatz lautet: Qualität wird hineingeplant – nicht hineingeprüft!

▶ **Qualitätssicherung durchführen** – Ausführungsprozess

Die Qualitätsanforderungen und Ergebnisse der Qualitätslenkung-Messungen werden auditiert (überprüft), um sicherzustellen, dass angemessene Qualitätsstandards und betriebliche Definitionen verwendet werden.

▶ **Qualitätslenkung durchführen** – Überwachungs- und Steuerungsprozess

Bestimmte Projektergebnisse werden überwacht, um festzustellen, ob sie den relevanten Qualitätsstandards entsprechen, und um herauszufinden, wie sich die Ursachen für nicht zufriedenstellende Leistungen beheben lassen.

Haben Sie den Unterschied zwischen den Definitionen Qualitätssicherung und Qualitätslenkung auf Anhieb verstanden? Die meisten Personen antworten auf diese Frage mit einem klaren »Nein« oder mit »nicht ganz«. Lassen Sie uns den Unterschied herausarbeiten:

Im Prozess der **Qualitätsplanung** wird definiert, welche Qualitätsanforderungen an das Projekt und das Projektprodukt gestellt werden und welche Aktivitäten durchgeführt werden sollen (z.B. Prüfungen, Lieferantenbeurteilungen etc.), damit diese definierten Standards auch erreicht werden.

Und dann kommt der Knackpunkt: **Als nächster Schritt kommt die Qualitätslenkung, nicht die Qualitätssicherung.** Hierbei werden die Ergebnisse von ausgeführten Qualitätsaktivitäten überwacht und dokumentiert, um die Leistung des Projektes bzw. Projektproduktes zu bewerten und ggf. notwendige Änderungen zu empfehlen.

Achtung: Die Durchführung der Qualitätsaktivitäten an sich ist dabei kein Bestandteil des Wissensgebietes Qualitätsmanagement im Projekt. Das mag auf den ersten Blick verwirrend erscheinen, es ist aber in der Logik des PMBOK Guide nur konsequent. Denn Qualitätsaktivitäten müssen genau wie andere Projektaktivitäten betrachtet werden. D.h. sie werden im Rahmen des Inhalts- und Umfangsmanagement geplant, im Projektstrukturplan aufgenommen. Die Kosten werden ermittelt und überwacht, Ressourcen geplant, Termine geplant, Risiken ermittelt, evtl. Beschaffungen geplant werden und und und ...

Der dritte Prozess »**Qualitätssicherung durchführen**« verwendet dann die Daten und Informationen, die während des Durchführens der Qualitätslenkung ermittelt wurden. Die definierten Qualitätsanforderungen und Ergebnissen der Qualitätslenkungs-Messungen werden auditiert, um sicherzustellen, dass angemessene Qualitätsstandards und betriebliche Definitionen verwendet werden.

Frage

Oft wird der englische Begriff *Quality Control* fälschlicherweise mit Qualitätskontrolle anstatt mit Qualitätslenkung übersetzt. Kennen Sie den Unterschied?

Antwort

Qualitätskontrolle (engl. Quality Inspection) umfasst die eigentliche Überprüfung der Qualität einer Einheit.

8

Bevor wir uns mit den drei Prozessen des Qualitätsmanagement beschäftigen, wollen wir Ihnen jedoch die Grundlagen vermitteln, auf denen das Qualitätsverständnis aufbaut.

8.1.2 Einführung in das Qualitätsmanagement

Basiswissen

Qualitätsmanagement im Unternehmen ist keine einmalige Angelegenheit, sondern ein fortlaufender Prozess. Da die meisten Organisationen ein – mehr oder weniger ausgeprägtes – Qualitätsmanagementsystem haben, wird das Projektmanagement von diesem bestehenden Qualitätsmanagementsystem beeinflusst. Sie sollten sich auf jeden Fall mit folgenden Qualitätsmanagement-Grundlagen vertraut sein:

▶ **Was ist Qualität?** Im PMBOK Guide wird die Definition der American Society for Quality verwendet, die dem Verständnis der ISO (International Standard Organisation)-Definition entspricht: *Qualität ist »der Grad, in dem eine Gruppe von inhärenten Merkmalen die Anforderungen erfüllt«.*

▶ **Inhärent** bedeutet »innewohnend«, damit sind also die Merkmale gemeint, die ein Produkt in sich trägt und die nicht ohne eine Einwirkung auf das Produkt selbst geändert werden können (z.B. das Gewicht eines Produktes). Im Gegensatz dazu stehenden die **zugeordneten** Merkmale wie beispielsweise der Verkaufspreis eines Produktes.

▶ Lassen Sie uns noch auf den Begriff der **Anforderungen** kurz eingehen. Die unzureichende Definition der Anforderungen ist nämlich der Hauptgrund, warum Projekte scheitern. Unter Anforderung versteht man *festgelegte und vorausgesetzte Forderungen.*

▶ **Qualität** hat die gleiche Priorität wie Termine, Kosten sowie Inhalt und Umfang.

▶ **Aufgabe des Qualitätsmanagements:** Durch den Einsatz von Qualitätsmanagement im Projekt wird sichergestellt, dass das Ergebnis des Projektes auch die Bedürfnisse erfüllt, für die es durchgeführt wurde.

▶ Wichtig zu wissen ist auch, dass eine Übererfüllung der Anforderungen (»**gold plating**«) nicht belohnt wird, sondern dem Projekterfolg eher schadet, da mehr Aufwand als gefordert und geplant erbracht wird. Das Projekt muss auf jeden Fall die definierten Liefergegenstände erfüllen, nicht weniger, aber auch nicht mehr!

▷ **(Anspruchs-)Klasse** ist nicht das Gleiche wie Qualität! Klasse definiert, welche Qualitätsanforderungen an ein Produkt gestellt werden. Denken Sie zum Beispiel an die Hotelbewertung mit Sternen. An ein Zwei-Sterne-Hotel werden weniger Anforderungen gestellt als an ein Fünf-Sterne-Hotel. Die Hotels gehören unterschiedlichen Hotelkategorien (Klassen) an. Ob ein Hotel qualitativ gut ist, wird daran gemessen, inwieweit das jeweilige Hotel die gestellten Anforderungen erfüllt. Geringe Qualität ist immer ein Problem, geringe Klasse nicht zwangsläufig.

Frage

Worin unterscheiden sich festgelegte und vorausgesetzte Forderungen?

8

Antwort

Festgelegte Forderungen sind ausgesprochen bzw. dokumentiert.

Vorausgesetzte Forderungen sind dagegen nur im Kopf vorhanden und werden nicht ausgesprochen. Beispiel: Wenn Sie ein Brot kaufen, werden Sie die Art des Brotes festlegen (z.B. ein Kilo Mehrkornbrot), dass das Brot nicht vom Vortag und auch schimmelfrei ist, sagen Sie nicht, setzen es aber voraus.

Personenbezogene Qualitätsmanagement-Konzepte

Die Entwicklung des Qualitätsmanagements wurde stark von verschiedenen Einzelpersonen geprägt. Da die Qualitätsentwicklung in Japan begann, ist sie geprägt von Japanern, aber auch von Amerikanern, die die japanische Qualitätsphilosophie adaptierten und weiterentwickelten. Um für die Prüfung gewappnet zu sein, sollten Sie auf jeden Fall die wichtigsten »Qualitätspäpste« und ihre Ansätze kennen:

▷ **Deming** steht mit seinem Namen für das Prinzip der ständigen Verbesserung. Er legt seiner Philosophie drei Aussagen zugrunde: (1) Jede Aktivität ist ein Prozess und kann entsprechend verbessert werden. (2) Problemlösungen allein genügen nicht, Veränderungen am System sind erforderlich. (3) Die oberste Unternehmensleitung muss handeln, die Übernahme von Verantwortung ist nicht ausreichend.

Deming machte den PDCA-Zyklus (auch *Deming-Zyklus* genannt) bekannt, der aus vier Phasen besteht, Plan, Do, Check und Act (vgl. Kapitel 4), und die notwendigen Schritte für Prozessverbesserungen festlegt. Erfunden hat den PDCA-Zyklus allerdings nicht Deming, sondern Walter A. Shewhart. Wissen sollten Sie auch, dass Deming ein Programm entwickelt hat, das 14 Punkte umfasst, die ein Unternehmen bei der Einführung eines Qualitätsmanagementsystems beachten sollte.

▶ **Crosby** steht mit seinem Namen für das Null-Fehler-Programm. Seine Aussage »Quality is free« begründet er damit, dass nicht das Streben nach Qualität Kosten verursacht, sondern dass im Gegenteil erhöhte Kosten entstehen, wenn Fehler gemacht werden, d.h. keine Qualität produziert bzw. geliefert wird und dann Aufwand für Nacharbeit, Ausschuss und Imageverlust generiert wird.

▶ **Feigenbaum** hat das Konzept *Total Quality Control* entwickelt. Feigenbaum definiert Qualität ausschließlich über die Zufriedenheit der Verbraucher. Der Schwerpunkt seines Konzeptes liegt auf der Darstellung der Abhängigkeit der Qualität von allen Unternehmensfunktionen wie Marketing, Entwicklung, Konstruktion, Fertigung und Vertrieb etc.

▶ **Juran** stellt auch den Kunden in den Mittelpunkt seines Qualitätskonzeptes und definierte Qualität als »Gebrauchstauglichkeit in den Augen des Kunden« (fitness for use).

▶ **Ishikawa** beschrieb als Erster die so genannte interne Kunden-/Lieferanten-Beziehung und entwickelte das Konzept der unternehmensweiten Qualitätskontrolle (»Company-Wide Quality Control«). Dieser Begriff umfasst alle qualitätsrelevanten Aktivitäten einer Unternehmung, die des Top-Managements bis hin zu den Aktivitäten der Beschäftigten auf der untersten Hierarchie-Ebene.

In der folgenden Tabelle stehen in der obersten Zeile die Namen der fünf wichtigen Qualitätsexperten. Wissen Sie noch, wer welche Kernthese vertritt?

Stichworte	Crosby	Deming	Feigenbaum	Juran	Ishikawa
Null-Fehler-Programm					
Gebrauchstauglichkeit					
14-Punkte-Programm					
Interne Kunden-/Liefe-rantenbeziehung					
Total Quality Control					
Ständige Verbesserung					
»Quality is free«					

8

Allgemeine Qualitätskonzepte

Neben den personenbezogenen Qualitätskonzepten gibt es noch allgemeine, weltweit verbreitete Qualitätsansätze, deren Grundaussagen Ihnen bekannt sein sollten:

▷ **Normenreihe ISO 9000 und 10000**: Diese Normenreihe besteht aus verbindlichen Normen und Leitfäden zum Aufbau und zur Beschreibung von Qualitätsmanagementsystemen. Es ist wichtig zu wissen, dass die Normenreihe – ähnlich dem PMBOK Guide – Rahmenbedingungen festlegt und kein detailliertes Qualitätsmanagementsystem einer Organisation beschreibt.

▷ **Prävention geht vor Prüfung: Vorbeugungsmaßnahmen** werden durchgeführt, um Probleme zu vermeiden bzw. Risiken im Vorfeld zu mindern und so sicherzustellen, dass das definierte Qualitätsniveau erreicht wird. **Korrekturmaßnahmen** werden durchgeführt, um ein bestehendes Problem/einen entdeckten Fehler zu beheben (siehe Kapitel 4 für weitere Erläuterungen).

▷ **Total Quality Management (TQM)** ist ein umfassendes Qualitätsmanagementsystem, das alle an einem Unternehmen beteiligten Personen einbezieht. Kennzeichnend für TQM ist die Orientierung an Prozessen, Kunden und Mitarbeitern. Es gibt keine Zertifizierung für ein Total Quality Management System, stattdessen können sich Unternehmen, die Total Quality Management eingeführt haben und einsetzen, um Preise bewerben.

Die international bekanntesten Qualitätspreise sind:

– Der **Deming Award** in Japan, der seit den frühen fünfziger Jahren vergeben wird.

– Der **Malcom Baldrige Award**, der seit Mitte der achtziger Jahre in den USA vergeben wird und die weiteste Verbreitung hat.

– Der **European Quality Award, der** in Europa seit Anfang der neunziger Jahre von der European Foundation for Quality Excellence verliehen wird.

▶ **Kontinuierliche Verbesserung** wird im Englischen mit »continious improvement« und im Japanischen mit »Kaizen« übersetzt. Wichtig zu wissen ist, dass *Kaizen* eine prozessorientierte Denkweise der Verbesserung in kleinen Schritten und keine Problemlösungsmethode beschreibt.

▶ **Prozessverbesserungs-/Reifegradmodelle:** Es gibt heutzutage etliche Modelle, die beschreiben, welche Faktoren eine Organisation realisieren muss, um sich kontinuierlich zu verbessern. Folgende Modelle sollten Ihnen zumindest dem Namen nach bekannt sein:

– Das **Capability Maturity Model** (CMM), das 1987 in den USA von dem Software Engineering Institute (SEI) veröffentlicht wurde, um die Software-Lieferanten des Verteidigungsministeriums zu beurteilen, ist heutzutage weit verbreitet. CMM besitzt fünf Reifegradstufen.

– Das **Capability Maturity Model Integration** (CMMI) baut auf CMM auf. Es beschränkt sich aber nicht nur auf die Optimierung von Softwareprozessen, sondern ist allgemein anwendbar auf Entwicklungsprozesse.

– Das **Organizational Project Management Maturity Model (OPM3)** von PMI unterstützt Organisationen dabei, »unternehmensweites« Projektmanagement einzuführen und zu bewerten.

Verantwortung für Qualität

Die Frage, wer denn für Qualität in einem Projekt verantwortlich ist, kann in der Prüfung in verschiedenen Facetten auftauchen. Merken Sie sich daher Folgendes:

▷ **Jeder Mitarbeiter** ist für die Qualität seiner Arbeit verantwortlich.

▷ **Der Projektleiter** trägt die Verantwortung für das Qualitätsmanagement des Projektes.

▷ **Das Management** einer Organisation ist verantwortlich dafür, dass genügend Ressourcen für das Qualitätsmanagement bereitgestellt werden.

▷ **Einzelne Organisationseinheiten** können für bestimmte Qualitätsaspekte im Projekt verantwortlich sein. Beispielsweise die Ingenieure/Entwickler für das Fachkonzept und die Testspezifikationen, die Abteilung Beschaffung für die Lieferantenauswahl, die Stabsstelle Vertragswesen für die Vertragsgestaltung usw.

Dimensionen von Qualität

Qualitätsmanagement ist kein Selbstzweck, sondern dient der Zufriedenheit des Kunden. Denn nur zufriedene Kunden werden zum zweiten Mal eine Organisation beauftragen und damit deren Wettbewerbsfähigkeit sichern. Um den Kunden umfassend zufrieden zu stellen, müssen bei der Festlegung des geforderten Qualitätsniveaus neben der Erfüllung der Anforderungen noch weitere Aspekte von Qualität beachtet werden:

▷ **Zuverlässigkeit** (Reliability) – Das ist die Fähigkeit einer Einheit, unter festgelegten Bedingungen während einer bestimmten Zeitdauer die gewünschte Funktionalität zu liefern → Es erfolgt eine zeitraumbezogene Betrachtung. Eine Kennzahl zur Bestimmung der Zuverlässigkeit ist die Ausfallrate.

▷ **Benutzerfreundlichkei**t (Usability) – Sie sagt aus, für wie komfortabel ein Anwender ein Produkt bzw. eine Dienstleistung hält. Die Beurteilung der Benutzerfreundlichkeit hängt von der Situation des Anwenders ab und ist daher nicht objektiv messbar.

▷ **Wartungsfreundlichkeit bzw. Wartbarkeit** (Maintainability) – Darunter versteht man die Fähigkeit, ein Produkt wieder in einen funktionsfähigen Zustand zu versetzen.

▷ **Funktionstüchtigkeit** (Fitness for Use) – Die Funktionstüchtigkeit macht eine Aussage darüber, ob alle festgelegten Funktionen existieren und ob die festgelegten Funktionen die Anforderungen erfüllen.

8

▶ **Effizienz** (Effiency) – Unter Effizienz versteht man das Verhältnis eines in definierter Qualität vorgegebenen Nutzens zu dem Aufwand, der zur Erreichung des Nutzens nötig ist. Die Effizienz sagt insofern etwas über das Verhältnis zwischen Leistung und Ressourceneinsatz aus.

8.1.3 Qualität planen

Wie bereits oben angesprochen, steht im Focus des Prozesses »Qualität planen« die Identifizierung und Erfüllung von Qualitätsanforderungen und/oder -standards für das Projekt und das Produkt. Der Prozess ist damit eng verknüpft mit dem Prozess »Anforderungen ermitteln.«

Dabei darf die Qualitätsplanung nicht isoliert betrachtet werden, sondern sie muss mit den anderen Projektplanungsprozessen durchgeführt werden. Zum Beispiel kann der Bedarf von spezifischen Prüfungen oder Prüfmittel die Kosten erhöhen bzw. Termine verschieben.

Im Prozess »Qualität planen« werden verschiedene Methoden vorgestellt. Diese sollten Sie auf jeden Fall mit Namen kennen und auch wissen, für welchen Zweck sie eingesetzt werden können.

Kosten-Nutzen-Analyse

»Quality is free«, ist eine Aussage von Crosby, die in die Richtig der Kosten-Nutzen-Analyse zielt. Denn »Quality is free« bedeutet nicht, dass Qualität nichts kosten darf, sondern, dass der Nutzen von qualitätsbezogenen Maßnahmen die Kosten dafür übersteigen muss.

Soweit die Theorie. In der Praxis gestaltet sich die Kosten-Nutzen-Analyse schwierig, wenn der Nutzen nicht eindeutig bewertet werden kann. Oder können Sie genau beziffern, welchen Wert eine Erhöhung der Kunden- bzw. Mitarbeiterzufriedenheit hat?

Qualitätskosten

Unter Qualitätskosten bzw. nach der deutschen DIN-Norm 8402 korrekterweise qualitätsbezogenen Kosten versteht man die Kosten, die anfallen, damit die definierten Qualitätsanforderungen erfüllt werden, bzw. die Verluste, die entstehen, wenn die erforderliche Qualität nicht erreicht wird.

Abbildung 8.1 zeigt, in welche Kostenkategorien Qualitätskosten aufgeteilt werden. In der Praxis haben sich dabei vor allem zwei Ansichten etabliert:

1. Betrachtung der **Kosten der Übereinstimmung** (Erfüllung) bzw. der **Kosten der Abweichung** (Nichterfüllung). Diese Sichtweise geht auf Crosby zurück.

2. Einteilung der Kosten nach dem Zweck ihres Einsatzes: **Vorbeuge-, Prüf- und Fehlerkosten**. Diese Betrachtungsweise ist international weit verbreitet und spiegelt sich auch in der DIN-Norm 5530-11 wider.

In der Prüfung sollten Sie auf Fragen zu beiden Sichtweisen gefasst sein, da beide in der Praxis eingesetzt werden.

Abbildung 8.1: Qualitätskosten

Frage

Was schätzen Sie, wie viel Prozent der Qualitätskosten werden direkt vom Management verantwortet?

Antwort

Ganz genau lässt sich diese Frage natürlich nicht beantworten, aber nach Deming sind es ca. 85%.

Qualitätsregelkarten

Qualitätsregelkarten (QRK, »control charts«) werden in der *statistischen Prozesskontrolle* eingesetzt. QRK verwendet man im Allgemeinen für die Steuerung von Fertigungsprozessen, sie lassen sich jedoch auch auf Projektprozesse anwenden.

Es gibt verschiedene Arten von Qualitätsregelkarten und Einsatzmöglichkeiten. Aber keine Sorge, für die PMP-Prüfung müssen Sie nicht zum Experten in der statistischen Prozesskontrolle werden. Wir geben Ihnen im Folgenden eine (ganz) kurze Einführung in den Einsatz von Qualitätsregelkarten, damit sie das Wissen erlangen, dass sie für die PMP-Prüfung brauchen. Nicht mehr – aber auch nicht weniger. Die Erläuterungen haben daher auch nicht den Anspruch, wissenschaftlich »wasserdicht« zu sein, sondern sie sollen Ihnen das Thema umgangssprachlich näher bringen.

Die Qualitätsregelkarte ist ein grafisches Hilfsmittel, um einen Prozess über einen Zeitraum hinweg fortlaufend zu beobachten. In die Qualitätsregelkarte werden statistische Größen wie z.B. Mittelwert und Streuung von Stichproben eingetragen. Aus dem Verlauf dieser Größen kann dann auf Unregelmäßigkeiten geschlossen und entsprechend eingegriffen werden. In Abbildung 8.2 sehen Sie die wichtigsten Kennzeichen einer QRK.

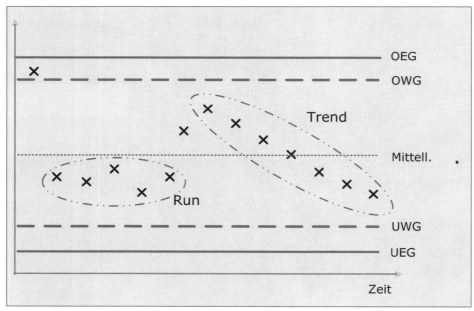

Abbildung 8.2: Qualitätsregelkarte

▷ Die Kreuze zeigen die Messwerte.

▷ Die Linien USL (upper specification limit) bzw. LSL (lower specification limit) definieren die obere bzw. untere Spezifikations-/Toleranzgrenze.

▷ Die gestrichelten Linien UCL (upper control limit), bzw. LCL (lower control limit) definieren die obere bzw. untere Eingriffsgrenze.

▷ Die fein gepunktete Linie kennzeichnet die Mitte, die den Durchschnitt der erwarteten Werte darstellt.

▷ Es gibt auch noch Qualitätsregelkarten, in denen weitere Bereiche (z.B. Warngrenzen) eingezeichnet werden.

Eingreifen muss man, wenn eine der drei folgenden Situationen vorliegt:

▷ Ein Punkt liegt außerhalb der Toleranzgrenze. Dann entspricht der gemessene Wert nicht mehr den Vorgaben. Die Ursache hierfür muss untersucht und der Prozess angepasst werden?

▷ Ein Punkt liegt außerhalb der Eingriffsgrenze. Dann entspricht der gemessene Wert zwar noch den Vorgaben, aber es sollte untersucht werden, warum der Messpunkt so weit vom Mittelwert entfernt ist und/oder ob eine Korrektur des Prozesses nötig ist.

▷ Es gibt einen *Trend*, das heißt, es gibt eine Reihe von Werten in Folge, die aufsteigend oder abfallend sind. Sie zeigen in der Regel einen systematischen Einfluss an. Oft wird die *Rule of seven* angewendet. Das heißt, dass eingegriffen wird, wenn sich sieben Punkte in einer Reihe befinden.

▷ Die Punktefolge ist ungewöhnlich. Ein so genannter *Run* liegt z.B. dann vor, wenn nur Werte oberhalb bzw. unterhalb der Mitte auftreten.

Wird eine *Warngrenze* überschritten, wird meistens eine zweite Stichprobe genommen.

Ziel der statistischen Prozesskontrolle ist es, beherrschte und fähige Prozesse zu generieren und die Prozesse zu optimieren

▷ **Beherrschter Prozess** – ein Prozess, bei dem sich die Parameter der Verteilung der Merkmalswerte des Prozesses praktisch nicht oder nur in bekannter Weise oder in bekannten Grenzen ändern. (Quelle: DIN 55350-11, 1995-08 , Nr. 7.2) D.h. ein Prozess gilt als beherrscht bzw. unter Kontrolle, wenn er voraussagbare Resultate ohne unerklärliche Abweichungen (»Ausreißer«) liefert.

8

▷ **Fähiger Prozess** – Ein Prozess heißt fähig, wenn die unvermeidlichen Genauigkeitsschwankungen bei der Ausführung kleiner sind als die zulässigen Toleranzen. Das bedeutet, der Prozess ist in der Lage, die an ihn gestellten Qualitätsforderungen zu erfüllen.

Zur Bewertung der Qualität von Prozessen gibt es verschiedene Kennzahlen, die bekanntesten sind:

▷ Yield (Y): Ausbeute, die ein Prozessschritt) liefert, ohne Berücksichtigung der Nacharbeit.
Y = fehlerfreien Einheiten / alle Einheiten

▷ Final Yield (FY): Ausbeute, die der Gesamtprozess liefert, ohne Berücksichtigung der Nacharbeit.
FY = fehlerfreien Einheiten / alle Einheiten

▷ First Pass Yield (FPY) oder Throughput Yield (TPY): Ausbeute, die ein Prozessschritt liefert, wenn keine Nacharbeit geleistet wird.
FPY = fehlerfreien Einheiten ohne Nacharbeit / alle Einheiten

▷ Rolled Throughput Yield (RTY): Ausbeute des Gesamtprozesses ohne Nacharbeit.
RTY = FY (Prozess 1) * FY (Prozess 2) * FY (Prozess n)

Da diese Kennzahlen erfahrungsgemäß für viele Projektmanager unbekannt sind, wollen wir sie mit einem Beispiel erklären und grafisch darstellen (siehe Abbildung 8-3):

In einem Unternehmen werden Regalbretter hergestellt. Im ersten Prozess(schritt) werden die Bretter zugesägt, im zweiten Prozess(schritt) abgeschliffen und im dritten Prozess(schritt) mit Klarlack gestrichen.

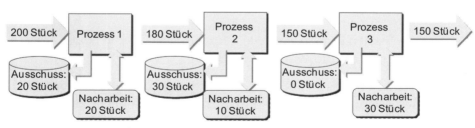

Abbildung 8.3: Beispiel Prozesskennzahlen

In unserem Beispiel gehen 200 Bretter in die Verarbeitung ein:

Bei dem Zuschneiden werden

▷ 20 Bretter zu lang abgesägt, sie müssen nachgesägt und auf die richtige Länge gekürzt werden → Nacharbeit

▷ 20 Bretter zu kurz abgesägt und können nicht weiter verwendet werden → Ausschuss

▷ Yield $\quad\quad$ = 20 / 200 $\quad$ = 90,0%
First Pass Yield = 40 / 200 $\quad$ = 80,0%

D.h. es sind noch 180 Bretter übrig, die im nächsten Schritt abgeschliffen werden. Dabei

▷ ist bei 10 Brettern die Oberfläche nach dem ersten Schliff noch zu rau und die Bretter werden ein zweites Mal abgeschliffen → Nacharbeit

▷ werden 30 Stück aussortiert, weil sie zu viele Astlöcher haben → Ausschuss

▷ Yield $\quad\quad$ = 150 / 180 $\quad$ = 83,3%
First Pass Yield = 140 / 180 $\quad$ = 77,8%

Damit bleiben noch 150 Bretter übrig, die mit Klarlack bestrichen werden. Bei 120 Brettern reicht ein Anstrich

▷ bei 30 Brettern ist ein weiterer Anstrich notwendig→ Nacharbeit

▷ Yield $\quad\quad$ = 150 / 150 $\quad$ = 100 %
First Pass Yield = 120 / 150 $\quad$ = 80%

Für den Gesamtprozess ergeben sich folgende Werte:

▷ Final Yield $\quad$ = 150 / 200 = 75%

▷ Rolled Throughput Yield = 0,800 * 0,778 * 0,800 = 0,498

D.h. mit einer Wahrscheinlichkeit von 49,8 % erhalten wir am Ende des Prozesses ein lackiertes Regalbrett, an dem keine Nacharbeit notwendig war.

Prozesskennzahlen werden natürlich am häufigsten in Produktionsprozessen verwendet, sie lassen sich aber auch gut einsetzen, um administrative Prozesse zu untersuchen.

8

Benchmarking

Benchmarking ist ein Vergleich von eigenen Einheiten (Organisationen, Abteilungen, Projekte, Prozesse etc.) mit anderen Einheiten. Es können Vergleiche mit anderen internen Einheiten durchgeführt werden (internes Benchmarking) oder mit dem Klassenbesten (best of class) – externes Benchmarking. Ziel ist es, Verbesserungsmöglichkeiten zu erkennen und die optimalen Vorgehensweisen (best practice) festzulegen.

Statistische Versuchsplanung

Die statistische Versuchsplanung (SVP, Design of Experiments = DoE) wird bei der Optimierung von Prozessen und bei der Neuentwicklung von Produkten eingesetzt. Diese Methode kennzeichnet, dass sie mit einer minimalen Anzahl von Versuchen ein Prozessmodell entwickelt, das die Einflussfaktoren (=unabhängige Variablen) und Zielgrößen (=abhängige Variable) darstellt.

Wollen sie zum Beispiel mit ihrem Projekt eine neue Brotsorte entwickeln, dann hängt die Qualität ihres Brotes nicht nur von den verschiedenen Zutaten ab, sondern auch von weiteren Einflussgrößen, wie z.B. Rührdauer und -geschwindigkeit sowie Backtemperatur und -dauer.

Mit SVP wird jetzt nicht nur untersucht, unter welchen Bedingungen das Brot optimal gelingt, sondern auch welche Parameteränderungen das Ergebnis besonders beeinflussen, bzw. welche Faktoren keinen Einfluss auf das Ergebnis haben.

Da bei der SVP meist komplexe Systeme und größere Datenmengen betrachtet werden, ist meistens der Einsatz einer entsprechenden Software notwendig.

Stichprobenprüfung

Bei der PMP-Prüfung können Fragen zu Stichprobenprüfungen (statistical sampling) bzw. allgemein zur Statistik Probleme bei der Beantwortung bereiten. Das liegt nicht am Schwierigkeitsgrad, sondern an mangelnder Vorbereitung. Viele Prüfungskandidaten haben sich zum letzten Mal in der Schule bzw. im Studium mit der Materie beschäftigt und sind auch froh, mit diesem Thema nicht mehr konfrontiert worden zu sein. Wenn diese Einstellung auch für Sie zutrifft, dann müssen Sie wahrscheinlich ein bisschen Aufwand investieren, um die Grundlagen wieder aufzufrischen.

Folgende Begriffe sollten Sie auf jeden Fall kennen und einordnen können:

▷ **Variable** (auch Größe) – Ein Element aus einer vorgegebenen Menge, dessen Wert nicht festgelegt bzw. zu Beginn der Betrachtung noch unbekannt ist.

▷ **Merkmal** – Eine Eigenschaft zum Erkennen bzw. Unterscheiden von Einheiten. Es gibt verschiedene Klassen von Kennzahlen:

  – **Qualitatives Merkmal** – Merkmal, dessen Werte einer Skala zugeordnet sind, auf der keine Abstände definiert sind. Die zugehörige Skala heißt »Topologische Skala«.

  – **Quantitatives Merkmal** – Merkmal, dessen Werte einer Skala zugeordnet sind, auf der Abstände definiert sind. Die zugehörige Skala wird als »Metrische Skala« oder »Kardinalsskala« bezeichnet.

    – **Diskretes Merkmal** – Quantitatives Merkmal, dessen Wertebereich endlich oder abzählbar ist, wie gut – schlecht, bestanden – nicht bestanden.

    – **Stetiges (kontinuierliches) Merkmal** – Quantitatives Merkmal, dessen Wertebereich unendlich ist.

▷ **Grundgesamtheit** (Population) – Die Grundgesamtheit, auch Los genannt, ist eine Menge gleichartiger Elemente, die betrachtet wird, z.B. alle Project Management Professionals.

▷ **Stichprobe** (Sample) – Eine Stichprobe wird aus einer Teilmenge der Grundgesamtheit gebildet. Eine repräsentative Stichprobe wird dann verwendet, wenn die Grundgesamtheit sehr groß ist und infolgedessen die Prüfung der kompletten Grundgesamtheit nicht möglich ist, zu lange dauern oder zu hohe Kosten verursachen würde. Eine Befragung aller PMPs weltweit ist zum Beispiel kaum durchführbar. Hier wäre es sinnvoll, eine repräsentative Stichprobe vorzunehmen. Man könnte sich beispielsweise darauf beschränken, 150 repräsentative PMPs zu interviewen.

▷ **Wahrscheinlichkeit** – Ein Maß für das Eintreten eines Ereignisses. Der Wert einer Wahrscheinlichkeit ist eine Zahl zwischen null und eins oder eine Angabe in Prozent zwischen 0% und 100%.

▷ **Normalverteilung** – Eine gängige symmetrische Wahrscheinlichkeitsverteilung von Messwerten um den Mittelwert (auch Glocken- bzw. Gauß'sche Glockenkurve genannt). Der Mittelwert ist der häufigste Wert.

8

▶ **Standardabweichung** (Sigma, σ) – Parameter der Normalverteilung, der die Streuung kennzeichnet, das heißt, je kleiner die Standardabweichung, desto geringer die Streuung. Im Bereich ± 1σ um den Mittelwert liegen ca. 2/3 (68,26%) aller Messwerte (± 2σ ≅ 95,46%, ± 3σ ≅ 99,73%, ± 6σ ≅ 99,99%).

Standardwerkzeuge des Qualitätsmanagements

Die folgend aufgeführten Qualitätstechniken werden oft unter dem Namen *Sieben Basis-Qualitätswerkzeuge* oder *Standardtechniken des QM* zusammengefasst. Sie wurden von dem Japaner Ishikawa zusammengestellt und basieren meist auf mathematisch-statistischen Grundlagen. Sie dienen dazu, einen Sachverhalt zu visualisieren, ihn zu verstehen und Lösungen zu entwickeln. Beim Einsatz aller hier aufgelisteten Techniken gilt, dass der Weg das Ziel ist. Daher entscheidet über den erfolgreichen Einsatz nicht nur das Ergebnis, sondern auch der Prozess der Erstellung (Brainstorming, Diskussionen oder Ähnliches), bei dem alle Beteiligten ein klareres Bild der vorliegenden Situation erhalten.

Für die Prüfung müssen Sie keine vertieften Kenntnisse hinsichtlich der einzelnen Werkzeuge besitzen, Sie sollten aber wissen, für was welches Werkzeug eingesetzt wird. Dies zeigt Tabelle 8.1 auf.

Standardwerkzeuge	Einsatzmöglichkeiten
Ursachen-Wirkungs-Diagramm, auch Fischgrätdiagramm oder Ishikawa-Diagramm	Darstellung der Zusammenhänge zwischen Ursachen und ihrer Wirkung
Qualitätsregelkarte	Graphische Darstellung der Ergebnisse von Stichprobenprüfungen. Dient der Überwachung von Prozessen
Flussdiagramm oder System-/ Prozessablaufdiagramm	Darstellung von System- oder Prozessabläufen
Histogramm	Darstellung von Messwerten in Form von nebeneinander gereihten Säulen

Tabelle 8.1: Übersicht Standardwerkzeuge und ihre Einsatzmöglichkeiten

Standardwerkzeuge	Einsatzmöglichkeiten
Pareto-Diagramm	Darstellung der Bedeutung einer Einheit zum Ganzen. Spezialform des Histogramms, bei dem die Säulen nach Größe sortiert sind (die größte Säule links).
Run Chart	Darstellung des zeitlichen Verlaufs und das Muster von Messergebnissen.
Streuungsdiagramm bzw. Korrelations- oder (engl.) Scatterdiagramm	Darstellung der Beziehung zwischen zwei veränderlichen Größen (Variablen)

Tabelle 8.1: Übersicht Standardwerkzeuge und ihre Einsatzmöglichkeiten (Forts.)

Weitere Methoden

Neben den oben aufgeführten Methoden gibt es im Bereich Qualitätsmanagement noch viele weitere. Zumindest dem Namen nach sollten Ihnen folgende Methoden bekannt sein:

8

▶ **Six-Sigma** – Unter Six-Sigma versteht man eine Methode kontinuierlicher Verbesserung der Unternehmensprozesse – und daraus resultierend von Produkten und Dienstleistungen. Der Begriff kommt aus der Statistik, Sigma (s) steht für die Standardabweichung der Gauß'schen Normalverteilung. In einem Prozess, der eine Six-Sigma(6s)-Qualität erfüllt, entstehen, bezogen auf eine Million Möglichkeiten, nur 3,4 fehlerhafte Ergebnisse. Damit liegt die Anzahl der fehlerfreien Prozesse bei 99,99966 Prozent. »Normale« Unternehmen liegen in der Regel zwischen drei und vier Sigma; das entspricht einer fehlerfreien Rate von 93,3 bis 99,4 Prozent. Das Ziel von Six-Sigma ist es, keine Fehler zu machen und damit den Fehlleistungsaufwand zu reduzieren. Bei einer flächendeckenden Six-Sigma-Qualität im Unternehmen sinken die Qualitätskosten im Allgemeinen auf weniger als ein Prozent vom Umsatz – bei drei bis vier Sigma liegen sie in einer Größenordnung von 25 Prozent. Entwickelt wurde Six-Sigma in den Jahren 1986/87 bei Motorola. Six-Sigma kann nur dann erfolgreich eingeführt werden, wenn die Mitarbeiter entsprechend geschult sind. Es gibt mehrere Qualifikationsgrade, deren Bezeichnungen an asiatische Kampfsportarten angelehnt sind. Die Skala reicht vom so genannten Yellow Belt und Green Belt über den Black Belt bis zum Master Black Belt und Champion.

▶ **Versuchsplanung nach Taguchi** – Dies ist die Strategie der *statistischen Versuchsplanung*, die darauf abzielt, Erkenntnisse zur Gestaltung »robuster« Produkte und Prozesse zu gewinnen. Robuste Systeme zeichnen sich durch eine geringe Anfälligkeit gegenüber Störgrößen aus.

▶ **Just-in-Time (JIT)** – Eine Unternehmenskonzeption, bei der die Termine für Zulieferung und Produktion genau aufeinander abgestimmt werden, um zusätzliche Kosten für die Lagerung zu vermeiden.

▶ **Kanban-System** – Ein System, das zur Fertigungssteuerung bei Just-in-Time eingesetzt wird. Es basiert auf Karten.

▶ **Grenzanalyse** (Marginal Analysis) – Mit ihrer Hilfe berechnet man – vereinfacht ausgedrückt –, bei welchem Qualitätslevel der Aufwand dem Ertrag entspricht.

▶ **6W-Methode (Voice of the customer)** – Die 6W-Methode analysiert die Anforderungen (die Stimme) des Kunden, indem sechs W-Fragen gestellt werden: Wer, Was, Wie, Wann, Wo und Warum?

▶ **Quality Function Deployment (QFD)** – QFD ist eine durchgängige Planungsmethode, um die Bedürfnisse der Kunden zu verstehen, zu steuern und umzusetzen. Mit ihr wird sichergestellt, dass das Projektprodukt mit den Anforderungen übereinstimmt (das heißt, die Leistungen erfüllt, für das es konzipiert war) und gebrauchstauglich ist (das heißt, echte Bedürfnisse erfüllt). Bei einer vollständigen QFD durchläuft jede Produktentwicklung zunächst eine Basisphase, in der Kundenanforderungen ermittelt werden, und im Anschluss vier weitere Phasen, wobei für jede Phase ein »House of Quality« entwickelt wird.

▶ **Fehlermöglichkeits- und -einflussanalyse (FMEA)** – FMEA ist eine Methode, um systematisch mögliche Probleme und deren Risiken zu ermitteln und zu dokumentieren sowie ihre Auswirkungen abzuschätzen und Maßnahmen zu definieren. Ein Kernpunkt der FMEA ist, für jeden aufgedeckten potenziellen Fehler eine Risikoprioritätszahl (RPZ) zu bestimmen, wobei die Risiken mit einer hohen RPZ vorrangig behandelt werden. Das heißt, immer wenn in einer Frage der Begriff *Risikoprioritätszahl* auftaucht, lässt dies auf eine FMEA schließen. Der Einsatz einer FMEA ist immer eine Vorbeugemaßnahme.

> **Balanced Scorecard** – ist ein Bewertungs- und Managementsystem zur umfassenden Beurteilung der Unternehmensentwicklung. Es enthält Kennzahlen aus den vier Bereichen: (1) Finanzen, (2) Kunden und Markt, (3) Interne Prozesse, (4) Lernen und Wachstum.

Der Qualitätsmanagementplan (QM-Plan)

Frage

Kennen Sie den Unterschied zwischen einem Qualitätsmanagementplan und einem Qualitätssicherungsplan?

Antwort

Im *Qualitätssicherungsplan* (QS-Plan) wird im Allgemeinen produktbezogen festgelegt, welche Merkmale wann und von wem überprüft werden. Der Qualitätssicherungsplan ist damit ein Bestandteil des Qualitätsmanagementplans des Projektes.

Der *Qualitätsmanagementplan* ist ein Ausgangswert der Projektplanung und legt fest, wie das Qualitätsmanagement im Projekt organisiert ist. Er hat die Aufgabe sicherzustellen, dass Inhalt und Umfang des Projektes – wie in der Inhalts- und Umfangsbeschreibung definiert und dokumentiert – auch erstellt werden.

Der Qualitätsmanagementplan ist (neben Qualitätsmetriken, Checklisten und Prozessverbesserungsplan) das Ergebnis des Prozesses »Qualität planen«. Sie kennen ja bereits das Konzept der Managementpläne: In dem Qualitätsmanagementplan wird festgelegt, wie das Projektteam mit dem Thema Qualität im Projekt umgeht. Seine Gestaltung hängt von den Vorgaben der Organisation und vor allem von der Größe und der Komplexität des Projektes ab.

Ein Projekt, das in ähnlicher Art und Weise schon mehrfach von den gleichen Teammitgliedern durchgeführt wurde, wird einen kurzen oder nur informellen Qualitätsmanagementplan haben. Ein großes Projekt, das geprägt ist von vielen beteiligten Personen, verschiedenen Kulturen und neuer Technik, wird dagegen einen sehr detaillierten Qualitätsmanagementplan benötigen.

8

Durchführen der Qualitätslenkung

Bei der Qualitätslenkung wird untersucht, ob die definierten Qualitätsmaßnahmen durchgeführt werden und ihre Ergebnisse dokumentiert und interpretiert.

Der Prozess der Qualitätslenkung ist damit ein sehr integrativer Prozess, in denen die Ergebnisse von anderen Wissensgebieten eingehen:

▷ Integrationsmanagement:

  – Projektmanagementplan (erstellt von Prozess 4.2.)

▷ Liefergegenstände (erstellt von Prozess 4.3)

▷ Genehmigte Änderungsanträge (erstellt von Prozess 4.5)

▷ Inhalts- und Umfangsmanagement:

  – Messungen der Arbeitsleistung (erstellt von Prozess 5.5.)

▷ Terminmanagement:

  – Messungen der Arbeitsleistung (erstellt von Prozess 6.6.)

▷ Kostenmanagement:

  – Messungen der Arbeitsleistung (erstellt von Prozess 7.3.)

Weiterhin werden natürlich die Planwerte, die im Prozess 8.1. »Qualität planen« erarbeitet wurden, benötigt:

▷ Qualitätsmanagementplan (als Bestandteil des Projektmanagementplans)

▷ Qualitätsmetriken

▷ Qualitätschecklisten

D.h. der Prozess der Qualitätslenkung hat zwei Kategorien von Eingangswerten (Inputs):

▷ die Soll-Werte (Beschreibungen, was, wie und in welcher Qualität durchgeführt bzw. erstellt werden soll),

▷ die Ist-Werte (Die Messungen der Arbeitsleistung, bezogen auf alle drei Seiten des magischen Dreiecks).

In dem Prozess der Qualitätslenkung wird dann – vereinfacht ausgedrückt – überprüft, ob Soll und Ist übereinstimmen. Wenn ja, dann werden die Ergebnisse, die Liefergegenstände validiert. Diese validierten Liefergegenstände gehen dann in den Prozess »Inhalt- und Umfang verifizieren« ein, in dem die Liefergegenstände formell freigegeben werden.

Interessant ist der Prozess der Qualitätslenkung auch in Bezug auf das Änderungsmanagement. Genehmigte Änderungsanträge gehen in die Qualitätslenkung ein, als Ergebnis liefert die Qualitätslenkung dann, neben den validierten Liefergegenständen, auch validierte Änderungen, aber – wenn eine Soll-Ist-Abweichung ermittelt wurde – auch neue Änderungsanträge (die dann in den Prozess der integrierten Änderungssteuerung eingehen und dort bewertet werden).

8.1.4 Durchführen der Qualitätssicherung

Wie bereits oben angesprochen, ist der Prozess »Qualitätssicherung durchführen« von seiner Einordnung her schwierig, da er sich nicht direkt mit der Sicherstellung der Qualität der Liefergegenstände befasst (wie die meisten spontan vermuten), sondern mit der Sicherstellung der Qualität der Projektprozesse.

Neben der Analyse der definierten Prozesse werden in der Qualitätssicherung verschiedene Prüfungen durchgeführt.

Unter Prüfung versteht man dabei allgemein eine Tätigkeit, bei der ein oder mehrere Merkmale einer Einheit untersucht bzw. gemessen werden und die Ergebnisse mit den festgelegten Forderungen verglichen werden, um festzustellen, ob Konformität für jedes Merkmal erzielt ist. Je nach Anwendungsbereich oder Unternehmen werden für Prüfungen spezielle Begriffe verwendet, wie Abnahmetest, Design Review oder Endkontrolle. Eine besondere Form der Überprüfung, die auch international genormt ist, ist das Audit (bzw. **Qualitätsaudit**).

Ein **Audit** überprüft, ob ein Soll- und ein Ist-Zustand übereinstimmen. Der Soll-Zustand wird dabei durch Vorgabedokumente, wie zum Beispiel Projektmanagementplan, QM-Plan oder Spezifikationen, festgelegt. Es gibt drei Arten von Audits: Produkt-, Verfahrens- und Systemaudits. Der Ist-Zustand wird dabei jeweils durch Befragungen, Prüfungen und ggf. Messungen ermittelt und in so genannten Qualitätsaufzeichnungen dokumentiert. Qualitätsaufzeichnungen sind Nachweis- oder Ergebnisdokumente und halten fest, »was getan wurde«. Ziel von Audits ist es, Verbesserungen zu erkennen, nicht Schuldige zu suchen!

Das besondere an Audits ist weiterhin, dass sie immer von einem unabhängigen Auditor durchgeführt werden. Der Auditor muss dabei nicht von einem externen Unternehmen kommen. Es kann auch ein Kollege/eine Kollegin aus einem anderen Bereich sein. Wichtig ist nur, dass er Sachverstand hat, methodisch vorgeht und keine Verantwortung in Bezug auf die auditierte Einheit hat bzw. betroffen ist.

In dem Prozess *Qualitätssicherung durchführen* können auch die Methoden der Prozesse *Qualität planen* und *Qualitätssicherung lenken* eingesetzt werden. Dies hat für die PMP-Prüfung einen Vorteil und einen Nachteil: Der Vorteil ist, dass Sie sich nicht genau merken müssen, welche Methode welchem Prozess zugeordnet ist. Die Kehrseite der Medaille ist, dass Sie bei einer Prüfungsfrage interpretieren müssen, auf welchen Prozess die Frage abzielt. Nehmen wir zum Beispiel den Einsatz einer Qualitätsregelkarte (QRK):

Wenn die Frage in dem Kontext gestellt wird, dass Sie mit ihrem Team diskutieren, welche Art von Qualitätsregelkarte sie einsetzen und welche Eingriffsgrenzen sie setzen, dann sind im Prozess der Qualitätsplanung

Wenn jedoch die Situation geschildert wird, dass Sie anhand der QRK erkennen, dass Teile in ihrem Projekt nicht richtig produziert werden und nachgearbeitet werden müssen, dann sind sie im Prozess Qualitätslenkung.

Und wenn in der Frage beschrieben wird, dass Sie im Laufe des Projekts erkannt haben, dass die eingesetzte QRK nicht die richtige Methode ist, um zu überprüfen, ob Ihr Prozess unter Kontrolle ist – dann sind sie im Bereich der Qualitätssicherung.

Zusammenfassend lässt sich sagen, dass der Prozess *Qualitätssicherung durchführen* die Prozessverbesserung im Blick hat. Und zwar nicht nur für das Projekt selbst, sondern das Ziel ist auch, das Projektmanagement im Unternehmen insgesamt zu verbessern, damit die gleichen Fehler nicht zweimal gemacht werden.

8.2 Beispielfragen

1. Die Risikoprioritätszahl (RPZ) drückt eine quantitative Bewertung eines potenziellen oder tatsächlichen Fehlers aus. Bei welchem Werkzeug des Qualitätsmanagements findet sie Anwendung?

    a. Quality Function Deployment (QFD)

    b. Ishikawa-Diagramm

    c. PDCA-Modell

    d. FMEA (Fehlermöglichkeits- und -einflussanalyse)

2. Sie erhalten die Fehlerprotokolle einer Testreihe, die für Komponenten Ihres Projektproduktes durchgeführt wurden. Die Fehler beziehen sich auf die Komponenten Hardware, Steuersystem, Hydraulik sowie sonstige, kleinere Komponenten. In welchem der unten genannten Szenarien sehen Sie die Pareto-Regel bestätigt? Die Zahlen in Klammern sind die Anzahl der Fehler pro Komponente.

    a. Hardware (7), Steuersystem (3), Hydraulik (20), Sonstige (112)

    b. Hardware (153), Steuersystem (147), Hydraulik (120), Sonstige (103)

    c. Hardware (3), Steuersystem (12), Hydraulik (51), Sonstige (7)

    d. Hardware (3), Steuersystem (7), Hydraulik (30), Sonstige (50)

3. Wenn Qualitätsverbesserungen dazu führen, dass Fehler reduziert werden, dann sollten die Prüfkosten ...

    a. steigen.

    b. sich verringern.

    c. gleich bleiben.

    d. anfangs gleich bleiben und dann leicht steigen.

4. Einer der folgenden Sätze beschreibt eine Kernaussage von Deming. Welcher?

    a. Qualität ist vor allem von der Ausbildung der Projektteammitglieder abhängig.

    b. Die Verantwortung für Qualität liegt vor allem beim Management.

c. Qualität hängt vom Betrachter ab (»Ich werde es erst wissen, wenn ich es sehe.«).

d. Qualität kann nur unter einer Verringerung der Produktivität erreicht werden.

5. Welcher der folgenden Punkte charakterisiert den Schwerpunkt der Qualitätssicherung am besten?

a. Sicherstellung einer Warenproduktion, die dem höchsten Luxusstandard entspricht.

b. Überwachung bestimmter Projektergebnisse, um festzustellen, ob diese den relevanten Qualitätsstandards entsprechen, und um herauszufinden, wie sich die Ursachen für nicht zufriedenstellende Leistungen beheben lassen.

c. Anwenden der geplanten systematischen Qualitätsvorgänge, um sicherzustellen, dass im Projekt alle erforderlichen Prozesse zur Anwendung gelangen.

d. Ergreifung von Maßnahmen zur Steigerung der Effektivität und Effizienz des Projektes, um sowohl der Trägerorganisation als auch dem Projektkunden größeren Nutzen zu bringen.

6. Welcher der hier aufgeführten Punkte bewirkt wahrscheinlich keine Qualitätsverbesserung?

a. Eine häufigere Statusberichterstattung.

b. Eine umfangreiche Einbindung der Stakeholder in die Projektplanung.

c. Ein Vorschlagswesen des Projektteams.

d. Eine Anwendung von statistischen Methoden auf Projektprozesse.

7. Welcher Punkt ist kein für das Qualitätsmanagement allgemein übliches Werkzeug?

a. Das Ishikawa-Diagramm

b. Das Pareto-Diagramm

c. Sensitivitätsanalyse

d. Das Benchmarking

8. Das rechtzeitige Erkennen von Qualitätsmängeln ist wessen Aufgabe?

   a. Der Qualitätssicherungsabteilung

   b. Des Projektleiters

   c. Des Auftragnehmers im Rahmen der formellen Abnahme

   d. Aller Projektbeteiligten

9. Ein Kunde hat ein neues Element bestellt. Die beauftragte Maschinenfabrik hat zur Qualitätsverbesserung auf eigene Kosten eine besondere Legierung verwendet. Aus Sicht des Projektes ...

   a. erhöht diese Maßnahme stets die Kundenzufriedenheit.

   b. bewirkt die Maßnahme keine Wertsteigerung.

   c. bewirkt diese Maßnahme, dass der Kunde bei der Abnahme geringfügige Mängel eher akzeptiert.

   d. kann diese Maßnahme durch Einsparungen an anderer Stelle wieder refinanziert werden.

10. Welches der folgenden Werkzeuge ist am besten geeignet, Abweichungen in der Qualität von Prozessen zu erkennen?

   a. Versuchsanordnungen

   b. Pareto-Diagramme

   c. Qualitätsregelkarten

   d. Ablaufpläne

8.3   Lösungen mit Erklärungen

1. Lösung d)

   a. Falsch. Bei QFD findet die RPZ keine Anwendung.

   b. Falsch. Beim Ursache-Wirkungs-Diagramm findet die RPZ keine Anwendung.

   c. Falsch. Beim PDCA-Modell findet die RPZ keine Anwendung.

   d. Richtig. Die RPZ findet bei der FMEA Anwendung. Sie ist das Ergebnis der Multiplikation von Eintrittswahrscheinlichkeit, Bedeutung der Fehlerauswirkung und Entdeckungswahrscheinlichkeit.

2. Lösung c)

   a. Falsch. Da unter dem Punkt »Sonstige« einige kleinere Komponenten zusammengefasst sind, wird hier die Pareto-Regel nicht erfüllt.

   b. Falsch. Hier ist ist nicht zu erkennen, dass einige wenige Komponenten den Großteil der Fehler verursachen.

   c. Richtig. Die meisten Fehler treten bei der Hydraulik auf. Hier ist die Pareto-Regel erfüllt.

   d. Falsch. Da unter dem Punkt »Sonstige« einige kleinere Komponenten zusammengefasst sind, wird hier die Pareto-Regel nicht erfüllt.

3. Lösung b)

   a. Falsch. Durch Reduzierung der Fehlerzahl sollten auch die Prüfkosten sinken.

   b. Richtig. Die Gesamtidee, die hinter einer Qualitätsverbesserung steht, ist die Reduzierung der Fehlerzahl und folglich die Senkung des Bedarfs nach Kontrollen und der Prüfkosten.

   c. Falsch. Durch Reduzierung der Fehlerzahl sollten auch die Prüfkosten sinken.

   d. Falsch. Durch Reduzierung der Fehlerzahl sollten auch die Prüfkosten sinken.

4. Lösung b)

   a. Falsch. Die adäquate Ausbildung hilft, ist aber nicht allein ausschlaggebend.

   b. Richtig. Deming sagte mehrmals, dass 85 bis 95% der Qualitätsprobleme im Versagen des Managements begründet seien und nicht von den Arbeitern verursacht sind.

   c. Falsch. Keine Kernaussage von Deming.

   d. Falsch. Das Gegenteil sollte der Fall sein.

5. Lösung c)

   a. Falsch. Der gewünschte Standard ist eine Frage der Klasse, nicht der Qualität.

   b. Falsch. Hiermit ist Qualitätslenkung gemeint.

   c. Richtig. Obwohl andere Definitionen existieren, findet diese Definition im PMBOK Guide Anwendung.

   d. Falsch. Hiermit ist Qualitätsverbesserung gemeint.

6. Lösung a)

   a. Richtig. Häufigere Statusberichte, genauso wie häufigere Prüfungen, werden wahrscheinlich nicht zu einer Qualitätsverbesserung führen.

   b. Falsch. Die Einbeziehung der Stakeholder in die Planung kann oftmals zu Qualitätsverbesserung führen.

   c. Falsch. Vorschläge des Teams können oftmals zu Qualitätsverbesserung führen.

   d. Falsch. Die Anwendung von statistischen Methoden kann zu einer Qualitätsverbesserung führen.

7. Lösung c)

   a. Falsch. Werkzeug für das Qualitätsmanagement.

   b. Falsch. Werkzeug für das Qualitätsmanagement.

   c. Richtig. Werkzeug für das Risikomanagement.

   d. Falsch. Werkzeug für das Qualitätsmanagement.

8. Lösung d)

   a. Falsch. Die QS-Abteilung (wenn vorhanden) wird zwar Fehler aufdecken, aber nicht alleine.

   b. Falsch. Der Projektleiter trägt zwar die Hauptverantwortung für das Qualitätsmanagement. Aber die Fehlerentdeckung ist nicht alleine seine Aufgabe.

   c. Falsch. Auch während des Projektes müssen Fehler identifiziert werden.

   d. Richtig. Alle Mitarbeiter sind der Qualität verpflichtet und sollten daher potenzielle und reale Fehler aufdecken.

8

9. Lösung b)

   a. Falsch. Leider nicht immer der Fall.

   b. Richtig. Diese Zusatzleistung (»gold plating«) bringt keinen zusätzlichen Wert. Es sollte geliefert werden, was vereinbart ist, nicht mehr und nicht weniger.

   c. Falsch. Wunschdenken, das selten der Realität entspricht.

   d. Falsch. Diese Zusatzleistung darf sich nicht auf andere Teile des Projektes auswirken.

10. Lösung c)

   a. Falsch. Versuchsanordnungen zeigen keine Q-Abweichungen in Prozessen auf.

   b. Falsch. Pareto-Diagramme zeigen keine Q-Abweichungen in Prozessen auf.

   c. Richtig. In der QRK werden die Ergebnisse von Prozessmessungen dokumentiert.

   d. Falsch. Ablaufpläne dokumentieren in der Regel einen Sollzustand, keine Ergebnisse.

9 Personalmanagement in Projekten

9.1 Themengebiete des Wissensgebietes

Der Erfolg eines Projektes hängt hauptsächlich von den Personen ab, die es durchführen. Nur wenn der Projektleiter und die Teammitglieder angemessen qualifiziert und motiviert sind, ist die Basis für eine erfolgreiche Projektarbeit geschaffen.

Im PMBOK Guide werden die Fragen rund um die Zusammenstellung und Zusammenarbeit des Teams hauptsächlich im Kapitel 9, Personalmanagement, behandelt. Aber auch andere Kapitel enthalten Aspekte dieses Themas. Zum Beispiel hat die Organisationsform eines Unternehmens (wie in Kapitel 3 – Projektmanagementrahmen beschrieben) meist Auswirkungen auf die Zusammenstellung des Teams und Zusammenarbeit im Team.

Wenn Sie die von PMI geforderten Kriterien für die Zulassung der PMP-Prüfung erfüllen, dann verfügen Sie bereits über einige Berufs- und Projekterfahrung und gehen bestimmt davon aus, dass diese Erfahrung Ihnen die Beantwortung der Fragen erleichtert. Aber Vorsicht: Ihre Erfahrung muss nicht notwendigerweise deckungsgleich mit dem bestmöglichen Weg sein. Beantworten Sie die Fragen daher nicht nur aus Ihrem Erfahrungsschatz heraus, sondern trainieren Sie den notwendigen Transfer.

Am besten lässt sich dieser Rat am Beispiel verschiedener Führungsstile erläutern: Um die geeignete Reaktion auf das Verhalten eines Mitarbeiters zu ermitteln, müssen Sie sowohl Ihre als auch seine Reaktion einordnen. Was aber, wenn Sie sowohl Ihre Art zu führen, als auch seine Art, darauf zu reagieren, missinterpretieren? Sie nehmen einen Vergleich mit der Praxis und Ihrer Erfahrung vor und bewerten die Situation danach, wie Sie handeln würden. Das kann in der Praxis erfolgreich sein, muss aber nicht unbedingt die beste Lösungsmöglichkeit sein.

In der Prüfung wird aber nach der besten Lösungsmöglichkeit gesucht. Nähern Sie sich daher dem Ideal an, indem Sie im Vorfeld Ihre eigenen Verhaltensweisen im Projektalltag noch einmal nach den Kriterien der Theorie bewerten. Es fällt Ihnen dann leichter, den Unterschied zwischen Ihrer eigenen Vorgehensweise und der des Musterprojektleiters festzustellen und damit auch die richtige Antwortmöglichkeit herauszufinden.

Bedenken Sie außerdem, dass viele Begriffe aus dem Bereich Personalmanagement nicht genormt sind und in der Vielzahl von Veröffentlichungen, die es zu diesem Thema gibt, häufig in unterschiedlichem Kontext verwendet werden. Ausschlaggebend sind die von PMI verwendeten Definitionen.

9.1.1 Prozesse des Personalmanagements

Personalmanagement in Projekten umfasst vier Prozesse:

1. Personalbedarfsplan entwickeln
2. Projektteam zusammenstellen
3. Projektteam entwickeln
4. Projektteam managen

Diese Prozesse stehen miteinander in Beziehung und bauen aufeinander auf. Wir stellen die einzelnen Prozesse folgend kurz vor und erläutern danach die verschiedenen Aspekte des Personalmanagements.

Personalbedarfsplan entwickeln

Die Personalbedarfsplanung befasst sich mit dem Identifizieren, Dokumentieren und Zuweisen von Projektrollen und Verantwortlichkeiten und dem Festlegen von Berichtswegen. Damit dies möglich ist, muss festgelegt sein, welche Mitarbeiterqualifikationen wann gebraucht werden.

Frage

Überlegen Sie, in welchem Prozess festgelegt wird, welche Ressourcen benötigt werden.

Antwort

Die Festlegung geschieht während des Prozesses »Ressourcen für Vorgänge schätzen«.

Die Organisation im Projekt hängt von verschiedenen Faktoren ab. Neben der gegebenen Aufbauorganisation des Unternehmens sind dies z.B. auch Größe des Projektes, Zusammenarbeit mit dem Auftraggeber, Einbeziehung von Subunternehmern und die fachliche Qualifikation der Mitarbeiter.

Hinweis: Lassen sie sich vom PMBOK Guide nicht verwirren, in der Einleitung zu dem Prozess Personalbedarfsplan entwickeln wird erläutert, dass ein Ziel des Prozesses ist, den Personalmanagementplan zu erstellen. Als Ausgangswert des Prozesses findet man dann aber nur den »Personalbedarfsplan«.

Im *Personalbedarfsplan* wird festgelegt, wann und wie die Personalanforderungen im Projekt erfüllt werden. Er ist damit ein Teil des Personalmanagementplans, in dem noch weitere Punkte festgelegt sein können (z.B. Rollen, Verantwortlichkeiten, Teambildungsmaßnahmen, Regeln der Zusammenarbeit, ...).

9

Projektteam zusammenstellen

Projektteam zusammenstellen beschäftigt sich mit der Frage, wie die benötigten Mitarbeiter dem Projekt zugewiesen werden können. Es ist ein typisches Projektproblem, dass die Anforderungen an das Projektpersonal zwar detailliert ermittelt und dokumentiert wurden, dass aber der vorhandene Mitarbeiterbestand einerseits knapp ist und andererseits die verfügbaren Mitarbeiter nicht immer die geforderten Qualifikationen besitzen.

In der Realität gibt es daher immer wieder die Situation, dass Mitarbeitern Aufgaben in Projekten zugewiesen werden, für die sie eigentlich nicht ausreichend qualifiziert sind. Hier liegt es in der Verantwortung des Projektleiters, entsprechende Maßnahmen zu definieren. Jedes Projektteammitglied muss in die Lage versetzt werden, seine Aufgabe zu erfüllen. Die Kosten hierfür müssen mit in das Projektbudget einkalkuliert werden.

Projektteam entwickeln

Projektteam entwickeln ist ein sehr komplexer Prozess. Er befasst sich mit der Frage, wie aus einer Gruppe von Personen ein Team gebildet werden kann.

Frage

Was ist der Unterschied zwischen einer Gruppe und einem Team?

Antwort

Es gibt verschiedene Definitionen von Gruppe und Team, aber im Allgemeinen bezeichnet man mit *Gruppe* Personen, die aufgrund charakteristischer Merkmale zusammengehörig erscheinen. Ein *Team* ist eine Gruppe, die sich für ein gemeinsames Ziel engagiert und deren Mitglieder sich gegenseitig zur Verantwortung ziehen.

Projektteam managen

Unter dem Prozess Projektteam managen versteht man die Beobachtung der Leistungen der Teammitglieder, das Geben von Feedback, die Problemlösung und die Koordinierung von Änderungen, die zur Steigerung der Projektleistung notwendig sind.

9.1.2 Rollen und Verantwortungen der Projektstakeholder

Weiter vorne in diesem Buch, in Kapitel 3, haben wir die verschiedenen möglichen Organisationsformen erläutert und dargestellt, welche Stakeholder normalerweise in jedem Projekt vorhanden sind. Rekapitulieren Sie den Inhalt an dieser Stelle bitte noch einmal. Die Festlegung, welche Rollen und Verantwortungen die einzelnen Stakeholder in einem spezifischen Projekt haben, hängt nämlich nicht unwesentlich von der gegebenen Organisationsstruktur ab und ist ein Ergebnis des Prozesses *Personalbedarfsplan entwickeln*. Aussagen dazu, wer was im Projekt macht und welche Befugnisse er hat, sind aber in vielen Teilen des PMBOK Guide und der weiterführenden Literatur zu finden. Wir geben daher in diesem Abschnitt eine Übersicht über die wichtigsten Rollen in einem Projekt.

Rolle des Projektleiters

Der *Projektleiter* (Projektmanager) ist derjenige, der für die Leitung des Projektes verantwortlich ist.

Dass Projektleiter im Alltag auch andere Aufgaben und Kompetenzen haben können, als nachfolgend dargestellt, ist für die Prüfung nicht relevant. Für die Prüfung sollten Sie sich vielmehr die hier genannten Punkte merken. Der Projektleiter ...

- verantwortet den Projekterfolg, aber auch -misserfolg;
- sollte dem Projekt so früh wie möglich zugeordnet werden;
- muss selbst Initiative ergreifen und auch Nein sagen können;
- verhandelt auch den Inhalt und Umfang des Projektes und Produktes;
- integriert die Einzelkomponenten zu einem abgestimmten Projektplan und pflegt diesen;
- muss kein Fachexperte sein;
- entwickelt aus den Projektmitarbeitern ein Team, auch wenn er nicht unbedingt die Personalverantwortung hat;
- überwacht den Fortschritt und die Fertigstellung des Projektes;
- kommuniziert den Projektstatus (gute und schlechte Nachrichten) an die Stakeholder;
- muss mit Konflikten (technischen und organisatorischen) umgehen und diese lösen können;
- braucht entsprechende Kompetenzen, um Entscheidungen fällen (oder herbeiführen) zu können;
- schließt das Projekt ordnungsgemäß ab.

Rolle des Kunden

Der *Kunde* im weiteren Sinne ist derjenige, der das Ergebnis des Projektes später nutzen wird. Kunde im engeren Sinne (dieser ist im Allgemeinen in der Prüfung gemeint) ist der externe Auftraggeber des Projektes. Bitte erinnern Sie sich noch einmal an die in Kapitel 3 vorgenommene Abgrenzung zwischen externem Auftraggeber und internem Sponsor. Der interne Sponsor

9

grenzt im Verhältnis zum Projektleiter Inhalt- und Umfang des Projektes oder Teilprojektes ab. Der Kunde ...

➤ gibt den externen Auftrag zu dem Projekt und legt die Anforderungen an das Projektprodukt fest.

➤ sollte mit dem Projektergebnis zufrieden sein. Bei unterschiedlichen Interessen der Stakeholder sollten den Kundeninteressen die höchste Priorität eingeräumt werden.

➤ muss in die Projektarbeit miteinbezogen werden, so z.B. bei der Abnahme von Phasenergebnissen (z.B. Fachkonzept).

➤ sollte regelmäßig über den Projektstatus informiert werden.

➤ muss das Projektergebnis im Verhältnis zur beauftragten Organisation abnehmen.

Rolle der Teammitglieder

Die *Teammitglieder* sind diejenigen, die den Projektleiter unterstützen und die die ihnen zugeteilten Arbeiten ausführen. Im Einzelnen bedeutet das, dass die Teammitglieder ...

➤ Zeit- und Kostenschätzungen erstellen;

➤ je nach Aufgabengebiet die Fachverantwortung haben;

➤ aktiv und eigenverantwortlich an der Projektplanung mitarbeiten, an der Erstellung des Projektstrukturplans mitwirken, Risiken identifizieren, Annahmen treffen und Einschränkungen ermitteln;

➤ an Projektbesprechungen teilnehmen;

➤ über den Fertigstellungsgrad ihrer Aufgaben berichten;

➤ für die Qualität ihrer Arbeit verantwortlich sind;

➤ Abweichungen vom Projektplan melden, Korrektur- und Vorbeugemaßnahmen ausführen und deren Erfolg beurteilen;

➤ in einer Matrixorganisation oft zwischen den Interessen des Linienvorgesetzten und des Projektleiters stehen.

Rolle des oberen Managements

Oberes Management ist ein Begriff, der nicht genormt ist und als Sammelbegriff für »höhere Führungsebenen« verwendet wird. Allgemein sind unter dem Begriff Personen bzw. Personengruppen zu verstehen, die organisatorisch über dem Projekt stehen und dem Projekt Rahmenbedingungen vorgeben. Bezogen auf das Projekt hat das obere Management folgende Aufgaben:

▷ Auswahl von Projekten;

▷ Koordination von Projekten;

▷ Schaffung von positiven Rahmenbedingungen;

▷ Vorgabe von Projektzielen und Prioritäten (im »magischen Dreieck«);

▷ Vorgabe der Risikotoleranz und Identifikation von Projektrisiken;

▷ Bereitstellung der benötigen finanziellen Mittel;

▷ Vorgabe der Anforderungen für das Berichtswesen;

▷ Entscheiden bei Eskalationen.

9

Rolle des Projektsponsors

Der *Projektsponsor* ist derjenige, der die finanziellen Mittel für das Projekt bereitstellt und intern den Projektleiter beauftragt. Im Allgemeinen ist er ein Mitglied des oberen Managements. Je nach Projekt kann es schwierig sein, Projektsponsor und Kunde abzugrenzen, bei internen Projekten können Sponsor und Kunde identisch sein. Der Projektsponsor ...

▷ stellt dem Projekt die finanziellen Mittel und seine »Macht« bereit, d.h. unterstützt die Interessen des Projektes auch gegenüber anderen Linienvorgesetzten;

▷ erstellt den Projektauftrag und beauftragt das Projekt intern;

▷ beauftragt den Projektleiter;

▷ muss regelmäßig über den Projektstatus informiert werden;

▷ nimmt das Projektprodukt im Verhältnis zum Projektleiter ab, meistens nach Abnahme des Kunden.

Rolle des Abteilungsleiters (functional manager)

Als *Abteilungsleiter* wird der Vorsitzende einer Fachabteilung verstanden. Seine Rolle im Projekt hängt stark von der Organisationsstruktur des Unternehmens ab (vgl. Kapitel 3). Der Abteilungsleiter kann der Vorgesetzte des Projektleiters sein (Linienorganisation) oder aber dem Projektleiter zuarbeiten (starke Matrixorganisation). Wenn in der PMP-Prüfung daher in einer Frage der Begriff *Abteilungsleiter* verwendet wird, prüfen Sie zuerst den Zusammenhang, bevor Sie antworten. Allgemein gelten für die Rolle des Abteilungsleiters folgende Punkte:

▷ Er oder seine Mitarbeiter liefern das fachliche Wissen bzw. erfüllen die fachlichen Anforderungen für das Projektprodukt.

▷ Die Abteilungsleiter aller vom Projekt betroffenen Bereiche sollten in die Projektplanung involviert werden.

▷ Betroffene Abteilungsleiter sollten bei Meilensteinentscheidungen hinzugezogen werden.

▷ Abteilungsleiter und Projektleiter müssen sich über den Ressourceneinsatz abstimmen.

▷ Abteilungsleiter und Projektleiter müssen sich bei der Ausbildung und Beurteilung der Projektmitarbeiter abstimmen.

▷ Die Anforderungen der Abteilungsleiter müssen bei der Festlegung des Berichtswesens berücksichtigt werden.

9.1.3 Ressourcenzuordnung

Um für die Prüfung gewappnet zu sein, sollten Sie mit folgenden Werkzeugen zur Dokumentation der Ressourcenzuordnung vertraut sein:

▷ **Verantwortlichkeitsmatrix** (responsibiltity matrix): Sie stellt dar, wer was im Projekt macht bzw. machen soll und darf. Normalerweise enthält die Matrix nicht nur Informationen über die zu erfüllenden Aufgaben und die zugeordneten Ressourcen, sondern auch Information darüber, wie die Ressourcen an der Aufgabe beteiligt sind, ob sie Verantwortung für die Aufgabe tragen, sie durchführen oder nur über den Status informiert werden sollen.

- **Einsatzmittelhistogramm** (resource histogram): Zeigt für einen gegebenen Zeitraum auf, wie viel Aufwand von einer Ressource bzw. Ressourcenkategorie geleistet wird. Siehe auch Kapitel 6.

- **Einsatzmittelbalkendiagramm** (resource gantt chart): Wird verwendet, um aufzuzeigen, in welchen Zeiträumen eine bestimmte Ressource eingesetzt wird.

- **Einsatzmitteltabelle** (resource spread sheet): Dokumentiert, wie viel Aufwand von den einzelnen Teammitgliedern in einem gegebenen Zeitraum geleistet werden soll.

9.1.4 Arten von Macht

Die persönliche Art zu führen hängt von den Macht- und Einflussquellen ab, die der Person zur Verfügung stehen. Diese äußern sich auf folgende Weise:

- **Expertenmacht**, basiert auf Fachkompetenz und Erfahrung (Fachautorität);

- **Persönlichkeit** (Charisma, Würde und Respekt vor anderen; persönliche Autorität);

- **Informationsmacht** auf Grund des Zugangs zu wichtigen Informationen (Volksmund: Wissen ist Macht);

- **Positionsmacht** (Legitimation aus der Rolle in der Organisation; Amtsautorität);

- **Belohnungsmacht**, ergibt sich aus der Möglichkeit, Beförderungen oder sonstige Vergünstigungen zu verschaffen;

- **Beziehungsmacht** (auch Vitamin B genannt), ergibt sich aus den Verbindungen mit einflussreichen Personen innerhalb und außerhalb der Organisation;

- **Sanktionsmacht**, ergibt sich aus der Möglichkeit, Druck auszuüben und negative Konsequenzen herbeizuführen.

Nicht nur bei der PMP-Prüfung, sondern auch im realen Leben zeigt sich, dass der Projektleiter über die beiden ersten »Machtquellen« verfügen sollte, um langfristig sein Projektteam erfolgreich führen zu können.

9

9.1.5 Rollen von Teammitgliedern

Während sich der Abschnitt *Rollen und Verantwortungen der Projektstakeholder* damit beschäftigt hat, welche verschiedenen Gruppen im Projekt vertreten sind und welche Interessen bzw. Verantwortungen sie in Bezug auf den Projekterfolg haben, beschäftigt sich dieser Abschnitt mit den individuellen Rollen der Teammitglieder, bezogen auf das Team. Denn immer wenn eine Gruppe von Menschen ein Ziel verfolgt, bilden sich verschiedene Rollen heraus, die einzelne Personen wahrnehmen. Achten Sie daher bei Fragen in der Prüfung immer darauf, auf welches Rollenverständnis die Frage abzielt.

Frage

Was meinen Sie, wie ist »Rolle« in diesem Zusammenhang definiert?

Antwort

Die *Rolle* ist die Summe der Erwartungen, die andere an eine Person (bzw. eine Einheit) stellen bzw. die diese Person an sich selbst und ihr Verhalten stellt. Eine Person übernimmt z.B. schnell die Führung, eine andere sorgt durch Witze für eine gute Stimmung, eine dritte merkt sehr genau, wenn es einem Teammitglied nicht gut geht, und bei einer anderen Person entsteht rasch Ungeduld, wenn sie das Wort ergreift.

Rollen entstehen aufgrund mehrerer Kriterien:

▷ Persönliche Erfahrungen

▷ Innere Einstellung und Werte

Gruppenrollen können nach verschiedenen Kriterien definiert werden. Die folgenden Auflistungen müssen Sie nicht auswendig wissen, Sie sollten lediglich die einzelnen Begriffe, wenn sie genannt werden, den richtigen Oberbegriffen zuordnen können.

Beteiligung an Gruppenarbeiten

Die Rollenbezeichnung orientiert sich daran, wie die Personen zur Erfüllung der Gruppenaufgaben beitragen, Beispiele hierfür sind:

- Initiatoren/Impulsgeber
- Ideengeber
- Zielformulierer/Zielklärer
- Strukturierer
- Moderierer/Schlichter
- Meinungsforscher
- Informationssammler
- Koordinator und Planer
- (Aus-)Arbeiter
- Kontrollierer

Emotionale, auf das Beziehungsgeflecht im Team bezogene Rollen

Die Rolle wird danach bezeichnet, wie das Klima in der Gruppe gestaltet, Spannungen angesprochen und gelöst und in welchem Maß die einzelnen Teammitglieder ernst genommen werden. Beispiele sind:

- Ermutiger und Motivator
- Vermittler
- Feedback-Geber
- Klärer
- Gefühls-/Spannungsäußerer
- Veranstalter (sorgt für Gruppenfeste)
- Verantwortlicher (fühlt sich so, auch wenn er es offiziell nicht ist)
- Stimmungsmacher

9

Dysfunktionale Rollen

In fast jeder Gruppe gibt es auch Personen, die Rollen mit negativen Auswirkungen auf die Aufgabenerfüllung, das Beziehungsgeflecht oder das Gruppenklima haben, Begriffe, die solchen Personen zugeordnet werden, sind:

- Blockierer
- Geltungssüchtige
- Machthungrige
- Clowns
- Aggressive
- Besserwisser

9

9.1.6 Konfliktmanagement

In einem Projekt treten Konflikte auf, immer!

Frage

Überlegen Sie, warum in einem Projekt immer Konflikte auftreten. Was ist eigentlich ein Konflikt?

Antwort

Konflikte basieren auf unterschiedlichen Interessen bzw. Meinungen und diese gibt es in einem Projekt auf jeden Fall. Genannt seien nur die unterschiedlichen Interessen der Stakeholder im Allgemeinen und ergänzend dazu die verschiedenen Ansichten der Projektteammitglieder und Abstimmungsschwierigkeiten zwischen Abteilungsleiter und Projektleiter im Besonderen.

Merkmale von Konflikten

Verallgemeinert lässt sich sagen, dass dann ein Konflikt vorliegt, wenn:

- zwei oder mehrere Parteien beteiligt sind;
- die Parteien miteinander in Beziehung stehen;

▷ die Parteien – scheinbar oder tatsächlich – unvereinbare Interessen haben;

▷ die Parteien sich ihrer Konfrontation bewusst sind.

Konflikte sind dabei nicht negativ, wenn konstruktiv mit ihnen umgegangen wird. Erst der (erfolglose) Versuch, Konflikte zu vermeiden oder bestehende Konflikte zu ignorieren, macht sie zu Problemfällen. Werden Konflikte produktiv genutzt, so können die dadurch aufgedeckten unterschiedlichen Ansätze zu Verbesserungen im Projekt führen.

Aufgaben des Projektleiters

Der Projektleiter hat daher im Konfliktmanagement drei Hauptaufgaben:

1. Konflikte wahrzunehmen;

2. die Ursache der Konflikte zu analysieren;

3. die Konflikte zu lösen.

Wobei gerade der zweite und dritte Schritt nicht alleine vom Projektleiter getan werden kann, sondern von den Konfliktparteien durch ein konstruktives Handeln ermöglicht werden muss.

Strategien zur Konfliktlösung

Seien Sie darauf gefasst, dass das Thema *Konflikte* verdeckt in den PMP-Fragen auftaucht, ein möglicher Kontext könnte sein, dass von den einzelnen Stakeholdern verschiedene Alternativen bevorzugt werden. Es stellt sich die Frage, wie damit umgegangen werden soll. Ein anderes Beispiel kann sein, dass ein Projektteammitglied seine Aufgaben nicht rechtzeitig erledigt hat, was machen Sie als Projektleiter?

Echte Konfliktlösungen

Echte Konfliktlösungen gehen aktiv mit dem Konflikt um und wollen ihn beseitigen:

▷ Die beste Strategie ist, den Konflikt aktiv anzugehen (*confronting*) und das Problem zu lösen (*problem solving*), indem die Konfliktursache beseitigt wird.

▷ Die zweitbeste Lösung ist, einen Kompromiss zu finden (*compromising*). Das heißt, beide Konfliktparteien müssen bei den eigenen Interessen zurückstecken und eine gemeinsame, für beide positive Lösung erreichen.

»Pseudo«-Konfliktlösungen

»Pseudo«-Konfliktlösungen versuchen nicht, die Ursache des Konflikts aufzu-spüren und den Konflikt dauerhaft zu beseitigen. Beispiele hierfür sind:

▷ Unterdrücken von Meinungen (*forcing*), erfolgt beispielsweise durch das Anordnen von Lösungen.

▷ Vermeidung (*avoidance, withdrawal*), z.B. dadurch, dass die Konfliktbe-handlung auf das nächste Meeting verschoben wird.

▷ Nachgeben (*smoothing*), hier wird der Konflikt für nebensächlich erklärt: »Im Großen und Ganzen sind wir uns doch einig ...«.

Mögliche Konflikte des Projektleiters mit den Stakeholdern

Der Projektleiter hat folgende potenzielle Konfliktherde:

1. Mit dem **Abteilungsleiter**
   - Projektverantwortung vs. Einflussmöglichkeiten auf Linienressourcen
   - Wettstreit verschiedener Projekte um Linienressourcen
   - Projektkompetenz vs. Linienkompetenz
   - Das Teilen von Erfolgen mit der Linie

2. Mit dem **oberen Management**
   - Verschiebung der Machtstruktur innerhalb einer Unternehmensorga-nisation
   - Verantwortlichkeit des Projektleiters aufgrund einer unzureichenden Projektdefinition und/oder mangelnder Kompetenzen
   - Fehlende bzw. unzureichende Erfolgskriterien
   - Fraglicher Verbleib des Projektleiters nach Projektende
   - Mangelnde Unterstützung (Sponsoring) des Projektes

3. Mit den **Teammitgliedern**
   - Fachliche Führung vs. fehlende disziplinarische Einflussmöglichkeiten
   - Heterogenität der Projektmitarbeiter
   - Loyalität der Projektmitarbeiter für das Projekt vs. Linie
   - Prioritätendiskussion mit anderen Projekten

4. Mit **sich selbst**
   - Einhaltung des »magischen Dreiecks«
   - Projektengagement vs. Projektblindheit
   - Eigene Karriereinteressen vs. Teamdynamik (-engagement)

Frage

Was meinen Sie, nachdem Sie den Stoff durchgearbeitet haben, was sind die häufigsten Ursachen von Konflikten in Projekten?

Antwort

War Ihre Antwort auch »persönliche Interessen«? Das ist die am häufigsten gewählte Antwortmöglichkeit. Sie ist trotzdem nicht richtig. In Projekten entstehen die meisten Konflikte aufgrund von engen Terminplänen und unterschiedlichen Ansichten über Prioritäten und Einsatzmittel. Danach folgen Meinungsverschiedenheiten über fachliche und organisatorische Fragen und erst zum Schluss der Liste werden Kosten und persönliche Interessen aufgeführt.

9

9.1.7 Motivations- und Führungstheorien

Motivations- und Führungstheorien sind nicht projektspezifisch, sondern gehören zu den allgemeinen Managementtheorien. Wir geben Ihnen in diesem Abschnitt einen kurzen Abriss über die wichtigsten Konzepte. Ihre Bedeutung ergibt sich entweder aus ihrem historischen Einfluss, wie im Fall des Taylorismus, oder in ihrer praktischen Anwendbarkeit, wie bei der intrinsischen und extrinsischen Motivation. Für die Prüfung sollte die Kenntnis dieser Schlagwörter genügen.

Taylorismus

Taylor, Frederick Winslow (1856–1915) war Ingenieur bei Henry Ford. Er leitete die Industrialisierung der Arbeit ein. Schwerpunkte seiner Untersuchungen waren die Aufteilung der Arbeit in leicht erlernbare Teilaufgaben und systematische Arbeits- und Zeitstudien.

Er rationalisierte die Arbeit durch betriebliche Arbeitsteilung. Sein Führungsstil beruhte auf Anleitung und Kontrolle sowie einer Entlohnung auf Basis individueller Leistung.

Hawthorne Effect

1929 und 1930 wurden im Hawthorne-Werk der Western Electric Company unter Leitung des Psychologen Elton Mayo Studien durchgeführt. Ziel der Untersuchungen war es, Zusammenhänge zwischen Arbeitsbedingungen wie Licht und Arbeitsraumgestaltung und der Arbeitsleistung zu erkennen.

Das verblüffende Ergebnis der Untersuchung – der so genannte *Hawthorne Effect* – war, dass nicht die veränderten Arbeitsbedingungen Leistungssteigerung bewirken, sondern die erhöhte Aufmerksamkeit durch die Unternehmensführung und das Entstehen von Gruppengefühl. Dies führte zur Erkenntnis, dass die Motivation von Mitarbeitern nicht ausschließlich den vermuteten Regeln folgt, sondern vielgestaltig beeinflusst wird.

9

Humanisierung der Arbeit

Aufbauend auf den Ergebnissen der Hawthorne-Untersuchungen, dass nicht nur die Arbeitsplatzbedingungen, sondern auch andere Faktoren wie Anerkennung und Gruppenbeziehungen die Leistung der Mitarbeiter beeinflussen, wurden neue Konzepte entwickelt. Dazu gehören Job Enlargement, Job Enrichment, Job Rotation und teilautonome Arbeitsgruppen. Zusammengefasst werden diese Konzepte unter dem Begriff *Humanisierung der Arbeit*.

Likert System

Likert (1903–1981) hat basierend auf verschiedenen Studien ein Organisations- und Führungsmodell entwickelt. Ein generelles Ziel für sein so genanntes *System 4* ist die Entwicklung der Organisation zu einem hoch effektiven System, bei dem die persönlichen Ziele, nämlich die Bedürfnisse und Erwartungen der Mitarbeiter mit den organisatorischen Zielen in Einklang gebracht werden können und müssen (Integrationsprinzip).

Maslows Bedürfnispyramide

Maslows Bedürfnispyramide ist wohl das bekannteste Modell, von dem wahrscheinlich auch fast alle von Ihnen schon einmal gehört haben. Abbildung 9.1 zeigt die von Maslow definierten fünf grundlegenden und aufeinander aufbauenden Bedürfniskategorien und nennt Beispiele.

Abbildung 9.1: Maslows Bedürfnispyramide

McGregor Theory X and Theory Y

McGregor geht davon aus, dass Entscheidungen darüber, wie Menschen zu motivieren und zu führen sind, auf Hypothesen über die menschliche Natur und das menschliche Verhalten beruhen. Er definiert zwei verschiedene Führungstypen. Die einen glauben, dass ihre Mitarbeiter an sich faul sind (Theorie X), die anderen glauben an einen eigenmotivierten Mitarbeiter (Theorie Y).

▶ **Theorie X**, traditioneller Ansatz:

- Der Mitarbeiter will nicht arbeiten, versucht Anstrengungen zu vermeiden.

- Druck und Androhung von Konsequenzen bewegen Mitarbeiter, zu arbeiten.

- Der Mitarbeiter möchte keine Verantwortung übernehmen.

Fazit: Der Führungsstil ist eher autoritär, ausgerichtet auf straffe Führung und Kontrolle.

▶ **Theorie Y**, moderner Ansatz, Idealtyp:

- Der Mitarbeiter möchte arbeiten.

- Anerkennung und Entwicklungsmöglichkeiten sind Motor der Anstrengung.
- Der Mitarbeiter möchte Verantwortung übernehmen.

Fazit: Der Führungsstil ist eher partizipativ, ausgerichtet auf eigenverantwortlich arbeitende Mitarbeiter.

Ein zeitgemäßer Projektleiter sollte auf jeden Fall ein Vertreter der Y-Theorie sein!

Da viele Prüfungskandidaten die Zuordnung, wofür X und wofür Y steht, nach einiger Zeit wiederholen müssen, empfehlen wir Ihnen eine Eselsbrücke: In Idealtyp (siehe Theorie Y) kommt ein Y vor.

Herzberg

Herzberg definiert Arbeitszufriedenheit als zweidimensionales Konzept:

▶ **Hygienefaktoren**

- Hygienefaktoren bauen Unzufriedenheit lediglich ab, erzeugen jedoch keine Zufriedenheit.
- Sind sie vorhanden, werden sie als selbstverständlich angesehen und wirken nicht motivierend.
- Beispiele: Unternehmenspolitik, interne Organisation, Betriebsklima, Arbeitsbedingungen, Gehalt

▶ **Motivatoren**:

- Motivatoren erzeugen erst bei Vorliegen der Hygienefaktoren Zufriedenheit.
- Das Vorhandensein der Motivatoren gleicht ein Fehlen von Hygienefaktoren nur unvollständig aus.
- Beispiele: Leistungserfolg, Anerkennung, Arbeitsinhalte, Entwicklung.

Intrinsische und extrinsische Motivation

▶ **Intrinsische** Motivation bedeutet, dass jemand etwas tut, weil er es für sich selbst als wichtig erachtet. Beispiele für intrinsische Faktoren sind: Streben nach persönlichen Entwicklungsmöglichkeiten, Spaß an der Arbeit, Unabhängigkeit und interessante Arbeitsinhalte.

▶ **Extrinsische** Motivation bedeutet, dass der Anreiz etwas zu tun von außen kommt. Das heißt, eine andere Stelle z.B. der Vorgesetzte möchte eine Person zu einem bestimmten Verhalten motivieren. Beispiele für extrinsische Faktoren sind: Beförderungen, Auszeichnungen, aber auch Androhungen wie z.B. Bonuskürzungen oder disziplinarische Maßnahmen.

Normalerweise haben intrinsische Faktoren eher einen langfristigen Effekt, während über extrinsische Faktoren eine starke, aber nur kurz andauernde Motivation erreicht werden kann.

9.1.8 Die Teamuhr

Teams unterliegen einem Wachstumsprozess, den man beobachten und beschreiben kann, auch wenn die Entwicklungsphasen eines Teams nicht so streng schematisch ablaufen wie die Metamorphose der Puppe zum Schmetterling. Dafür ist die Variationsbreite menschlichen Verhaltens zu groß. Die *Teamuhr* ist ein Modell, das die Entwicklung einer Gruppe zu einem Team in vier Phasen beschreibt: Da die deutschen Begriffe nicht genormt sind, verwenden wir die englischen Begriffe (eine übliche deutsche Übersetzung ist jeweils angegeben).

1. **Forming** (Finden): Die Mitglieder suchen ihre Positionen im Team, es findet ein Meinungsaustausch statt. Die Forming-Phase ist die Phase des Kennenlernens und ist geprägt von Zurückhaltung und formeller Höflichkeit.

2. **Storming** (Stürmen): In dieser Phase muss sich das Team entscheiden, wie es zusammenarbeiten will. Die Gruppenmitglieder erleben dabei zuerst einmal, dass sie sehr unterschiedliche Ansichten über Macht, Einfluss und die Aufteilung von Ressourcen haben. Im Grunde genommen hängt dieser Prozess mit dem Problem der Kontrolle zusammen. Drei Fragen stehen im Vordergrund: (1) Wer übt Kontrollfunktionen aus? (2) Wie werden Kontrollfunktionen ausgeübt? (3) Was geschieht mit denen, die gegen die Teamregeln verstoßen?

3. **Norming** (Standardisieren): Wenn das Problem der Kontrolle zur Zufriedenheit gelöst ist, kann sich das Team mit neuer Kraft in die Arbeit stürzen. Die Mitglieder wollen jetzt miteinander arbeiten und sind daran interessiert, das Team funktionsfähig zu machen. In dieser Phase entwickelt das Team Standards, nach denen es arbeiten will und wie die Leistung der Teammitglieder gemessen wird.

9

4. **Performing** (Leistung erbringen): Nun ist das Team bereit, Leistungen zu erbringen, die aus mehr als der Summe der Einzelleistungen bestehen. Die Mitglieder akzeptieren sich. Es herrscht die Gewissheit, dass jeder bereit ist. einzuspringen, wenn Not am Mann ist. Die Funktionen der Teammitglieder sind klar festgelegt und jeder hat seinen eigenen unverwechselbaren Beitrag zu leisten.

5. **Adjourning** (Trennungsphase): Da Projekte zeitlich begrenzt sind, lösen sich Projektteams am Ende des Projektes auf. Wichtig ist, auch diese Phase aktiv zu managen.

Die Phasen werden meist in dieser Reihenfolge durchlaufen. Dabei hängt es sowohl von den individuellen Eigenschaften der Teammitglieder als auch von den gegebenen Rahmenbedingungen ab, wie lange die einzelnen Phasen dauern. Ein Überspringen einer Phase ist nicht möglich, und sobald sich an der Teamstruktur etwas ändert, wenn z.B. ein neuer Mitarbeiter hinzukommt, beginnt sich die Uhr von neuem zu drehen.

9.1.9 Weitere Personalmanagementthemen

In diesem Abschnitt liefern wir Ihnen kurz und knapp noch Informationen zu weiteren Themen des Personalmanagements, die prüfungsrelevant sein können.

Kraftfeldanalyse

Die so genannte *Kraftfeldanalyse* ist eine Methode, die von dem Psychologen Kurt Lewin (1890–1947) entwickelt wurde. Ziel ist es, in einer Gruppe vom kreativen Denken zum kreativen Handeln zu gelangen. Der Kernpunkt dieser Methode liegt in der systematischen Analyse von Faktoren bzw. Kräften, die die Lösung eines Problems oder die Realisierung einer Lösung fördern oder hemmen. Die Kraftfeldanalyse ist damit eine Kommunikationsmethode, kann aber auch den Qualitätstechniken zugeordnet werden.

Management by ...

In der Theorie des Personalmanagements gibt es eine Vielzahl von Methoden, um Mitarbeiter zu führen. Die wichtigsten *Management by*-Methoden im Projektmanagement sind:

▷ Management by **Exception**

Delegation von Einzelentscheidungen an die Mitarbeiter, Vorgesetzter greift nur in Ausnahmefällen ein.

▷ Management by **Motivation**

Führen, indem Anreize gesetzt werden.

▷ Management by **Objectives**

Für jeden Mitarbeiter werden herausfordernde, erreichbare und messbare Ziele gesetzt.

Lernkurve

Eine *Lernkurve* beschreibt den Vorgang während des Lernens: Am Anfang, wenn die Materie noch unbekannt ist, werden noch viele Fehler gemacht. Wenn man sich mit den Lerninhalten vertraut gemacht hat, nehmen die Fehler ab, dann folgt ein so genanntes Lernplateau, das heißt, die Fehleranzahl bleibt konstant niedrig.

Externe Mitarbeiterberatung

Die externe Mitarbeiterberatung wird bis jetzt vor allem in den USA unter dem Begriff *Employee Assistance Program (EAP)* angeboten, wird aber auch in Europa immer beliebter. Die externe Mitarbeiterberatung ist ein Beratungsangebot für alle Mitarbeiter eines Unternehmens bei beruflichen, aber auch privaten oder gesundheitlichen Problemen. Die Mitarbeiter haben die Möglichkeit, sich in problematischen Situationen – meist per Telefon – an einen Experten zu wenden, der sie unbürokratisch, anonym und kompetent berät. Ziel eines EAP ist, den Mitarbeitern zu helfen, ihre Probleme zu lösen, und somit die Motivation, Gesundheit und Leistungsfähigkeit der Mitarbeiter zu erhalten bzw. zu verbessern.

9

9.2 Beispielfragen

1. Wenn Konflikte in einem Projekt auftreten, sollte der Projektleiter am besten ...

   a. eine Lösung für das Problem suchen.

   b. seine Meinung durchsetzen, um keine Autorität zu verlieren.

   c. das Team entscheiden lassen, damit alle an der Konfliktlösung beteiligt werden.

   d. das Problem zur Geschäftsleitung hochleiten.

2. Sie leiten ein komplexes internationales Projekt. Das Projekt ist in mehrere Teilprojekte gegliedert. Auf welche Kompetenz sollten Sie bei der Auswahl der Teilprojektleiter unbedingt Wert legen?

   a. Die fachliche Kompetenz zur Entwicklung des Projektproduktes.

   b. Die Fähigkeit, mit den Stakeholdern zu kommunizieren und mit Konflikten umzugehen.

   c. Ein sicheres Auftreten, um die monatlichen Statusberichte vor der Geschäftsleitung wirkungsvoll zu präsentieren.

   d. Die subtile kritische Beurteilung einzelner Mitarbeiter in den monatlichen Statusbesprechungen.

3. Bei welcher Organisationsform ist die Teambildung bezüglich eines Projektes wahrscheinlich am schwierigsten?

   a. Linienorganisation

   b. Projektorientierte Organisation

   c. Matrixorganisation

   d. In allen der oben genannten Organisationsformen ist die Teambildung gleich schwierig.

4. Gruppen werden – im Vergleich mit Einzelpersonen – komplexe Probleme ...

   a. besser bewältigen.

   b. schlechter bewältigen.

   c. fast genauso gut bewältigen.

   d. in kürzerer Zeit bewältigen.

5. Welche der folgenden Behauptungen ist konform zur Motivationstheorie McGregors?

   a. Projektleiter der Kategorie X beurteilen Untergebene als arbeitsunwillig und für Veränderungen unzugänglich.

   b. Projektleiter der Kategorie X beurteilen Untergebene als einfallsreich, kreativ und reif für die Übernahme von Verantwortung.

   c. Projektleiter der Kategorie Y beurteilen Untergebene als einfallsreich, kreativ und unreif für die Übernahme von Verantwortung.

   d. Projekte von Projektleitern der Kategorie Y sind im Allgemeinen nicht besser als Projekte von Projektleitern der Kategorie X.

6. Sie übernehmen ein Projekt, das bereits vor zwei Monaten gestartet ist und noch eine geplante Restlaufzeit von sechs Monaten hat. Um sich für eine Teambesprechung vorzubereiten, wollen Sie sich informieren, welche Mitarbeiter welche Aufgaben im Projekt durchführen. In welchem Dokument finden Sie diese Informationen?

   a. Netzplandiagramm

   b. Einsatzmittelhistogramm

   c. Gantt-Diagramm

   d. Verantwortlichkeitsmatrix

7. Sie arbeiten in der Stabsstelle Projektmanagement in Ihrem Unternehmen. Ihre aktuelle Aufgabe ist es, ein Projekt zu unterstützen, das aus zehn Mitarbeitern aus acht Abteilungen besteht. Auf welche »Macht« können Sie sich normalerweise auf keinen Fall stützen?

   a. Beziehungsmacht

   b. Positionsmacht

   c. Expertenmacht

   d. Persönlichkeit

8. In Ihrem Projektteam kommt es zwischen den zehn Teammitgliedern bei der Planung des Berichtswesens zu Meinungsverschiedenheiten. Zwei Positionen kristallisieren sich heraus: Eine Gruppe von Mitarbeitern hält wöchentliche Statusbesprechungen für unentbehrlich, die andere Gruppe bevorzugt monatliche Besprechungen. Was wäre in dieser Situation Ihre beste Reaktion?

9

a. Wöchentliche Besprechungen ansetzen, da in einem Projekt immer zeitnahe Statusbesprechungen notwendig sind.

b. Monatliche Besprechungen ansetzen, da wöchentliche Treffen zu aufwendig sind.

c. Vorschlagen, 14-tägige Besprechungen durchzuführen, und nach einem Monat prüfen, ob dieses Zeitintervall adäquat ist.

d. Weiterleitung der Entscheidung an das obere Management

9. Letzte Woche haben Sie die Einsatzmittelplanung für Ihr Projekt durchgeführt und diese auch mit allen betroffenen Abteilungen und der Unternehmensleitung abgestimmt. Heute erhalten Sie einen Anruf, dass ein wichtiger Mitarbeiter, der in der zweiten Projekthälfte eingeplant ist, einen Unfall hatte und voraussichtlich die nächsten zwei Monate nicht zur Verfügung steht. Was sollten Sie im nächsten Schritt tun?

a. Das Projekt verschieben, da der Mitarbeiter nicht ersetzt werden kann.

b. Einen freien Mitarbeiter engagieren, der die geplanten Arbeiten übernimmt.

c. Die Geschäftsleitung informieren, da das Projekt ein strategisch wichtiges Produkt erstellt und es zu keiner Verzögerung kommen darf.

d. Analysieren, wann der Mitarbeiter eingeplant war und welche Auswirkungen sein Ausfall hat.

10. Welche der folgenden Aussagen bezüglich der Teamentwicklung ist nicht falsch?

a. Die Teambildung dauert immer gleich lange, unabhängig von der Zusammensetzung des Projektteams.

b. Kennen sich bereits einzelne Teammitglieder, kann die Phase des »Findens« (Forming) übersprungen werden.

c. Die Dauer, bis sich eine Gruppe zu einem Team entwickelt hat, ist abhängig von den Teammitgliedern und Rahmenbedingungen.

d. Bei einem Modell der Teamentwicklung – der »Team-Uhr« – werden normalerweise drei Phasen durchlaufen: Forming, Norming und Performing.

9.3 Lösungen mit Erklärungen

1. Lösung a)
   a. Richtig. Obwohl dies zeitaufwändig und auch schwierig sein kann, wird dies am ehesten zu einer Lösung führen, die für alle Parteien zufriedenstellend ist.
   b. Falsch. Obwohl Entscheidung per Autorität eine Lösung darstellt, wird eine Situation geschaffen, in der es Gewinner und Verlierer gibt und die wahrscheinlich in der Zukunft zu Konflikten führt.
   c. Falsch. Bei der Lösung von Konflikten müssen die Konfliktparteien beteiligt werden, aber nicht alle Teammitglieder.
   d. Falsch. Nicht jeder Konflikt sollte und kann weitergeleitet werden.

2. Lösung b)
   a. Falsch. Dies ist eine fachliche Notwendigkeit, die nicht notwendigerweise vom (Teil-)PL selbst durchgeführt wird.
   b. Richtig. Konfliktmanagement ist bei vielen Projekten häufig entscheidend.
   c. Falsch. Das kann eine Anforderung an den PL sein, ist aber nicht die wichtigste Fähigkeit.
   d. Falsch. Obwohl die Fähigkeit, Kritik zu üben, eine wichtige persönliche Fähigkeit sein kann, sollten Besprechungen nicht dazu genutzt werden, Mitarbeiter öffentlich zu kritisieren.

3. Lösung c)
   a. Falsch. Da die Teammitglieder in der Regel einer festgelegten Organisationsbeziehung unterliegen, können Teams leichter gebildet werden.
   b. Falsch. Da die Teammitglieder in der Regel einer festgelegten Organisationsbeziehung in Projekten unterliegen, kann die Teambildung leichter fallen.
   c. Richtig. Da die Teammitglieder sowohl in der Linie arbeiten wie in Projekten und oft widersprüchliche Prinzipien oder Prioritäten haben.
   d. Falsch. Es gibt Organisationsformen, wo die Teambildung einfacher bzw. schwieriger ist.

9

4. Lösung a)

   a. Richtig. Trotz der Fähigkeit einer kompetenten Person, innovative Lösungen zu entwickeln, bringt eine Gruppe vielfältige Fähigkeiten und neue Aspekte in den Problembewältigungsprozess mit ein, die Gruppen in der Regel bevorteilen.

   b. Falsch. Bei steigender Komplexität sind Gruppen einer einzelnen Person überlegen.

   c. Falsch. Bei steigender Komplexität sind Gruppen einer einzelnen Person überlegen.

   d. Falsch. Die Problemlösungs- und Entscheidungswege in Gruppen sind oft länger.

5. Lösung a)

   a. Richtig. Einer der wesentlichen Grundsätze von McGregor.

   b. Falsch. Laut McGregor beurteilen PL der Kategorie Y so ihre Untergebenen.

   c. Falsch. Laut McGregor beurteilen PL der Kategorie Y ihre Untergebenen als einfallsreich, kreativ und reif (nicht unreif) für die Übernahme von Verantwortung.

   d. Falsch. McGregor war der Meinung, dass Projekte der PL der Kategorie Y besser seien als Projekte der PL der Kategorie X.

6. Lösung d)

   a. Falsch. Stellt die Abfolge von Vorgängen dar.

   b. Falsch. Stellt den Einsatzmittelbedarf pro Zeitperiode dar.

   c. Falsch. Stellt Terminsituationen dar.

   d. Richtig. Die Verantwortlichkeitsmatrix ordnet Einsatzmittel (Personal) zu Vorgängen zu und beschreibt deren Rolle in Bezug auf die Vorgänge.

7. Lösung b)

   a. Falsch. Wenn Sie Beziehungen haben, kann Ihnen dies bei der Ausführung Ihrer Aufgabe helfen. Sie müssen aber integer bleiben.

   b. Richtig. In der Funktion als Projektunterstützer haben Sie normalerweise keine Weisungsbefugnis gegenüber den Fachabteilungen.

c. Falsch. Ihr Fachwissen als Experte können und müssen Sie wahrscheinlich in dieser Situation nutzen.

d. Falsch. Ihr persönliches Auftreten ist in dieser Situation ein wichtiger »Machtfaktor«.

8. Lösung c)

a. Falsch. Es muss nicht in jedem Projekt wöchentliche Statusbesprechungen geben. Diese Lösung würde auch die Meinung einer Gruppe unterdrücken und zu Unzufriedenheit führen.

b. Falsch. Auch wenn es aufwendig ist, können kürzere Berichtszeiträume als monatlich notwendig sein. Diese Lösung würde auch die Meinung einer Gruppe unterdrücken und zu Unzufriedenheit führen.

c. Richtig. Dies ist ein Kompromiss zwischen den beiden existierenden Positionen.

d. Falsch. Nicht jeder Konflikt sollte und kann weitergeleitet werden.

9. Lösung d)

a. Falsch. Ein möglicher nächster Schritt, aber nicht der erste.

b. Falsch. Ein möglicher nächster Schritt, aber nicht der erste.

c. Falsch. Ein möglicher nächster Schritt, aber nicht der erste.

d. Richtig. Zuerst müssen die Auswirkungen analysiert werden, bevor die nächsten Schritte geplant werden können.

10. Lösung c)

a. Falsch. Die Dauer, bis sich eine Gruppe zum Team entwickelt hat, ist abhängig von den Teammitgliedern und Rahmenbedingungen.

b. Falsch. Die Phase des »Findens« gibt es immer in der Teamentwicklung. Wenn sich die Teammitglieder bereits teilweise kennen, kann es zwar sein, dass die Phase schnell durchlaufen wird, aber durchlaufen wird sie trotzdem.

c. Richtig. Die Zeit, bis sich ein Team geformt hat, hängt von diesen Kriterien ab.

d. Falsch. Das Modell der Team-Uhr umfasst vier oder fünf Phasen: Forming, Storming, Norming und Performing und evtl. Adjourning.

9

10 Kommunikationsmanagement in Projekten

10.1 Themengebiete des Wissensgebietes

Einen Großteil Ihrer Zeit verbringen Sie mit Kommunikation – z.B. bei Besprechungen mit Mitarbeitern/innen, internationalen Konferenzen, Verhandlungen mit Kunden, am Telefon oder im Gespräch mit Kollegen. Mit guter Kommunikation motivieren Sie sich selbst und andere, bauen konstruktive Beziehungen auf, tauschen Informationen aus und lösen Probleme. Kommunikationsfähigkeiten und die Kunst des Zuhörens sind dabei das A und O für eine erfolgreiche Kommunikation.

Der Mangel an Kommunikation bzw. eine eine schlechte Kommunikation hingegen steht auf der Antwortliste auf die Frage nach Gründen für das Scheitern des Projektes bzw. Probleme im Projekt sehr weit oben. Die Kenntnisse über geeignete Kommunikationstechniken sind für einen Projektmanager daher überlebenswichtig. Das in den folgenden Abschnitten vermittelte Wissen soll Ihnen nicht nur eine erfolgreiche Prüfung ermöglichen, sondern ist Ihnen hoffentlich auch im täglichen Leben eine Hilfe.

Kommunikationsmanagement gehört zu den Themengebieten, bei denen jeder bereits über Erfahrungen aus dem beruflichen oder auch privaten Alltag verfügt. Das hat Vorteile, denn der Schwierigkeitsgrad der Fragen zu diesem Wissensgebiet ist im Allgemeinen nicht hoch. Dieses Vorwissen birgt aber auch die Gefahr in der Prüfung, dass Sie etwas in eine Frage interpretieren, das gar nicht so da steht. Beachten Sie auch, dass es gerade im Themengebiet Kommunikation viele Schnittstellen zu anderen Wissensgebieten gibt. Nicht nur die verschiedenen Managementpläne, sondern z.B. auch Earned-Value-Ergebnisse sind Werkzeuge des Kommunikationsmanagements.

10.1.1 Prozesse des Kommunikationsmanagements

Kommunikation in ihren verschiedenen Facetten ist das Thema dieses Kapitels. Und da im Projekt vor allem die Stakeholder diejenigen sind, die miteinander kommunizieren, deren Anforderungen ermittelt und die informiert werden müssen, stehen die Stakeholder in diesem Wissensgebiet im Mittelpunkt. Im Wissensgebiet Kommunikationsmanagement werden fünf Prozesse beschrieben.

1. **Stakeholder identifizieren** – Das Ermitteln, welche Beteiligten und Betroffenen das Projekt hat, und Dokumentation ihrer Interessen, Beteiligungen und Auswirkungen.

2. **Kommunikation planen** – Das Bestimmen der Informations- und Kommunikationsbedürfnisse der Stakeholder und das Festlegen, wie die Kommunikation stattfindet.

3. **Informationen verteilen** – Das rechtzeitige Bereitstellen der erforderlichen Informationen für die Stakeholder.

4. **Stakeholdererwartungen managen** – Das Zusammenarbeiten mit den Stakeholdern, um deren Bedürfnisse zu erfüllen und Probleme zu addressieren.

5. **Projektleistung berichten** – Das Sammeln und Verteilen von Informationen zur Projektleistung wie Statusberichte, Fortschrittsmessungen und Prognosen.

Zuerst müssen die Stakeholder identifiziert werden, bevor die anderen Prozesse durchgeführt werden können. D.h. die fünf Prozesse interagieren stark miteinander, bauen aber nicht schrittweise aufeinander auf wie beispielsweise die Risikomanagementprozesse. Wir stellen sie daher kurz vor und erläutern ihnen dabei die Zusammenhänge zwischen den Prozessen. Danach stellen wir Ihnen die verschiedenen Aspekte des Kommunikationsmanagements vor.

Stakeholder identifizieren und Stakeholderwartungen managen

In Kapitel 3.1.2 haben wir Ihnen ja bereits grundsätzliche Erläuterungen zu dem Stakeholderkonzept gegeben. Im Kapitel Kommunikationsmanagement steht jetzt im Vordergrund, wie Stakeholdermanagement im Projekt konkret erfolgt.

In der Regel wird ein Projekt viele Stakeholder haben, zu viele, um alle mit einem vernünftigen Aufwand aktiv managen zu können. Daher ist hier die Stakeholdernalyse das hauptsächliche Werkzeug. Mit ihr wird u.a. ermittelt,

- welche Interessen ein Stakeholder am Projekt hat: am Projektprodukt oder am Projektverlauf;
- ob er dem Projekt positiv oder negativ gegenüber steht;
- wie viel Einfluss ein Stakeholder auf das Projekt / den Projekterfolg hat;
- wie aktiv ein Stakeholder an dem Projekt beteiligt ist;
- welche Maßnahmen ergriffen werden können, um sicherzustellen, dass der Stakeholder den Projekterfolg unterstützt.

Wenn wir jetzt in unseren Erläuterungen Stakeholder schreiben, dann kann damit eine einzelne Person gemeint sein, muss aber nicht. Stakeholder können auch in Gruppen zusammengefasst werden, um das Managen der Stakeholdererwartungen zu vereinfachen. Aber Achtung, fassen Sie nur Personen zu Gruppen zusammen, die auch wirklich die gleichen Interessen / den gleichen Einfluss haben. Eine Stakeholdergruppe »Vorstand« macht zum Beispiel keinen Sinn, wenn der Entwicklungsvorstand das Projekt unbedingt durchführen will, der Finanzvorstand aber vehement dagegen ist.

Dokumentiert werden die Ergebnisse der Stakeholderanalyse in dem sogenannten Stakeholderregister, das ergänzt wird durch eine Dokumentation, die so genannte Stakeholdermanagementstrategie. Sie dokumentiert die geplanten Maßnahmen, um sicherzustellen, dass die einzelnen Stakeholder das Projekt optimal unterstützen, bzw. dass Hindernisse aus dem Weg geräumt werden.

Da Projekte in einer dynamischen Umgebung stattfinden und Rahmenbedingungen und Personen sich ändern können, ist es nicht nur wichtig, Stakeholder mehrfach im Projekt zu identifizieren, sondern auch die Stakeholdererwartungen aktiv zu managen. Es liegt in der Verantwortung des Projektleiters, die Stakeholder nicht nur regelmäßig zu informieren, sondern aktiv zu betreuen und einzubinden. Gute Kommunikation ist dabei kein Selbstzweck, sondern soll sicherstellen, dass Probleme frühzeitig vorhergesehen bzw. frühzeitig erkannt und gemeinsam Lösungen entwickelt werden. Auf die Kommunikationsmethoden, die der Projektleiter bei dieser schwierigen Aufgabe beherrschen muss, gehen wir später in diesem Kapitel ein.

10

Kommunikation planen

Kennen Sie die Redewendung »man springt niemals zweimal in den gleichen Fluss«? Genauso wird niemals das gleiche Projekt nochmals durchgeführt und es wird keine zwei Projekt geben, die identische Kommunikationsanforderungen haben. Der Prozess *Kommunikation planen* trägt diesem Umstand Rechnung und wird durchgeführt, um folgende Fragen zu klären:

- Wer (welcher Stakeholder) braucht Informationen?
- Welche Informationen benötigt er?
- Wie werden die benötigten Informationen eingeholt und archiviert?
- Wann und wie oft benötigt er die Informationen?
- In welcher Form (schriftlich, mündlich, per Telefon, Fax, Mail oder persönlich) erhält er die Informationen?

10

Die Beantwortung der Fragen führt zu der Festlegung eines Kommunikationskonzeptes, das in einem *Kommunikationsmanagementplan* dokumentiert wird. Ein weiterer »Meta-Plan«, den der Projekteiter erstellen und in den Projektmanagementplan integrieren muss. Im PMBOK Guide und wahrscheinlich auch in der PMP-Prüfung gibt es den Begriff Kommunikationsplan und Kommunikationsmanagementplan. Sie fragen sich wahrscheinlich »Worin unterscheiden sich die beiden?« Die Antwort ist »Gar nicht«. Die Begriffe werden synonym verwendet.

Frage

Wodurch werden Kommunikationswege am stärksten beeinflusst?

Antwort

Den größten Einfluss hat im Allgemeinen die Projektorganisation, denn sie legt die Hierarchien und damit auch die Kommunikationswege in einem Unternehmen fest.

Informationen verteilen

Während des Prozesses *Informationen verteilen* werden an die Stakeholder die für sie relevanten Informationen laut Kommunikationsmanagementplan verteilt. Damit Informationen aber verteilt werden können, müssen erst einmal Daten gesammelt, ausgewertet und interpretiert werden. Dies geschieht im Prozess *Projektleistung berichten* in diesem Wissensgebiet.

Frage

Überlegen Sie, welcher Prozessgruppe der Prozess *Informationen verteilen* zugeordnet wird.

Antwort

Der Prozess *Informationen verteilen* ist ein Ausführungsprozess. (Wie auch der Prozess *Stakeholdererwartungen managen*).

Projektleistung berichten

Der Prozess Fortschrittsberichtswesen aus der letzten Version des PMBOK Guide wurde in Projektleistung berichten umbenannt. Unserer Ansicht nach eine gute Entscheidung. Denn jetzt wird schon durch den Prozessnamen deutlich, was Inhalt des Prozesses und auch was nicht Inhalt des Prozesses ist. Der Prozess berichtet »nur« über den Projektfortschritt! Die Informationen über die Arbeitsleistung erhält der Prozess von anderen Prozessen:

▷ Die Arbeitsleistung aus dem Integrationsprozess *Projektdurchführung lenken und managen* (Ausführungsprozess).

▷ Die Messung der Arbeitsleistung (den Vergleich zwischen Plan und Ist) aus den Steuerungsprozessen.

Diese Informationen der Arbeitsleistung werden in dem Prozess *Projektleistung berichten* analysiert, zum Beispiel daraufhin, was die Gründe für eine Planabweichung sind, welche Bereiche von der Abweichung betroffen sind und wie stark der Projekterfolg von der Abweichung beeinflusst wird. Des weiteren liefert der Prozess Prognosen über den zukünftigen Projektverlauf und die Zielerreichung.

10

Wichtig für die Prüfung ist es zu wissen,

- dass das Fortschrittsberichtswesen nicht nur Informationen der Vergangenheit – die so genannten Leistungsinformationen – bis zum aktuellen Datum sammelt und aufbereitet (Status- und Fortschrittsberichte), sondern auch die Zukunft im Blick hat (Prognosen, Vorhersagen des zukünftigen Projektstands und -fortschritts).

- dass für jedes Projekt ein Fortschrittsberichtswesen installiert werden muss, egal wie groß bzw. klein das Projekt ist. Die Ausgestaltung hängt von den Anforderungen der Stakeholder ab.

10.1.2 Kommunikationsmodelle

Ein Kommunikationsmodell versucht wissenschaftlich zu beschreiben, wie Kommunikation funktioniert. So vielfältig die Kommunikation ist, so vielfältig sind auch die Modelle, die in der Literatur beschrieben werden.

Gemeinsam ist den meisten Modellen, dass sie davon ausgehen, dass Kommunikation nur dann funktioniert, wenn Sender und Empfänger »die gleiche Sprache sprechen«. Das ist wörtlich zu verstehen, aber auch im übertragenen Sinne. Zu einer guten Kommunikation gehört nicht nur, dass man den anderen verstehen kann, sondern auch will.

Ein einfaches Kommunikationsmodell besteht aus drei Komponenten: Sender, Nachricht und Empfänger. Jede Nachricht wird vom Sender kodiert, übertragen und dann vom Empfänger dekodiert.

Das interessante und auch das schwierige in der Kommunikation ist dabei, dass bei der Kodierung und Dekodierung Missverständnisse aufkommen können. Sie kennen bestimmt den Ausdruck »Der Ton macht die Musik«. D.h. bei einer Kommunikation spielt nicht nur der eigentliche sachliche Inhalt eine Rolle, sondern auch die Art, wie sie übermittelt und aufgenommen wird. Abbildung 10-1 zeigt dies schematisch auf.

Nach Schulz von Thun hat einen Nachricht zum Beispiel vier Aspekte:

- eine **Sachinformation** (worüber der Sender informiert)

- eine **Selbstkundgabe** (was er von sich zu erkennen gibt)

- einen **Beziehungshinweis** (was Sender und Empfänger voneinander halten)

- einen **Appell** (was man erreichen möchte)

Abbildung 10.1: Kommunikationsmodell

Jede Nachricht wird vom Sender entsprechend der vier Aspekte kodiert und vom Empfänger dekodiert. Dabei hängt das, was der Empfänger versteht, von verschiedenen Faktoren ab.

Frage

Überlegen Sie, was die Verständigung zwischen zwei Personen beeinflussen kann.

10

Antwort

Mögliche Faktoren sind z.B.: Bildungsniveau, persönliche Situation, Hierarchie in der Organisation, Ruf, Erfahrungsschatz, sprachliche und kulturelle Einflüsse, Sympathie, etc.

Merken Sie sich für die Prüfung auf jeden Fall folgende Zusammenfassung:

▷ Der Sender

- verschlüsselt (kodiert) eine Nachricht,
- legt die Kommunikationsmethode und das Medium fest, die zur Versendung benützt werden,
- überträgt die Nachricht,
- muss sicherstellen, dass die Nachricht verstanden und nicht gestört wurde.

▷ Der Empfänger

- entschlüsselt (dekodiert) die Nachricht,
- bestätigt, dass er die Nachricht verstanden hat; das muss nicht bedeuten, dass er mit dem Inhalt der Nachricht auch einverstanden ist.

Antwortet der Empfänger dem Sender auf eine Nachricht, dann wechseln die beiden die Rollen. Der Empfänger wird zum Sender der Antwort, der Sender der ersten Nachricht zum Empfänger der Antwort.

10.1.3 Kommunikationsmethoden

Kommunikation kann auf verschiedenen Wegen stattfinden und verschiedene Mittel einsetzen. Je nach Situation muss der Projektmanager eine geeignete Kommunikationsform auswählen. Die folgende Tabelle zeigt Beispiele, wann welche Methode geeignet sein kann:

	Formell	**Informell**
Schriftlich	Projektpläne Projektberichte	Aktennotizen E-Mails
Mündlich	Projektpräsentationen Verhandlungen	Besprechungen Telefonate

Tabelle 10.1: Übersicht Kommunikationsmethoden

Neben der geschriebenen bzw. gesprochenen Kommunikation gibt es jedoch noch die nonverbale Kommunikation. Sie unterscheidet die

▶ **Körpersprache – die nonvokale nonverbale Kommunikation.** Ungefähr 55 Prozent der Kommunikation basiert auf Körpersprache. Dazu zählen Gestik, Mimik und Kinesik (Körperhaltung und Bewegung), das Verhalten im Raum, das taktile Verhalten (Berührungsverhalten) und olfaktorische Verhalten (Geruchsverhalten).

▶ **Paralinguistik** – die *vokale* nonverbale Kommunikation. Sie beschreibt alles, was neben der akustisch zu hörenden Wortfolge zum Ausdruck kommt. Sie sorgt dafür, dass die sprachlichen Botschaften besser verstanden werden können. Zur Paralinguistik gehören Lautstärke, Stimmhöhe, Intonation, Sprechtempo, Modulation, zeitliche Abstimmung und Dehnungen, aber auch Lachen, Seufzen oder Schreien, die als selbstständige Formen auch ohne verbale Sprache geäußert werden können.

10.1.4 Regeln guter Kommunikation

Literatur darüber, wie man am besten miteinander kommuniziert, gibt es sehr viel. Für die Prüfung sollte es reichen, wenn Sie folgende Regeln kennen:

- **Aktives Zuhören** – die personenorientierte Gesprächsführung. Es ist eine innere Grundhaltung des Zuhörers. Ziel ist es, den Gesprächspartner möglichst gut zu verstehen. Dabei geht es nicht ausschließlich um das wörtlich Gesagte, sondern vor allem um das wirklich Gemeinte, d.h. die Gefühle, Gedanken und Bedürfnisse des anderen. Wenn Sie aktiv zuhören wollen, müssen Sie Interesse an Ihrem Gegenüber und dessen Aussagen haben.

- **Effektives Zuhören** – Durch Beobachtung des Sprechenden nehmen Sie körperliche Gesten und Mimiken wahr, Sie sollten darüber nachdenken, was Sie sagen wollen, bevor Sie antworten, Fragen stellen, wiederholen und Rückmeldung geben.

- **Feedback (konstruktive Rückmeldung)** – lässt sich durch die Frage »Verstehen Sie, was ich dargelegt habe?« beschreiben, die normalerweise durch den Sender gestellt wird. Ein weiteres Beispiel ist, dass der Empfänger den Sachverhalt noch einmal zusammenfasst: »Ich habe verstanden, dass ...«

- **Gemeinsame Räumlichkeiten** – Es vereinfacht die Kommunikation, wenn die Projektteammitglieder in einem gemeinsamen Büro(gebäude) zusammenarbeiten, anstatt z.B. an verschiedenen Standorten oder in den Büros ihrer Fachabteilungen. In manchen Organisationen heißt so ein Projektzimmer auch »war room«. Dies ist in größeren, insbesondere bei internationalen Projekten, nicht immer möglich.

10.1.5 Kommunikationsstörungen

Störungen in der Kommunikation kann es viele geben. Meist denken wir bei »Störung« an technische Aspekte, dass zum Beispiel der Emailserver nicht funktioniert. Aber Störungen kann es auch auf einer anderen Ebene geben: Der Sender sendet seine Kommunikation aus einem bestimmten Weltbild heraus. Dieses Weltbild ist geprägt durch Erziehung, Umfeld und Kultur. Der Empfänger wiederum verwendet sein Weltbild bei der Interpretation der empfangenen Signale. Je unterschiedlicher die Weltbilder von Sender und Empfänger sind, desto größer ist die Gefahr von Kommunikationsproblemen bzw. Störungen in der Kommunikation. Störungen, die verhindern, dass sich Sender und Empfänger verstehen, können auf vier Ebenen entstehen:

▶ Störungen im **Kommunikationskanal**, z.B.

- Es ist zu laut.
- Es ist nichts oder zu wenig zu sehen.

▶ Störungen im **Kommunikationscode**, z.B.

- Der Sender verwendet Fremdwörter, die der Empfänger nicht kennt.
- Sender und Empfänger interpretieren Körpersprache aufgrund verschiedener Kulturen unterschiedlich. Zum Beispiel kann Kopfnicken Ablehnung anstatt Zustimmung ausdrücken.

▶ **Psychologische** Störungen, z.B.

- Sender und Empfänger verhalten sich nicht kooperativ, z.B. durch Aussagen wie »Sie haben ja keine Ahnung«.
- Unwohlsein bei Sender und/oder Empfänger (z.B. Hunger, Müdigkeit, Stress)

▶ **Technische** Störungen, z.B.

- Starkes Rauschen in der Leitung bei einem Telefongespräch
- Ausfall der Präsentationstechnik (Beamer, Software etc.)

Frage

Was, meinen Sie, ist eine der größten Fallen in der Kommunikation?

Antwort

Vorauszusetzen, dass eine gesendete Information auch tatsächlich richtig angekommen ist.

Kommunikationsstörungen sind aber nicht nur ein Problem für sich, sie erhöhen auch die Wahrscheinlichkeiten von Konflikten (siehe Kapitel 9)!

10.1.6 Kommunikationskanäle

Unter dem Begriff *Kommunikationskanal* werden zwei verschiedene Dinge verstanden:

1. Der **theoretische Übertragungsweg** für Informationen (Informationstheorie) zwischen Sender und Empfänger.

2. Die konkrete **physikalische Realisierung** einer solchen Übertragung, z.B. durch eine Telefonleitung.

Das heißt, wenn Menschen miteinander kommunizieren, benutzen Sie einen Kommunikationskanal. Die Schlussfolgerung lautet: je mehr Kommunikationspartner, desto mehr (theoretische) Kommunikationskanäle.

Da in einem Team jeder mit jedem kommuniziert, ist die Anzahl der Kommunikationskanäle nicht gleich der Anzahl der Teammitglieder, sondern höher. Abbildung 10.2 zeigt diesen Zuwachs der Kommunikationskanäle auf. Sind drei Mitarbeiter in einem Team, gibt es auch drei Kommunikationskanäle. Kommt jedoch ein vierter Mitarbeiter dazu, erhöhen sich die Kommunikationskanäle auf sechs.

10

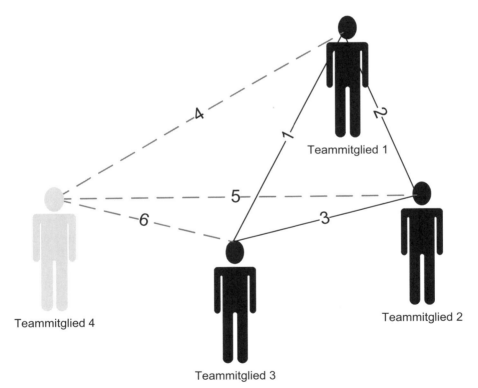

Teammitglied 1

Teammitglied 4

Teammitglied 2

Teammitglied 3

Abbildung 10.2: Zuwachs der Kommunikationskanäle

Die Formeln Anzahl **Kommunikationskanäle = $(N^2-N)/2$**

beschreiben diesen Sachverhalt mathematisch. N entspricht dabei der Anzahl der kommunizierenden Personen.

Eine dieser Formeln sollten Sie für die Prüfung nicht nur kennen, sondern auch anwenden können. Seien Sie z.B. auf folgende Frage gefasst:

Frage

Ein Team besteht aus fünf Personen. Wenn das Team auf sieben Personen erhöht wird, wie viele Kommunikationskanäle werden dann hinzugefügt?

A) 10   B) 21   C) 11   D) 20

Antwort

Die richtige Antwort ist C) 11.

Erläuterung: 5 Personen à 10 Kommunikationskanäle, 7 Personen à 21 Kommunikationskanäle, 21 – 10 = 11

Je größer die Anzahl der Kommunikationskanäle, umso schwieriger wird es für den Projektmanager, die Kommunikation im Team bzw. mit den Stakeholdern zu lenken. Grundsätzlich gilt: Der Projektmanager muss die Kommunikation lenken, aber er kann sie nicht kontrollieren!

10.1.7 Rolle des Projektmanagers im Kommunikationsmanagement

Kommunikation ist nach PMI (aber auch in der Projektrealität) eine wichtige, wenn nicht die wichtigste Aufgabe des Projektleiters.

PMI geht daher auch davon aus, dass ein Projektleiter entsprechend in Kommunikationstechniken geschult ist. Sie können für die Prüfung daher davon ausgehen, dass der Projektleiter verschiedene Kommunikationstechniken kennt und diese auch situationsgerecht anwenden kann (in der Praxis ist das leider nicht immer der Fall).

Stakeholder, mit denen der Projektleiter regelmäßig kommuniziert, sind u.a.

- Projektauftraggeber (Sponsor),
- Unternehmensführung,
- Projektteam,
- fachliche Führungskräfte (Abteilungsleiter etc.),
- Kunden.

Die Kommunikation im Projekt ist oft mit der Organisation im Projekt verknüpft, da die Organisation große Auswirkung auf die Kommunikationswege und -methoden hat. Lesen Sie hierzu bitte noch einmal den Abschnitt *Organisationsstrukturen* in Kapitel 3 durch. Den höchsten Kommunikationsaufwand hat ein Projektmanager in einer Matrixorganisation, da er Anforderungen und Gegebenheiten sowohl der Linien- als auch der Fachorganisation berücksichtigen muss.

10

Frage

Welchen Anteil seiner Zeit verbringt ein Projektmanager Ihrer Meinung nach kommunizierend?

Antwort

75–90 Prozent seiner Zeit verbringt der Projektmanager kommunizierend, den Großteil davon sollte er zuhören!

10.1.8 Besprechungen

Besprechungen sind in einem Projekt zwingend nötig, um Lösungen zu entwickeln, Gruppenkonsens zu erreichen oder Informationen zu verteilen. Damit Besprechungen erfolgreich ablaufen, sollten Sie folgende Regeln befolgen:

- Nur so viele Besprechungen wie nötig einberufen.
- Für jede Besprechung einen Moderator bestimmen.
- Besprechungsregeln festlegen.

▷ Zweck der Besprechung festlegen und sicherstellen, dass jeder Teilnehmer ihn kennt.

▷ Besprechung gut vorbereiten, eine Agenda mit Tagesordnungspunkten festlegen.

▷ Benötigte Unterlagen an alle Mitglieder möglichst im Vorfeld verteilen.

▷ Aktive Beteiligung der Besprechungsteilnehmer einfordern.

▷ Nicht zu viele Teilnehmer einladen, nur diejenigen, die wirklich vom Thema betroffen sind.

▷ Sitzung pünktlich beginnen, auch wenn dann noch nicht alle Teilnehmer da sind, und auch pünktlich beenden.

▷ Konsens über Ergebnis der Sitzung erreichen und dokumentieren.

▷ Für definierte Maßnahmen und offene Punkte einen Verantwortlichen und einen Termin festlegen.

▷ Protokoll erstellen und zeitnah verteilen.

Der Projektleiter muss nicht jede Sitzung selbst leiten, es liegt jedoch in seiner Verantwortung sicherzustellen, dass für jede Sitzung ein Moderator festgelegt ist und dass die Sitzungen effektiv sind.

10.2 Beispielfragen

1. Welche auf Fortschrittsberichte bezogene Aussage ist richtig?

   a. Fortschrittsberichte sind für kleine Projekte nicht erforderlich.

   b. Fortschrittsberichte liefern direkt Informationen über angemessene Korrekturmaßnahmen.

   c. Fortschrittsberichte können Einblicke in die Problemfelder eines Projektes geben.

   d. Fortschrittsberichte sollten maximal einmal monatlich erstellt werden.

2. Zuhören beinhaltet mehr als nur das Hören von Lauten. Ein guter Zuhörer ...

   a. formuliert das Gesagte neu.

   b. beendet die Sätze des Sprechers.

    c.   schreibt alles auf.

    d.   nickt häufig.

3. Welcher der folgenden Punkte ist wahrscheinlich kein Ziel einer anfänglichen Sitzung des Projektteams?

    a.   Die Schaffung eines Detailplanes für die verwendete Projekttechnologie.

    b.   Das Kennenlernen der Teammitglieder.

    c.   Die Identifikation möglicher Problemfelder des Projektes.

    d.   Commitments seitens einzelner Personen und Gruppen einholen.

4. Welcher der folgenden Punkte ist ein möglicher Vorteil der verschiedenen Formen einer Matrixorganisation gegenüber einer reinen Linienorganisation?

    a.   Klare Autorität zwischen den Projektleitern und den Abteilungsleitern.

    b.   Die verhältnismäßig einfache Bildung von Prioritäten bei der Zuordnung von Einsatzmitteln.

    c.   Die Teammitglieder sind nur dem Projektleiter weisungsgebunden.

    d.   Es gibt eine einzige Kontaktstelle des Kunden zum Projekt.

5. Matrixorganisationen erzeugen häufig Informationsflüsse, die ...

    a.   eine Installation eines lokalen Netzwerkes (LAN) erforderlich machen.

    b.   die Anwendung einer Projektmanagement-Software erforderlich machen.

    c.   komplex sind und sich überlappen.

    d.   offen, klar und präzise sind.

6. Der Moderator einer Besprechung sollte darauf achten, dass ...

    a.   grundlegende Regelungen definiert und verstanden werden.

    b.   jeder Teilnehmer zu jedem Punkt gehört wird.

    c.   alle Punkte der Tagesordnung abgeschlossen werden, auch wenn die Besprechung dann länger dauert als geplant.

    d.   jedem Punkt der Tagesordnung die gleiche Zeit gewidmet wird.

10

10

7. Die Anforderungen an die Kommunikation im Projekt können beeinflusst werden durch ...

    a. die Verfügbarkeit von Projektmanagement-Software.

    b. die Einrichtung von technischen Arbeitsplätzen.

    c. die Vorlieben der Stakeholder.

    d. die Verwendung computerbasierter Entwicklungswerkzeuge.

8. Im Kommunikationsmanagement wird die Informationsaufnahme wie folgt genannt:

    a. Empfangen (Receiving)

    b. Dekodieren (Decoding)

    c. Verstehen (Understanding)

    d. Annehmen (Accepting)

9. Ein Projekt wird nach drei Monaten aufgrund geänderter Rahmenbedingungen abgebrochen. Alle Maßnahmen sind nach der Entscheidung für den Abbruch sinnvoll, bis auf eine. Welche?

    a. Dokumentation der bisherigen Projektergebnisse.

    b. Führen eines Kritikgesprächs mit dem Projektleiter, da er den Projektabbruch zu verantworten hat.

    c. Analyse der Ursachen der Änderungen der Rahmenbedingungen.

    d. Information der Stakeholder über den Projektabbruch.

10. Sie sind der Projektleiter eines Entwicklungsprojektes, an dem Mitarbeiter aus fünf Nationen beteiligt sind. Projektsprache ist Englisch. Sie wissen, dass einige Teammitglieder, die Schlüsselaufgaben haben, nicht fließend Englisch sprechen. Worauf müssen Sie achten?

    a. Dass nur schriftlich im Projekt kommuniziert wird, um Missverständnisse zu vermeiden.

    b. Dass die Teammitglieder, die nicht fließend Englisch sprechen, durch andere Teammitglieder ersetzt werden, die Englisch fließend beherrschen.

    c. Dass höflich und freundlich miteinander kommuniziert wird, damit keine Konflikte entstehen.

    d. Dass Sie Maßnahmen ergreifen, um sicherzustellen, dass alle Mitglieder die benötigten Informationen verstehen.

10.3 Lösungen mit Erklärungen

1. Lösung c)

   a. Falsch. Das Fortschrittsberichtswesen kann vereinfacht werden, aber dennoch sind Fortschrittsberichte auch für kleine Projekte erforderlich.

   b. Falsch. Fortschrittsberichte können bei der Erkennung von notwendigen Korrekturmaßnahmen unterstützend mitwirken, aber es ist höchst unwahrscheinlich, dass sie direkt Informationen über die erforderlichen Korrekturmaßnahmen liefern.

   c. Richtig. Da sie Informationen über Planabweichungen enthalten.

   d. Falsch. Viele Projekte machen einen kürzeren Berichtszeitraum erforderlich.

2. Lösung a)

   a. Richtig. Um das »richtige Ankommen« der »gesendeten« Information sicherzustellen.

   b. Falsch. Dies ist in keinem Fall angebracht.

   c. Falsch. Es mag sinnvoll sein, dies zu tun, aber es wird den Hörer und den Sprecher ablenken.

   d. Falsch. Dies kann den Anschein des guten Hörens fördern, aber es trägt nicht unbedingt zu gutem Hören bei.

3. Lösung a)

   a. Richtig. Anfängliche Sitzungen konzentrieren sich in der Regel nicht auf die Detailplanung spezifischer Projektliefergegenstände.

   b. Falsch. Ein Hauptzweck der Sitzung.

   c. Falsch. Ein Hauptzweck der Sitzung.

   d. Falsch. In den meisten Fällen Ziel dieser Sitzung.

4. Lösung d)

   a. Falsch. Das Fehlen einer klaren Autorität ist häufig ein Grund zur Klage bezüglich Matrixorganisationen.

   b. Falsch. Die Bildung von Prioritäten kann sich ziemlich schwierig gestalten, wenn der Projekt- und der Abteilungsleiter widersprüchliche Prioritäten haben.

10

c. Falsch. Die Teammitglieder sind sowohl dem Projekt- als auch dem Abteilungsleiter weisungsgebunden. Dies ist wahrscheinlich die am häufigsten vorgebrachte Klage bezüglich Matrixorganisationen.

d. Richtig. Dies ist einer der wichtigsten Vorteile einer Matrixorganisation.

5. Lösung c)

a. Falsch. Dass die Notwendigkeit für ein LAN durch die bloße Existenz einer Matrixorganisation aufkommt, ist höchst unwahrscheinlich.

b. Falsch. Viele Matrixorganisationen arbeiten auch ohne eine Projektmanagement-Software ganz gut.

c. Richtig. Infolge verschiedenster Beziehungsgeflechte im Fortschrittsberichtswesen.

d. Falsch. Verschiedenste Beziehungsgeflechte stören in weitaus wahrscheinlicherem Maße den Informationsfluss.

6. Lösung a)

a. Richtig. Das Aufstellen grundlegender Regelungen, denen zugestimmt wird und die verstanden werden, ist in der Regel eine Voraussetzung für ein effektives Treffen.

b. Falsch. Nicht jeder Teilnehmer muss unbedingt zu jedem Punkt etwas sagen.

c. Falsch. Der Vorsitzende des Treffens sollte sich bemühen, für die Tagesordnungspunkte genügend Zeit zu veranschlagen, aber es ist häufig sinnvoller, ein Folgetreffen über noch ausstehende Punkte anzusetzen.

d. Falsch. Der Zeitbedarf der verschiedenen Tagesordnungspunkte kann unterschiedlich sein.

7. Lösung c)

a. Falsch. Hierbei kann die Bereitstellung der Projektinformationen beeinflusst werden, aber nicht die Anforderungen.

b. Falsch. Hierbei kann die Bereitstellung der Projektinformationen beeinflusst werden, aber nicht die Anforderungen.

c. Richtig. Wenn die Stakeholder z.B. das Eintreten von Problemen erwarten, kann eine häufigere Berichterstattung erforderlich sein.

d. Falsch. Hierbei kann die Bereitstellung der Projektinformationen beeinflusst werden, aber nicht die Anforderungen.

8. Lösung a)

a. Richtig. Die reine Aufnahme wird als Empfang (Receiving) bezeichnet.

b. Falsch. Bei der reinen Aufnahme ist die Information noch nicht entschlüsselt.

c. Falsch. Verstehen setzt Empfangen und Dekodierung voraus.

d. Falsch. Das Annehmen einer Information setzt das bewusste Verstehen derselben voraus.

9. Lösung b)

a. Falsch. Dies sollte auf jeden Fall getan werden.

b. Richtig. Da sich die Rahmenbedingungen geändert haben, liegt der Projektabbruch nicht in der Verantwortung des PL. Der Abbruch sagt nichts darüber aus, wie gut das Projektmanagement war.

c. Falsch. Dies sollte auf jeden Fall getan werden.

d. Falsch. Dies sollte auf jeden Fall getan werden.

10. Lösung d)

a. Falsch. Eine schriftliche Kommunikation hilft zwar bei dem Problem, aber es ist nicht realistisch, im Team nur schriftlich zu kommunizieren.

b. Falsch. Es ist unrealistisch, dass Sie genügend Teammitglieder haben, um die benötigten Schlüsselqualifikationen zu ersetzen.

c. Falsch. Ein höflicher und freundlicher Umgang erleichtert zwar die Kommunikation, löst aber nicht das Problem.

d. Richtig. Sie müssen durch Maßnahmen (z.B. Sprachkurse, Dolmetscher etc.) sicherstellen, dass alle Teammitglieder an der Kommunikation teilnehmen können und die Inhalte verstehen.

10

11 Risikomanagement in Projekten

11.1 Themengebiete des Wissensgebietes

Risikomanagement in Projekten befasst sich mit der Identifizierung, Analyse und Beherrschung von Risiken über den gesamten Projektlebenszyklus hinweg.

Wir empfehlen, bei der Erarbeitung dieses Themengebietes den zugehörigen Prozessen besondere Aufmerksamkeit zu widmen und die Sequenz und auch die Abgrenzung dieser Prozesse sehr genau zu lernen. Das ist zu empfehlen, weil die Begriffsdefinitionen und die Vorgehensweise sich nicht nur von der DIN-Norm 69905 unterscheiden, sondern teilweise auch in der Umgangssprache anders besetzt sind. Damit ist gemeint, dass Risiken laut PMBOK Guide auch »positiv« sein können, während Risiken umgangssprachlich eher negativ besetzt sind. Allerdings sind positive Risiken keine Erfindung von PMI – ganz im Gegenteil. Es sein an dieser Stelle ausdrücklich auf die ISO(!)-Norm 31000 verwiesen, die wie der PMBOK Guide den Risikobegriff in beide Richtungen definiert – also sowohl positiv als auch negativ.

11.1.1 Übersicht über die Risikomanagementprozesse

Die Risikomanagementprozesse bauen aufeinander auf. Die Prozesse im Einzelnen sind:

1. **Risikomanagement planen** – Wie wird Risikomanagement in diesem Projekt durchgeführt? Hier erfolgt die Beschreibung des Risikomanagementansatzes auf der Metaebene.

2. **Risiken identifizieren** – Die relevanten Risiken werden festgestellt.

3. **Qualitative Risikoanalyse** durchführen – Die Risiken werden anhand von Qualitäten wie »klein«, »mittel« oder »groß« klassifiziert.

4. **Quantitative Risikoanalyse** durchführen – Die Risiken werden anhand von Quantitäten wie z.B. 50% oder € 23.000 klassifiziert.

5. Risikobewältigungsmaßnahmen planen – Es werden Maßnahmen entwickelt, um Chancen zu fördern und Bedrohungen zu minimieren.

6. Risiken überwachen und steuern – Die gesamte Prozesskette wird bewertet, überwacht und gesteuert.

Abbildung 11.1 zeigt die Interaktion der einzelnen Prozesse:

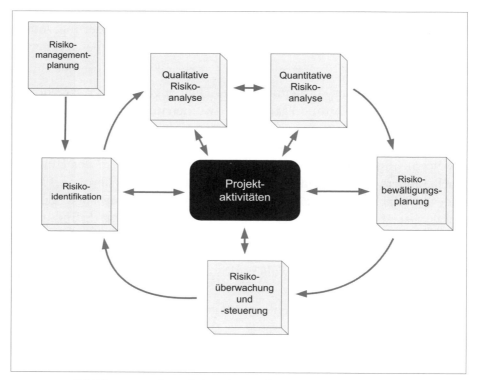

Abbildung 11.1: Interaktion der Risikomanagementprozesse

11.1.2 »Chance und Risiko ...«

Die Verwendung der Begriffe im Sinne der Umgangssprache entspricht **nicht** der Definition im Projektmanagement. Hier sollten Sie sich von der üblichen Betrachtungsweise nicht in die Irre leiten lassen. Laut PMBOK Guide ist ein Projektrisiko »*ein unsicheres Ergebnis oder eine Bedingung, dessen/deren Eintreten eine positive oder negative Auswirkung auf ein Projektziel hat*«. Wie in Abbildung 11.2 dargestellt, können Risiken somit Bedrohungen und Chancen bzw. positiv und negativ sein.

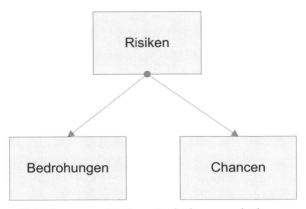

Abbildung 11.2: Risiko – Bedrohung und Chance

11.1.3 Definition Risiko und Risikomanagement

Risikomanagement wird wie folgt definiert: »*Risikomanagement ist der systematische Prozess der Identifikation, der Analyse und der Reaktion auf Projektrisiken. Er schließt die Maximierung der Wahrscheinlichkeit und Auswirkungen positiver Ereignisse sowie die Minimierung der Wahrscheinlichkeit und Auswirkungen negativer Ereignisse auf die Projektziele ein.*«

Frage

Wissen Sie, worin sich ein Risiko von einem Problem bzw. von einer Unsicherheit unterscheidet?

Antwort

Ein *Risiko* ist laut obiger Definition ein Ereignis, das mit einer bestimmten Wahrscheinlichkeit eintritt und Konsequenzen (positive wie negative) zur Folge hat. Diese Konsequenzen betreffen die Projektziele.

Ein *Problem* ist ein Ereignis, das bereits eingetreten ist und bereits negative Auswirkungen hat. Probleme müssen behandelt werden und gehören nicht ins Risikomanagement.

Eine Unsicherheit ist mit einem Risiko identisch, sie hat jedoch keine Auswirkungen auf die Projektziele. Damit stellen Risiken eine Untermenge der Unsicherheiten dar. Im Englischen heißt ein Risiko auch »Uncertainty that matters«.

Wie bereits angeführt, wird der Risikobegriff in der Umgangssprache häufig nicht korrekt verwendet. Beispiel: Innerhalb eines Organisationsprojektes wurde beschlossen, ein Call-Center von A nach B zu verlegen. In der Risikoliste taucht nun folgender Eintrag auf:

Risiko 4711: Der Umzug des Call-Centers könnte zum Risiko werden.

Irgendwie weiß jeder, was damit gemeint ist, aber die Definition des Risikos – würde sie so erfolgen – wäre komplett falsch. Der Umzug an sich ist kein Risiko, sondern eine bereits beschlossene Sache. Das Risiko besteht in der Unsicherheit der Auswirkungen auf unsere Projektziele auf Grund dieser Ursache (nämlich des Umzugs). Richtig müsste es heißen:

Weil wir viele Mitarbeiter mit familiären Bindungen haben und der Umzug aber beschlossen ist (Ursache), könnte es sein, dass wir wichtige Schlüsselpersonen verlieren, weil die entsprechenden Mitarbeiter möglicherweise nicht umziehen werden (Unsicherheit). Damit wären aber die Zeitvorgaben für den geplanten Go-Live-Termin nicht mehr zu halten und wir müssten zusätzlich teureres Personal einkaufen (Auswirkungen auf Ziele).

Ein Risiko besteht somit aus verschiedenen Komponenten:

▷ Ursache (Ist da, existiert, ist aber nicht das Risiko)

▷ Unsicherheit in Bezug auf die Ziele

▷ Auswirkung auf die Ziele (wenn die Unsicherheit eintritt)

Die Anzahl und der Auswirkungsgrad von Projektrisiken hängt auch davon ab, wann sie im Projektlebenszyklus auftreten. Pauschal kann man sagen:

Zu Projektbeginn ist die Anzahl der existierenden Risiken größer als gegen Ende. Und: Die Unsicherheit ist zu Beginn eines Projektes am größten.

Bei Betrachtung des Risikos sollten folgende Fragen geklärt werden:

▷ Wie hoch ist die Wahrscheinlichkeit, dass das Risiko eintritt?

▷ Zu welchem Zeitpunkt im Projektlebenszyklus wird es auftreten?

▷ Mit welcher Häufigkeit wird es im Projektlebenszyklus auftreten?

▷ Welche Auswirkungen wird es haben?

11.1.4 Stakeholder und Risikomanagement

Die Risikobereitschaft in einem Projekt spiegelt zum großen Teil die Mentalität der Stakeholder wider. Je nach Risikofreude findet man unterschiedliche Stile, mit denen Personen mit anstehenden Risiken umgehen. Der Umgang mit Risiken wird maßgeblich durch den Auftraggeber beeinflusst. Weicht die Einstellung des Auftraggebers zum Umgang mit Risiken von der des Projektleiters ab, kann diese Situation ein Risiko an sich darstellen.

Unter Verwendung eines groben Rasters lässt sich die »Risikofreudigkeit« in drei verschiedene Typen einteilen:

1. **Risikoaverse** Stakeholder sind kaum bereit, gewisse, vielleicht sogar notwendige Risiken einzugehen.

2. **Risikoignorante** Stakeholder kümmern sich überhaupt nicht um Risiken und reagieren nur auf deren Eintritt (»Warum sollen wir jetzt was unternehmen – es ist doch noch gar nichts passiert«).

3. **Risikobewusste** Stakeholder schätzten die möglichen Risiken ein, setzen sich mit ihnen auseinander und ergreifen, wenn nötig, geeignete Maßnahmen.

11.1.5 Risikoarten

Risikoquellen

Risiken können nach verschiedenen Kriterien sortiert werden, eine Unterteilung nach *Risikoquellen* könnte wie folgt strukturiert sein:

▷ Fachliche, qualitative oder leistungsbezogene Risiken

▷ Projektmanagementrisiken

▷ Organisatorische Risiken

▷ Externe Risiken

Das ist eine mögliche, keine zwingende Einteilung!

Die Risk Breakdown Structure

Die Strukturierung von Risiken kann auch mit Hilfe eines *Risikostrukturplans* (Risk Breakdown Structure, RBS) erfolgen. Der Risikostrukturplan ist wie ein Projektstrukturplan aufgebaut und folgt den gleichen Gesetzmäßigkeiten.

Hauptrisikokategorien werden in feinere Unterkategorien unterteilt und können dann nochmals unterteilt werden, sofern entsprechender Bedarf besteht. Der Vorteil einer RBS liegt in der systematischen Zuordnung von Risikoquellen zu den identifizierten Risiken. Daraus lassen sich statistische Rückschlüsse auf das Risikoportfolio ableiten, die gezielt die Maßnahmenplanung unterstützen.

Aber aufgepasst: In einer RBS stehen jeden Menge möglicher Risikoquellen, aber kein einziges (!) Projektrisiko. Diese stehen im Risikoregister und werden durch den Prozess »Risiken identifizieren« generiert. Eine RBS ist ein Hilfsmittel, eine Unterstützung für den Projektleiter, aber auf keinen Fall ein Container der im Projekt befindlichen Risiken.

11

Bekanntheit von Risiken

Eine weitere Unterteilung kann nach dem *Bekanntheitsgrad der Risiken erfolgen*. Es werden unterschieden:

1. **Bekannte Risiken**: Risiken, die identifiziert sind und deren Auswirkungen zum Zeitpunkt der Analyse bestimmt werden können (engl.: Known Risks).

2. **Unbekannte Risiken**: Risiken, die identifiziert sind, aber deren Auswirkungen unvorhersehbar sind. Für diese Risiken sollten Sicherheitsreserven (contingency reserves) gebildet werden (engl.: Unknown Risks).

3. **Unbekannte unbekannte Risiken**: Risiken, die nicht identifiziert wurden, also das Projekt unerwartet treffen können. Wir wissen nicht, dass sie uns drohen, und – weitaus unangenehmer – ihre Auswirkungen sind völlig unbekannt. Auch bzw. gerade für diese Risiken sollten Managementreserven zurückgestellt werden. (engl.: Unknown Unknows).

Die Höhe der notwendigen Risiko-Reserven (auch Zuschläge genannt) hängt vom Projekt und von den vorhandenen Erfahrungswerten ab.

11.1.6 Risikomanagement planen

Risikomanagementplanung ist die grundsätzliche Überlegung, wie die Risikomanagementaktivitäten in diesem speziellen Projekt anzugehen und zu planen sind. Ergebnis dieses Prozesses ist der Risikomanagementplan, einer der Metapläne, die wir bereits in den vorherigen Kapiteln angesprochen haben.

Frage

Enthält der Risikomanagementplan Ihrer Meinung nach auch eine Beschreibung, wie mit den festgestellten Risiken umgegangen wird?

Antwort

Die richtige Antwort ist nein. Der Risikomanagementplan beinhaltet nicht die operative Arbeit im Risikomanagement, er ist ein Metaplan.

Der Risikomanagementplan kann und sollte folgende Punkte beschreiben:

- Methodik (Datenquellen, Tools, Ansätze)
- Rollen und Verantwortlichkeiten
- Budgetierungsansatz
- Zeitliche Planung
- Auswertung, Interpretationen
- Genereller Umgang mit Schwellenwerten
- Berichtsformate

Der Risikomanagementplan ist – auf Grund seiner Natur – ein Dokument, das in einer frühen Projektphase zum ersten Mal erstellt und dann im Projektverlauf detailliert wird. Auch hier nochmals ganz unmissverständlich: Im Risikomanagementplan steht kein einziges Risiko – sondern nur die Spielregel zum Risikomanagement.

11.1.7 Risiken identifizieren

Die Risikoidentifikation beinhaltet »*die Feststellung, welche Risiken das Projekt beeinflussen können, inklusive der Dokumentation ihrer Eigenschaften*«.

Kernpunkte der Risikoidentifikation

- Namentliche Identifizierung der Risiken – es erfolgt keine Bewertung!
- Die Risikoidentifikation wird *nicht* nur einmal durchgeführt, sondern es ist ein iterativer Prozess. Details hierzu (wie oft, in welchen Abständen) finden sich im Risikomanagementplan.

▷ Die meisten Risiken werden in aller Regel am Anfang des Projektes im Rahmen der Planungsprozesse identifiziert, insbesondere dann, wenn der Projektstrukturplan erstellt wird. Aber für die Prüfung ist es wichtig zu wissen, dass die Risikoidentifikation während aller Projektphasen durchgeführt wird.

Zur Ermittlung der Risiken werden verschiedene Verfahren eingesetzt

In der Praxis können hier viele verschiedene und sehr unterschiedliche Methoden eingesetzt werden. Für die Prüfung sollte es genügen, wenn Sie folgende Verfahren kennen:

▷ Brainstorming

▷ Delphi-Methode

▷ Interviews

▷ SWOT-Analyse

▷ Projektdokumente

▷ Checklisten

▷ Annahmenanalyse

▷ Ishikawa-Diagramme und andere Diagrammmethoden

Alle genannten Techniken sind in ihrem Einsatz nicht auf die Risikoidentifikation beschränkt!

SWOT-Analyse

Da die SWOT-Analyse ein gängiges Verfahren zur Stärken-/Schwächenanalyse und der Einsatz im Projektmanagement stark verbreitet ist, stellen wir dieses Verfahren vor. SWOT steht für:

Strengths	=	Stärken
Weaknesses	=	Schwächen
Opportunities	=	Gelegenheiten, Möglichkeiten, Chancen
Threats	=	Gefahren

Man unterteilt die betrachteten Punkte in eine interne und externe Sicht sowie in eine »gute« und »weniger gute« Seite.

▷ »S« und »W« sind intern, »O« und »T« sind extern.

▷ »S« und »O« sind »gut«, »W« und »T« sind es nicht ...

Abbildung 11.3 zeigt eine übliche Darstellung der Ergebnisse einer SWOT-Analyse.

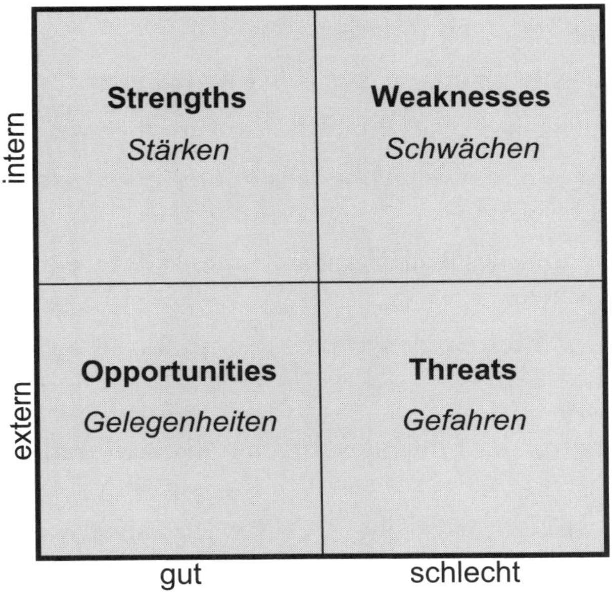

11

	gut	**schlecht**
intern	**Strengths** *Stärken*	**Weaknesses** *Schwächen*
extern	**Opportunities** *Gelegenheiten*	**Threats** *Gefahren*

Abbildung 11.3: SWOT-Analyse

Ergebnisse der Risikoidentifikation sind

▷ die festgestellten Risiken,

▷ die Risikoauslöser, dabei handelt es sich um Ereignisse, die anzeigen, dass das Risiko eingetreten ist.

Dokumentiert wird das Ganze in dem so genannten *Risikoregister*, das die Risiken auflistet und durch die folgenden Prozesse weiter fortgeschrieben wird.

11.1.8 Qualitative Risikoanalyse durchführen

Die qualitative Risikoanalyse ist »*der Prozess der Bewertung von Auswirkungen und Wahrscheinlichkeit von identifizierten Risiken*«.

Die qualitative Risikoanalyse führt diese Bewertung mit Hilfe von so genannten Qualitäten durch, die im Gegensatz zu den numerischen Werten der Quantitäten (siehe nächster Abschnitt) nur eine grobe, dafür aber schnellere Einordnung der Risiken hinsichtlich Eintritt und Auswirkung erlauben.

Kernpunkte der qualitativen Risikoanalyse

▷ Das Risikoregister muss vorliegen.

▷ Die qualitative Risikoanalyse ist eine *subjektive* Einschätzung.

▷ Die Gesamtrisikolage eines Projektes kann ermittelt werden.

▷ Die einzelnen Risiken werden jeweils in Eintrittswahrscheinlichkeit und Auswirkung bewertet.

▷ Bei der Bewertung des Risikos ist der Zeitpunkt des eventuellen Risikoeintrittes zu beachten.

▷ Es kann kategorisiert werden, welche Risiken wie behandelt werden müssen.

Einstufungsmatrix der Eintrittswahrscheinlichkeit und der Auswirkung

Jedem Risiko wird zunächst eine Qualität der **Eintrittswahrscheinlichkeit** zugeordnet. Diese Qualitäten können sein: unwahrscheinlich, gering, mittel, hoch, sehr hoch oder sie können auch numerisch bewertet werden, beispielsweise anhand einer Skala von 1 bis 5. Es existiert keine Vorschrift, dass die niedrigste Qualität immer »unwahrscheinlich« sein muss, es handelt sich vielmehr um ein Beispiel. Festlegungen, wie viele Stufungen es gibt und wie diese Stufungen genau heißen, sollten im Risikomanagementplan niedergelegt werden.

Im nächsten Schritt erhält das Risiko eine Qualität des **Auswirkungsgrads.** Diese Qualitäten können sein: sehr gering, gering, mittel, hoch, sehr hoch oder auch numerisch bewertet anhand einer Skala von 1 bis 5. Oft sind die Qualitäten (dem Namen nach) von Eintrittswahrscheinlichkeit und Auswirkung identisch.

Eine der gängigen Praxisprobleme der qualitativen Risikoanalyse ist die subjektive Einordnung eines Risikos mit Hilfe der oben genannten Qualitäten. Was ist »gering«? Wie hoch ist »hoch«? Nehmen wir einmal an, Sie haben ein

Risiko mit 50% Eintrittswahrscheinlichkeit. Wäre die qualitative Bewertung von 50% nun »mittel« oder »hoch«, oder bereits »sehr hoch«?

Wenn den jeweiligen Qualitäten eine Ziffer zugeordnet wurde, kann nun durch Multiplikation eine Bewertung des Risikos erfolgen:

Bewertung = Eintrittswahrscheinlichkeit * Auswirkung

Das bewertete Risikoregister kann nun in eine Matrix überführt werden. Ein Beispiel für eine solche Matrix sehen Sie in Abbildung 11.4. Damit lässt sich die Risikogesamtlage eines Projektes grafisch sehr gut darstellen.

11

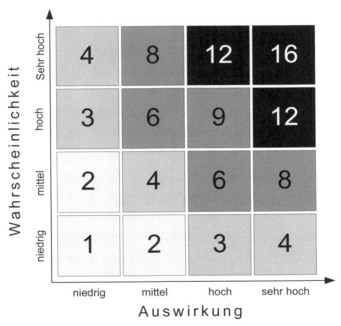

Abbildung 11.4: Qualitative Risikomatrix

Da die Risiken in einem Projekt jedoch von zwei Seiten betrachtet werden (Bedrohung versus Chance), kann für jede Sichtweise eine Matrix angefertigt werden.

Wenn man nun diese beiden Matrizen nebeneinander stellt und die Chancen-Matrix in umgekehrter Auswirkungsabfolge anordnet, dann hat man einen sehr guten Überblick über Chancen und Bedrohungen in einem Projekt. Die stärksten Bedrohungen und Chancen finden sich hierbei in der Mitte der Darstellung und bilden eine Art Pfeil nach unten. Das ist der so genannte »Attention Arrow«, der Bereich, auf den der Projektleiter sein Hauptaugenmerk richten sollte. Abbildung 11.5 zeigt Ihnen ein Beispiel für eine Wahrscheinlichkeits- und Auswirkungsmatrix. Die dunklen Felder in der Mitte der Matrix stellen den »Attention Arrow« dar. Hier sind es alle Risiken mit einer Bewertung oberhalb von 0,2.

Wahrscheinlichkeit	Bedrohungen					Chancen					Wahrscheinlichkeit
0,90	0,045	0,135	0,225	0,45	0,81	0,81	0,45	0,225	0,135	0,045	0,90
0,70	0,035	0,105	0,175	0,35	0,63	0,63	0,35	0,175	0,105	0,035	0,70
0,50	0,025	0,075	0,125	0,25	0,45	0,45	0,25	0,125	0,075	0,025	0,50
0,30	0,015	0,045	0,075	0,15	0,27	0,27	0,15	0,075	0,045	0,015	0,30
0,10	0,05	0,015	0,25	0,50	0,09	0,09	0,50	0,25	0,015	0,05	0,10
	0,05	0,15	0,25	0,50	0,90	0,90	0,50	0,25	0,15	0,05	
	Auswirkung					Auswirkung					

Abbildung 11.5: Wahrscheinlichkeits- und Auswirkungsmatrix

Frage

Wie wird mit »nicht-kritischen« Bedrohungs-Risiken umgegangen?

Antwort

Sie werden normal im Risikoregister dokumentiert und regelmäßig überprüft, ob ihr Status weiterhin unverändert ist.

11.1.9 Quantitative Risikoanalyse durchführen

Die quantitative Risikoanalyse bezweckt *»die numerische Analyse der Wahrscheinlichkeit eines jeden Risikos und seiner Auswirkung auf die Projektziele, wie auch den Umfang des gesamten Projektrisikos«.*

Kernpunkte der quantitativen Risikoanalyse

▷ Auch die quantitative Risikoanalyse nimmt im Ergebnis eine Bewertung in den zwei Dimensionen »Eintrittswahrscheinlichkeit« und »Auswirkung« vor.

▷ Beide Größen werden anhand von **numerischen Analyseverfahren** ermittelt.

▷ Es wird der **Wert des Risikoeintrittes** (Expected monetary value) je Risiko ermittelt.

▷ Der **Vorteil** der quantitativen Analyse liegt darin, dass sie besseres Zahlen- und Entscheidungsmaterial erbringt.

▷ **Nachteil**: Die Erhebung ist viel aufwändiger, kostenintensiver und eventuell auch nur scheingenauer.

▷ Es wird das Gesamtrisiko des Projektes ermittelt.

▷ Die einzelnen Risiken werden verglichen und priorisiert.

▷ Darauf aufbauend wird festgelegt, welche Risiken behandelt werden müssen.

▷ Es werden adäquate Terminplan- und Kostenreserven ermittelt.

▷ Die Ergebnisse liefern Informationen zur Festlegung von realistischen und erreichbaren Kosten-, Termin- sowie Inhalts- und Umfangszielen.

Berechnung des Risikowertes

Auch der Wert des Risikoeintrittes wird in drei Stufen ermittelt:

1. Für jedes Risiko wird
   - die voraussichtliche **Eintrittswahrscheinlichkeit in %** festgelegt und
   - die voraussichtliche **Auswirkung wird in Geld** bewertet (z.B. in €/$)

2. Der Risikowert (expected monetary value = EMV) wird nach folgender Formel berechnet:

   Risikowert = Eintrittswahrscheinlichkeit * Auswirkung

3. Die identifizierten Risiken werden **aufgrund ihres Risikowertes geordnet** und eine sich daraus ableitende Prioritätsliste erstellt.

11

Frage

Welchen Risikowert hat folgendes Risiko des Projektes *Planung einer Tagung?*

Die interne Freigabe für das Hotel verzögert sich und Reservierungen werden gelöscht. Die Neusuche generiert Mehraufwand.

Die Eintrittswahrscheinlichkeit beträgt 30%, die Auswirkung € 7.500 zusätzliche Kosten.

Antwort

Der Risikowert beträgt € 2.250 = € 7.500 * 30 / 100.

Methoden in der quantitativen Risikoanalyse

Die Verfahren der quantitativen Risikoanalyse sind unter anderem:

1. Befragungen
2. Sensitivitätsanalyse
3. Simulation
4. Entscheidungsbaumanalyse

Für die Prüfung sind die im PMBOK Guide gegebenen Informationen zu Interviews und zur Sensitivitätsanalyse in der Regel ausreichend. Für die beiden anderen Verfahren benötigen Sie eventuell noch Zusatzinformationen:

Entscheidungsbäume

▷ Ein *Entscheidungsbaum* ist eine grafische Darstellung der Berechnungen des erwarteten Risikowertes (=Geldwertes).

▷ Er wird von links aufgezeichnet und besteht aus drei Komponenten:

– Handlungen – das heißt, zwischen verschiedenen Möglichkeiten zum Handeln muss eine Entscheidung getroffen werden.

– Umstände – Entscheidungen werden unter bestimmten Umständen getroffen (jeder Umstand trifft mit einer bestimmten Wahrscheinlichkeit ein).

– Wirkungen – alle Ergebnisse einer Entscheidung (erwünschte und unerwünschte Auswirkungen).

11

▷ Eine Situation kann somit wie auf einer Tafel entwickelt und dokumentiert werden.

▷ Die Auflösung eines Entscheidungsbaums ist eine einfache Rückwärtsrechnung.

▷ Beginnend bei den Endknoten auf der rechten Seite, wird der Wert jedes Knotens ermittelt und der jeweilige erwartete Wert eingetragen.

Abbildung 11.6 zeigt einen Entscheidungsbaum für folgende Situation: Sie benötigen für Ihr Projekt unbedingt ein bestimmtes Messgerät. Das Wartungsintervall für das Gerät ist abgelaufen und Sie stehen vor der Frage, ob Sie das Messgerät vor oder nach dem Einsatz im Projekt zur Inspektion bringen. Die Inspektion kostet € 100, die für Ihr Projekt nicht anfallen, wenn das Gerät erst nach dem Projekt gewartet wird. Wenn das Messgerät ausfällt, muss ein anderes extern ausgeliehen werden, die Kosten hierfür betragen € 1.200. Die Wahrscheinlichkeit, dass das Messgerät ausfällt, liegt bei 25% ohne Inspektion, bei 2% mit Inspektion.

11

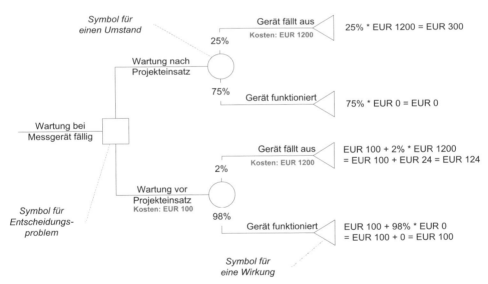

Abbildung 11.6: Entscheidungsbaum

Frage

Würden Sie das Gerät zur Inspektion bringen oder nicht?

Antwort

Mit den gegebenen Informationen wäre es günstiger, das Gerät zur Inspektion zu bringen, da hier das Kostenrisiko geringer ist. Erklärung: Der Pfad ganz oben ergibt die Kosten bei einem Geräteausfall, wenn das Gerät erst nach dem Projekt gewartet wird: 300 €. Demgegenüber stehen die prognostizierten Kosten bei einem Geräteausfall trotz Wartung (zweiter Pfad von unten) von 224 €. 100 € für die Wartung und 124 € Ausfallkosten. Gerechnet wird der jeweilige Ast des Entscheidungsbaums nach der Formel: Eintrittswahrscheinlichkeit * Geldwert.

In der Projektrealität gibt es Entscheidungsbäume, die wesentlich mehr Knoten haben, das heißt, dass mehrere Entscheidungen nacheinander gefällt werden müssen, wobei für jede Entscheidung wieder verschiedene Umstände mit einer bestimmten Eintrittswahrscheinlichkeit existieren. In diesem Fall werden die Wahrscheinlichkeiten für jeden Pfad im Entscheidungsbaum einfach multipliziert.

Monte-Carlo-Simulation

Die *Monte-Carlo-Simulation* wird im Projektmanagement für die Bewertung von Kosten- und Terminrisiken eingesetzt. Sie findet aber nicht nur im Projektmanagement Anwendung, sondern ist eine statische[1], allgemein einsetzbare Simulationsmethode mit folgenden Kennzeichen:

▷ Es wird ein Rechenmodell, das das durchzuführende Projekt beschreibt, vielfach durchlaufen, üblich sind 10.000 Wiederholungen.

▷ Für jeden Durchlauf werden die errechneten Werte dokumentiert und somit eine Wahrscheinlichkeitsverteilung ermittelt.

▷ Als Ergebnis erhält man eine Eintrittswahrscheinlichkeit bezogen auf das Erreichen eines definierten Projektendtermins bzw. einer Kostenschätzung. Je höher die Anzahl der Durchläufe, desto besser die Qualität der Ergebnisse.

---

1. Statisch bedeutet hier, dass die Wahrscheinlichkeit für ein bestimmtes Ergebnis von dem Ausgang des vorangegangenen Ereignisses unabhängig ist. Außerdem ist die Wahrscheinlichkeit für jedes Ereignis gleich groß und bekannt.

- Ziel von Monte-Carlo-Simulationen sind Vorhersagen über Ergebnisse des gesamten Projektes, nicht für einzelne Vorgänge.

- Monte-Carlo-Simulationen finden in der Netzplantechnik Verwendung, um pfadkonvergente Problemstellungen zu simulieren und zu analysieren.

- Monte-Carlo-Simulationen liefern auch Informationen darüber, welche Vorgänge mit welcher Wahrscheinlichkeit auf dem kritischen Weg liegen.

- Als Basis für eine Monte-Carlo-Simulation werden unbedingt mehrere realistische Schätzwerte (optimistischer, realistischer und pessimistischer Schätzwert) benötigt, wie PERT sie liefert.

- Monte-Carlo-Simulationen werden normalerweise nicht manuell, sondern toolunterstützt durchgeführt.

11

11.1.10 Risikobewältigungsmaßnahmen planen

Der Prozess *Risikobewältigungsmaßnahmen planen* hat zum Inhalt, »*Alternativen zu entwickeln und Maßnahmen zu bestimmen, um Chancen für die Projektziele zu verstärken und Gefahren zu reduzieren*«.

Kernpunkte der Planung zur Risikobewältigung

- Die Risikobewältigungsplanung muss angemessen sein, das heißt, Aufwand und Nutzen müssen in vernünftiger Relation zueinander stehen.

- Je Risiko wird eine Antwortstrategie (siehe unten *Mögliche Antwortstrategien*) bzw. eine Kombination aus mehreren Strategien festgelegt.

- Alle relevanten Stakeholder müssen einbezogen werden und den gewählten Antwortstrategien zustimmen.

- Für jede Antwortstrategie wird ein Verantwortlicher (risk owner) festgelegt.

- Strategien werden regelmäßig anhand des Projektverlaufes bewertet und ggf. angepasst.

Mögliche Antwortstrategien

Bezogen auf jedes negative und jedes positive Risiko gibt es vier Varianten, auf das Risiko zu reagieren. Tabelle 11.1 gibt Ihnen eine Übersicht:

Negatives Risiko	Positives Risiko
1. **Vermeiden**, die Gefahr bannen, dass das Risiko auftreten kann.	1. **Ausnutzen**, Sicherstellen, dass die Chance genutzt wird. Die Chance muss eintreten.
2. **Übertragen**, das Risiko an eine andere Partei übergeben.	2. **Teilung**, steht hier für das Übertragen an einen Dritten, der die Chance besser nutzen kann, beispielsweise im Rahmen eines Joint Ventures.
3. **Mindern**, darunter ist die Verminderung der Wahrscheinlichkeit des Eintrittes, der Auswirkungen oder beides zu verstehen.	3. **Steigerung**, es werden die Wahrscheinlichkeit des Eintrittes, die Auswirkungen oder beides vergrößert.
4. **Akzeptieren,** das bedeutet, bewusst die Entscheidung zu treffen, mit dem Risiko zu leben.	4. **Akzeptieren,** das heißt, die bewusste Entscheidung zu treffen, mit dem Risiko zu leben.

Tabelle 11.1: Antwortstrategien auf Risiken

Frage

Was ist der Unterschied zwischen dem »Akzeptieren« und »Ignorieren« von Risiken?

Antwort

Akzeptierte Risiken sind identifiziert und dokumentiert. Innerhalb von Projektmeetings wird regelmäßig überprüft, ob sie weiterhin akzeptiert werden können oder ob nicht eine andere Antwortstrategie gewählt werden muss. *Ignorierte Risiken* wurden wahrscheinlich noch nicht einmal identifiziert.

Frage

In welche Kategorie fallen »Notfallpläne«?

Antwort

Lösung: Die Erstellung von Notfallplänen soll zwar die Auswirkung eines Risikos mindern, ist aber eine Akzeptanzmaßnahme. Der Grund ist einfach: Die Auswirkung eines Risikos ist das Reagieren auf das entstandene Problem. Ein Notfallplan nimmt einige Überlegungen vorweg, vom Wesen her verändert er weder die Eintrittswahrscheinlichkeit noch die tatsächlichen Auswirkungen.

11.1.11 Risiken überwachen und steuern

Die *Risikoüberwachung und -steuerung* dient dazu, die folgenden Fragestellungen zu überprüfen, damit die Wirksamkeit der Maßnahmen zur Risikobewältigung kontrolliert werden kann:

▷ Sind die Maßnahmen wie geplant umgesetzt worden?

▷ Wie wirkungsvoll waren die Maßnahmen?

▷ Sind die Projektannahmen noch gültig?

▷ Sind Risikoauslöser eingetreten?

▷ Gibt es neue Risiken?

▷ Fallen Risiken weg?

▷ Gibt es neue Bewertungen hinsichtlich der identifizierten Risiken bezogen auf Wahrscheinlichkeit oder Auswirkung?

▷ Sind die definierten Strategien noch angemessen?

Risiken und definierte Maßnahmen müssen regelmäßig überprüft werden. Merken Sie sich daher für die Prüfung, dass das Thema *Risiko* ein wichtiger Tagesordnungspunkt in Projektteambesprechungen ist und Risikobewertungen (risk reviews) regelmäßig durchgeführt werden müssen.

11

Frage

Was ist der Unterschied zwischen einem Notfallplan und einer Ausweichmaßnahme?

Antwort

In einem *Notfallplan* werden Maßnahmen definiert, die bei Risikoeintritt ausgeführt werden, um den Projekterfolg sicherzustellen.

Eine *Ausweichmaßnahme* ist eine ungeplante Maßnahme, die bei Eintritt eines Risikos durchgeführt wird, das vorher nicht identifiziert bzw. akzeptiert wurde.

11

11.2 Beispielfragen

1. In welcher Phase des Projektes sollte die Risikoidentifikation durchgeführt werden?

   a. In der Initiierungsphase.

   b. In der Planungsphase.

   c. In der Entwurfsphase.

   d. Risikoidentifikation sollte regelmäßig während des gesamten Projektes durchgeführt werden.

2. Ein Notfallplan wird ausgeführt, wenn …

   a. ein Risiko identifiziert ist.

   b. ein identifiziertes Risiko eintritt.

   c. deutlich wird, dass sich geplante Termine nach hinten verschieben.

   d. sich der kritische Pfad verändert.

3. Eine Reaktion auf eine Gefahr, die bewirkt, dass das Eintreten dieser bestimmten Gefahr ausgeschlossen wird, nennt man …

   a. Übertragung.

   b. Akzeptanz.

   c. Vermeidung.

   d. Minderung.

4. In einem Projekt besteht folgende Situation: Die Wahrscheinlichkeit, dass der Projektinhalt und -umfang zu einem bestimmten Termin definiert ist, beträgt 80%. Die Wahrscheinlichkeit, dass der Projektinhalt und -umfang zu einem bestimmten Termin freigegeben wird, 70%. Wie hoch ist die Wahrscheinlichkeit, dass beide Ereignisse eintreten?

   a. 75%

   b. 56%

   c. 70%

   d. 80%

5. Wann sollte der Eintritt eines Risikoereignisses vermieden werden?

   a. Wenn das Risikoereignis eine geringe Eintrittswahrscheinlichkeit und einen hohen Einfluss hat.

   b. Wenn das Risikoereignis eine geringe Eintrittswahrscheinlichkeit und einen geringen Einfluss hat.

   c. Wenn das Risikoereignis nicht akzeptabel ist – normalerweise sind das Ereignisse mit einer hohen Eintrittswahrscheinlichkeit und einem hohem Einfluss.

   d. Der Eintritt eines Risikoereignisses kann nie vermieden werden.

6. Welche der folgenden Aussagen bezüglich des Risikowertes ist falsch?

   a. Der Risikowert multipliziert mit der Eintrittswahrscheinlichkeit eines Risikoereignisses ergibt den erwarteten Geldwert.

   b. Der Risikowert ist eine Schätzung.

   c. Der Risikowert berücksichtigt nur materielle Auswirkungen.

   d. Der Risikowert berücksichtigt potenzielle Gewinne und Verluste.

7. Wenn der Projektnetzplan viele parallele Wege mit ungefähr derselben Dauer enthält und die Schätzungen über die Dauer einzelner Vorgänge sehr unsicher sind, dann besteht die beste Methode zur Bestimmung der voraussichtlichen Projektdauer in ...

   a. der Monte-Carlo-Simulation.

   b. der Methode des kritischen Wegs.

   c. der Anwendung von Kriterien der Kosten-/Terminplansteuerung.

   d. der Anwendung von »GERT«.

11

8. Angenommen, der Lebenszyklus eines Projektes besteht aus Konzeption, Entwicklung, Durchführung und Abschluss, dann ist in welcher dieser Phasen der höchste Unsicherheitsgrad gegeben?

   a. Konzeption

   b. Entwicklung

   c. Durchführung

   d. Abschluss

9. Das Risiko des gesamten Projektes ...

   a. muss bei kleinen Projekten nicht kalkuliert werden.

   b. wird durch die Aufsummierung des möglichen Gesamtverlustes und die Multiplikation desselben mit der Summe aus der Wahrscheinlichkeiten der einzelnen Verluste kalkuliert.

   c. wird durch die Aufsummierung des gewichteten Einflusses der einzelnen Risiken kalkuliert.

   d. ist nur von den Kosten und der Dauer des Projektes abhängig.

10. Sie sind der Projektleiter eines Projektes zur Durchführung einer internationalen Messe. Die Planung ist abgeschlossen und Sie sind gerade dabei, die Messehallen mit Ständen zu bestücken. Da erzählt Ihnen ein Hallenarbeiter, dass es bei der letzten Messe öfters zu Stromausfällen kam. Sie haben bisher davon nichts gewusst. Was sollte Ihr nächster Schritt sein?

    a. Mit dem Verantwortlichen des Messegeländes über Notstromaggregate verhandeln.

    b. Überprüfen, ob die geschilderte Situation ein Risiko für Ihr Projekt darstellt.

    c. Nichts. Da Sie nicht über das Problem von dem Verantwortlichen des Messegeländes informiert worden sind, wird das Problem behoben sein.

    d. Mit einem Elektrotechniker das Risiko des Stromausfalls besprechen und Lösungsvorschläge erarbeiten.

11.3 Lösungen mit Erklärungen

1. Lösung d)

   a. Falsch. Risikoidentifikation sollte regelmäßig während des gesamten Projektes durchgeführt werden.

   b. Falsch. Risikoidentifikation sollte regelmäßig während des gesamten Projektes durchgeführt werden.

   c. Falsch. Risikoidentifikation sollte regelmäßig während des gesamten Projektes durchgeführt werden.

   d. Richtig. Um erfolgreich zu sein, muss sich die Organisation verpflichten, während der ganzen Projektlaufzeit Risikomanagement zu betreiben.

2. Lösung b)

   a. Falsch. Erst wenn ein identifiziertes Risiko auch eintritt.

   b. Richtig. Ein Notfallplan wird auf identifizierte Risiken angewendet, wenn diese im Projekt auftreten. Dies ist eine Maßnahme der Risikoakzeptanz.

   c. Falsch. In dieser Situation müssen die Ursachen untersucht und diesen entsprechend gehandelt werden.

   d. Falsch. In dieser Situation müssen die Ursachen untersucht und diesen entsprechend gehandelt werden.

3. Lösung c)

   a. Falsch. Die Übertragung strebt danach, die Folgen eines Risikos an eine dritte Partei zusammen mit der Verantwortung für die Risikobewältigung zu übergeben.

   b. Falsch. Die Akzeptanz ist dadurch gekennzeichnet, dass das Projektteam bewusst beschlossen hat, vorerst nichts zu unternehmen.

   c. Richtig. Per Definition.

   d. Falsch. Die Minderung strebt danach, die Eintrittswahrscheinlichkeit und/oder die Auswirkungen eines nachteiligen Risikoereignisses auf einen akzeptablen Schwellenwert zu reduzieren.

11

4. Lösung b)

   a. Falsch. Die Wahrscheinlichkeit, dass beide Ereignisse eintreten, berechnet sich wie folgt: $W_1 * W_2$.

   b. Richtig. 70% * 80% = 56%

   c. Falsch. Die Wahrscheinlichkeit, dass beide Ereignisse eintreten, berechnet sich wie folgt: $W_1 * W_2$.

   d. Falsch. Die Wahrscheinlichkeit, dass beide Ereignisse eintreten, berechnet sich wie folgt: $W_1 * W_2$.

5. Lösung c)

   a. Falsch. Normalerweise sollten Ereignisse mit einer hohen Eintrittswahrscheinlichkeit und einem hohem Einfluss vermieden werden.

   b. Falsch. Normalerweise sollten Ereignisse mit einer hohen Eintrittswahrscheinlichkeit und einem hohem Einfluss vermieden werden.

   c. Richtig. Wenn der Effekt des Risikoeintritts nicht akzeptabel ist, dann muss versucht werden, die Eintrittswahrscheinlichkeit und/oder die Auswirkungen zu verringern.

   d. Falsch. Obwohl das Projektteam niemals alle Risikoereignisse ausschließen kann, können einige spezielle Risiken vielleicht vermieden werden.

6. Lösung c)

   a. Falsch. Per Definition wird der erwartete Geldwert so berechnet.

   b. Falsch. Ja, der Risikowert kann in den seltensten Fällen genau berechnet werden.

   c. Richtig. Der Risikowert berücksichtigt materielle und immaterielle Auswirkungen.

   d. Falsch. Der Risikowert berücksichtigt potenzielle Gewinne und Verluste.

7. Lösung a)

   a. Richtig. Aus der Monte-Carlo-Simulation ergibt sich die Beurteilung der voraussichtlichen Dauer, die sowohl die Wegkonvergenz als auch die Unsicherheit berücksichtigt.

   b. Falsch. Diese befasst sich weder mit der Wegkonvergenz noch mit der Unsicherheit.

c. Falsch. Dies ist keine Methode der Terminplanung.

d. Falsch. Sie befasst sich nicht mit der Wegkonvergenz.

8. Lösung a)

a. Richtig. In der ersten Phase existiert immer der höchste Unsicherheitsgrad, weil das Produkt des Projektes und die Projektstrategie in der Regel noch nicht genau genug definiert sind.

b. Falsch. Je fortgeschrittener der Projektfortgang ist, umso mehr nimmt in der Regel die Unsicherheit ab.

c. Falsch. Je fortgeschrittener der Projektfortgang ist, umso mehr nimmt in der Regel die Unsicherheit ab.

d. Falsch. In der Abschlussphase sollte die Unsicherheit gegen null tendieren.

9. Lösung c)

a. Falsch. Eine Bewertung der Risiken ist auch für kleinere Projekte wichtig, jedes Projekt ist einmalig.

b. Falsch. Verlust und Wahrscheinlichkeit müssen unabhängig voneinander betrachtet werden. Sie können nicht wie hier beschrieben aufsummiert werden.

c. Richtig. Hierbei handelt es sich um die Summe der verschiedenen erwarteten Werte.

d. Falsch. Es existieren viele Umstände, z.B. angemessene Finanzmittel und bewährte Technologie, die ein großes Projekt von langer Dauer zu einem geringen Risiko werden lassen können.

10. Lösung b)

a. Falsch. Das ist ein möglicher nächster Schritt, aber nicht der erste.

b. Richtig. Sie sollten als Erstes analysieren, ob das Risiko (noch) besteht.

c. Falsch. Sie müssen überprüfen, ob das Risiko weiterhin besteht.

d. Falsch. Das ist ein möglicher nächster Schritt, aber nicht der erste.

11

12 Beschaffungsmanagement in Projekten

12.1 Themengebiete des Wissensgebietes

Bei Beschaffungsmanagement in Projekten geht es um die Beschaffung von Waren oder Dienstleistungen in das Projekt hinein. Das Wissensgebiet wurde in der vorliegenden Ausgabe des Examens ziemlich entschärft und ist im Gegensatz zu früheren Fassungen nicht mehr sehr schwierig.

Die Prüfung geht davon aus, dass der Kauf von Gegenständen vom Projektteam angestoßen wird und der Verkäufer damit außerhalb der Projektorganisation steht. Also ist der Projektleiter der Kunde, Besteller, Auftraggeber etc.

Was ist dann der »Andere«? Die andere Partei ist der Lieferant, der Auftragnehmer, der Verkäufer, Subcontractor, etc.

Besonders im Bereich des Beschaffungsmanagements ist darauf zu achten, durch welche Brille der Betrachter auf die Situation schaut. Wenn Sie keine anderen Hinweise finden, dann ist die Perspektive diejenige des Käufers. Das ist besonders dann nicht einfach, wenn Sie aus einem Projektumfeld kommen, das Leistungen im Kundenauftrag erstellt. Nach der Frage, wer denn das Angebot erstellt, antworten Sie dann bestimmt reflexartig: Ich! Im Sinne des Beschaffungsmanagements schreiben Sie aber keine Angebote. Das machen die anderen, die Verkäufer, die Lieferanten, die Unterauftragnehmer. Sie machen die Leistungsbeschreibung. Sie lesen die Angebote!

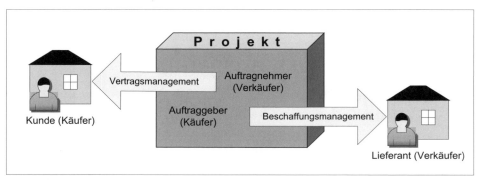

Abbildung 12.1: Zwei entscheidende Rollen im Projekt: als Käufer oder Verkäufer

12

Frage

Wie würden Sie den Begriff Beschaffungsmanagement definieren?

Antwort

Beschaffungsmanagement in Projekten beinhaltet die Prozesse für den **Kauf oder Erwerb der Produkte**, Dienstleistungen und Ergebnisse, die von außerhalb des Projektteams für die Durchführung der Arbeit benötigt werden. Eingeschlossen ist davon also auch der Einkauf innerhalb der eigenen Organisation.

12.1.1 Prozesse des Wissensgebietes

In Kapitel 12 werden vier Prozesse des Beschaffungsmanagements dargestellt, auf die wir Folgenden eingehen möchten:

1. **Beschaffungen planen** – Dieser Prozess beschäftigt sich mit der Dokumentation der Kaufentscheidung, der Festlegung der Vorgehensweise und der Identifikation möglicher Anbieter.

2. **Beschaffungen durchführen** – Dieser Prozess sucht sich einen geeigneten Lieferanten und gibt ihm einen Vertrag.

3. **Beschaffungen verwalten** – Der Vertrag ist geschlossen und nun geht es darum, welche Leistung der Verkäufer erbringt oder erbracht hat, erforderliche Korrekturmaßnahmen festzulegen und am Ende die Leistung des Lieferanten abzunehmen.

4. **Beschaffungen abschließen** – Hier werden die Aktivitäten beschrieben, die durchgeführt werden, um die Verträge zu beenden.

12.1.2 Grundlagen Vertragsmanagement

Frage

Überlegen Sie, was die Kennzeichen eines Vertrages sind.

Antwort

Formal gibt es eigentlich nur ein Kennzeichen: *Die übereinstimmenden Willenserklärungen von mindestens zwei Parteien* – nämlich ein Angebot und die daraufhin folgende Annahme des Angebotes. Dabei muss keine bestimmte Form eingehalten werden, ein Vertrag kann z.B. auch mündlich geschlossen werden.

Was macht einen Vertrag aus?

Auch wenn es nicht zwingend erforderlich ist, im Geschäftsleben wird aufgrund der Beweisbarkeit meistens doch ein schriftlicher Vertrag geschlossen. Vertragsinhalte sind im Allgemeinen:

▷ Bestimmungen zu Inhalt und Umfang

▷ Leistungen der Vertragspartner (»Statement of Work«)

▷ Zahlungsbestimmungen

▷ Mitwirkungspflichten

▷ Urheberrechte

▷ Liefertermine

Die Rolle des Projektmanagers im Beschaffungsmanagement

Der Projektmanager hat die Verantwortung über das gesamte Projekt und damit auch über die Beschaffungen. Natürlich ist er gut beraten, sich der Fachleute aus dem Unternehmen zu bedienen und nicht alles alleine zu machen. Wahrscheinlich würde ihm auch hier das vertragliche Fachwissen fehlen.

12

Nein, diese Einleitung bezieht sich auf ganz andere Kommentare vieler Projektprofis: »Mit Beschaffung hab' ich nichts am Hut, das macht der Einkauf...«

Wichtig ist, das der Projektverantwortliche trotz »Einkauf« die Verantwortung für die Beschaffungen und den Beschaffungsprozessen nicht von vornherein negiert. Seine Aufgaben sind:

▶ Durchführung einer Risikoanalyse für den Vertrag (siehe Kapitel 11)

▶ Kommunikation mit Lieferanten

▶ Vertragsadministration

12.1.3 Beschaffungen planen

Frage

Zu welchem Zeitpunkt erfolgt die Planung der für das Projekt notwendigen Einkäufe und Beschaffungen?

Antwort

Die Planung der Einkäufe und Beschaffungen wird im Rahmen der Planung des Inhalts und Umfangs durchgeführt.

Die Beschaffungsplanung erfolgt in mehreren Schritten:

1. Die erste, grundlegende Frage, die sich das Projektteam stellen muss, ist, ob das Projekt überhaupt Produkte oder Dienstleistungen außerhalb seiner eigenen Grenzen benötigt?

2. Heißt die Antwort auf die Frage Ja, folgt die nächste Frage: Kaufen oder selbst erstellen (make or buy)?

3. Fällt die Entscheidung für »Kaufen«, dann kann als nächster Schritt die Auswahl der Vertragsform anstehen.

Make-or-buy-Analyse

Ein Hauptgrund für die Kaufentscheidung (»buy«) ist es, Unsicherheiten zu reduzieren (Kosten, Zeit, Ausführung und Umfang der Arbeit). Gegen die Kaufentscheidung und damit für die eigene Erstellung (»make«) sprechen folgende Gründe:

> ideale Raum- und Personalvoraussetzungen,

> man möchte die Kontrolle behalten,

> die Arbeit beinhaltet betriebsinterne (geheime) Informationen oder Vorgänge.

Im Rahmen der Make-or-buy-Analyse wird auch die Frage entschieden, ob ein Objekt gekauft, geleast oder gemietet wird.

Vertragsauswahl

Die Auswahl der Vertragsart hat erhebliche Konsequenzen. Sie müssen daher die nachfolgend dargestellten Vertragsarten kennen und die wichtigen Unterschiede herausarbeiten können. Das Ziel bei der Vertragsauswahl ist es, eine ausgewogene Verteilung der Risiken zwischen Auftraggeber und Auftragnehmer zu erreichen und den größtmöglichen Anreiz für eine effiziente und ökonomische Leistung des Lieferanten zu schaffen.

Bei der Auswahl des Vertragstyps spielen die folgenden Faktoren eine Rolle:

> Wie genau können Inhalt und Umfang der Leistungen definiert werden?

> Wie wahrscheinlich ist es, dass Änderungen nach Projektstart gewünscht/notwendig werden?

> Wie oft werden Änderungswünsche auftreten?

> In welchem Umfang will der Auftraggeber während der Vertragslaufzeit Einfluss auf den Auftragnehmer ausüben?

> Über welches Know-how verfügen Auftraggeber/-nehmer?

> In welcher Branche sind Auftraggeber/-nehmer tätig, welche Vertragsformen sind dort üblich?

Vertragstypen

Die Vertragstypen lassen sich generell in drei Gruppen einteilen, die im Folgenden kurz vorgestellt werden:

1. Verträge auf Festpreis- oder Pauschalsummenbasis (**FP** – fixed price)
2. Kostenerstattungsverträge (**CR** – cost reimbursable)
3. Verträge auf Zeit- und Materialbasis (**T&M** – time and material)

12

12

Hinweis für die juristische Halbbildung: Die für die PMP-Prüfung wichtigen Vertragsarten sind keine Vertragsarten des deutschen Bürgerlichen Gesetzbuchs (BGB), bzw. der entsprechenden schweizerischen oder österreichischen Gesetzesgrundlage. Die (deutschen) Dienst- und Werksverträge entsprechen nicht 100%ig einem T&M-Vertrag bzw. einem Festpreisvertrag. Allein die Tatsache, dass in Deutschland die Bezahlform NICHT die Vertragsart festlegt, zeigt schon einen erheblichen Unterschied auf.

Dieses Buch bereitet Sie auf das PMP-Examen vor und behandelt daher die dort beschriebenen, im internationalen Kontext möglichen Vertragsarten. Nur am Rande sei bemerkt, dass es so mancher zentraleuropäischen Projektgruppe sehr gut tun würde, auch mal wieder die heimischen Gesetzesgrundlagen zu lesen. Am Besten in Lernpausen auf die PMP-Prüfung.

Generell können Anreizzahlungen Bestandteil von Verträgen sein (auch Gewinnzuschlag oder Bonus genannt). Boni erlauben eine zusätzliche Zahlung zum vereinbarten Preis abhängig von der Erreichung bestimmter Zeit-, Kosten-, Leistungs- oder Qualitätsvorgaben.

1. Festpreisverträge (FP – Fixed Price oder auch FFP – Firm Fixed Price)

Dies ist die weltweit am meisten anzutreffende Vertragsform. Diese Vertragsform beruht auf einem fixen Gesamtpreis für ein genau definiertes Produkt. In dem Maß, in dem das zu erwerbende Produkt nicht genau definiert ist, besteht ein Risiko sowohl für den Auftraggeber als auch für den Auftragnehmer – der Auftraggeber erhält möglicherweise nicht das gewünschte Produkt oder der Auftragnehmer muss zusätzliche Kosten tragen, um es zu liefern. Verträge zu Festpreisen können ebenfalls Anreize für die Erreichung oder das Übertreffen ausgewählter Projektziele vorsehen.

▶ *Festpreisverträge mit Anreizzahlung (FPIF Fixed Price Incentive Fee)*

▶ *Festpreisverträge mit Preisanpassung (FPEPA Fixed Price Economic Price Adjustment)*

Manchmal wird in einem Festpreisvertrag, der über mehrere Jahre läuft, die allgemeine Preissteigerung berücksichtigt.

2. Kostenerstattungsverträge (engl. Cost Reimbursable, CR)

Diese Vertragsform sieht die Zahlung (Erstattung) der tatsächlichen Kosten an den Auftragnehmer vor. Kostenerstattungsverträge können Anreize für die

Erfüllung oder das Übertreffen bestimmter Projektziele enthalten. Solche Ziele können das Einhalten von Terminvorgaben oder die Erreichung spezieller Anforderungen sein.

Übliche Formen von Kostenerstattungsverträgen sind:

▷ *Kostenerstattungsvertrag plus Pauschalbetrag (CPFF – Cost Plus Fixed Fee)*

Wenn diese Vertragsform Anwendung findet, zahlt der Käufer alle Kosten, aber der Gewinnaufschlag bleibt fix. Egal, wie hoch der tatsächliche Aufwand war.

▷ *Kostenerstattungsvertrag plus Leistungsprämie (CPIF – Cost Plus Incentive Fee)*

Bei dieser Vertragsart werden alle Kosten sowie ein variabler Gewinnzuschlag gezahlt. Dieser variable Gewinnzuschlag bzw. die Leistungsprämie wird gemeinsam vereinbart und an das Erreichen genau definierter Ziele geknüpft.

▷ *Kostenerstattungsvertrag plus Erfolgshonorar (CPAF – Cost Plus Award Fee)*

Bei dieser Vertragsart werden alle Kosten sowie ein Gewinnzuschlag gezahlt, der vom Ermessen des Auftraggebers abhängt.

▷ *Kostenerstattungsvertrag mit prozentualem Gewinnaufschlag (CPPC – cost plus percentage of costs)*

Diese Vertragsform darf nicht bei Verträgen mit US-Behörden gewählt werden und ist generell für den Käufer ungünstig. Hierbei zahlt der Auftraggeber neben den Kosten einen prozentualen Gewinnaufschlag von den Kosten. Der Auftragnehmer ist daher nicht motiviert, die Kosten unter Kontrolle zu halten, da er auf alle entstehenden Kosten einen Gewinnaufschlag erhält.

3. Verträge auf Zeit- und Materialbasis (T&M – Time and Material)

Verträge auf Zeit- und Materialbasis sind eine Mischform von Vertragsvereinbarungen. Sie enthalten sowohl Elemente von Kostenerstattungsverträgen als auch von Festpreisverträgen. Verträge auf Zeit- und Materialbasis ähneln den Vereinbarungen zur Kostenerstattung darin, dass ihr Ende offen ist, da der Gesamtwert der Vereinbarung zum Zeitpunkt des Abschlusses noch nicht feststeht. Dadurch können Verträge auf Zeit- und Materialbasis wie Kostenerstattungsverträge in ihrem Vertragswert noch steigen. Im Gegensatz dazu können sie auch Festpreisverträgen ähneln, wenn Auftraggeber und Auftragnehmer zum Beispiel Stückpreise vereinbaren, indem sich beide Parteien auf Vergütungssätze für die Kategorie »Senior-Ingenieure« einigen. Diese Vertragsform wird normalerweise nur bei geringen Auftragsvolumen gewählt. Hierbei wird pro Zeiteinheit und Material abgerechnet.

Point of Total assumption

Es wurde verschiedentlich berichtet, dass im PMP-Examen auch Fragen hinsichtlich des PTA (Point of Total Assumption) gestellt werden. Dieser wird in FAR 16.4 beschrieben, wobei FAR für US Federal Aquisition Regulation steht, es handelt sich also um eine Ausführungsrichtlinie für staatliche Beschaffung in den USA, die sich auf Festpreisverträge mit Anreizzahlung (Bonus) bezieht.

Der PTA ist ein Betrag, der sich aus einem solchen Vertrag ergibt, und festlegt, ab wann der Verkäufer den durch Kostenüberschreitung entstehenden Verlust trägt.

Gedanke des PTA ist, dass sich Verkäufer und Käufer auf eine Kostenplanung einigen (target cost) und sich grundsätzlich den Betrag der bei einer Unter- bzw. Überschreitung der geplanten Kosten anfällt, nach einem definierten Schlüssel aufteilen (share ratio). Außerdem wird aber auch ein Höchstbetrag (ceiling price) vereinbart, den der Käufer maximal bezahlen muss, d.h. alle darüber hinaus anfallenden Kosten werden voll vom Verkäufer getragen.

Im Vertrag selbst wird also definiert

▷ ein Zielpreis, der sich aus der Summe der geplanten Kosten (Kostenziel) und dem geplanten Gewinn des Verkäufers (Profitziel) ergibt,

▷ ein oder mehrere Aufteilungsverhältnisse (share ratios),

▷ der Höchstpreis, den der Verkäufer zahlen muss (ceiling price).

Der PTA ist die Differenz zwischen Höchst- und Zielpreis, geteilt durch den Anteil des Käufers gemäß Aufteilungsverhältnis für diesen Preisbereich zzgl. Kostenziel:

PTA = ((Höchstpreis - Preisziel)/ Aufteilungsverhältnis) + Kostenziel

Wenn also z.B. das Kostenziel bei EUR 2.000,00 liegt, das Profitziel bei EUR 200,00, der Zielpreis somit bei EUR 2.200,00 und der Höchstpreis bei EUR 2.450,00 und ein Aufteilungsverhältnis von 80 % für den Käufer und 20 % für den Verkäufer im Fall von Kostenüberschreitungen sowie ein Verhältnis von 50% zu 50 % für Kostenunterschreitung, dann ergäbe sich daraus folgendes Ergebnis:

PTA = ((2.450,00 - 2.200,00)/ 0.80) + 2.000,00 = 2.312,00.

Beschaffungsleistungsbeschreibung (statement of work)

Bestandteil jedes Vertrages ist eine *Leistungsbeschreibung*. Sie ist ein Ergebnis (Output) der Beschaffungsplanung und definiert den Beschaffungsgegenstand so genau, dass der potenzielle Lieferant beurteilen kann, ob er die Leistung liefern kann und zu welchem Termin und Preis. Elemente einer Leistungsbeschreibung sind z.B. Zeichnungen, Spezifikationen und technische Beschreibungen. Wichtig zu wissen ist: Alle Elemente der Leistungsbeschreibung sind Vertragsbestandteile!

Die Form der Leistungsbeschreibung hängt von der Branche und Art des Beschaffungsgegenstandes ab. Die wichtigsten Merkmale sind:

▷ **Endergebnis** (Performance): Legt fest, was das fertige Produkt können muss, was nicht und wie es gefertigt werden soll. Die getroffenen Vereinbarungen bilden im Anschluss die Basis der Abnahme.

▷ **Gebrauchszweck** (Functional or detailed): Legt neben dem Endergebnis meist auch die entscheidenden Merkmale fest. Die Beschreibung bildet damit auch Grundlage der Leistungserstellung, nicht nur der Abnahme.

▷ **Design:** Legt genau fest, wie die Leistung aussehen und wie sie erstellt werden soll.

Frage

Welche Vor- und Nachteile haben die verschiedenen Vertragstypen T&M, CPFF, FP?

Antwort

Die folgende Tabelle zeigt verschiedene Vor- und Nachteile auf. Bitte beachten Sie, dass die Auflistung nicht vollständig ist, sie stellt vielmehr einige Beispiele dar:

Vertragsart	Vorteile	Nachteile
Zeit- und Materialbasis (T&M)	Schnell zu erstellen, einfache Vertragsgestaltung. Geeignet zur kurzfristigen Personalaufstockung.	Verkäufer hat keinen Anreiz, die Kosten zu kontrollieren, nur für kleine Projekte angemessen.
Kostenerstattung (CR)	Im Vergleich zum Festpreis kostengünstiger, da der Anbieter keinen Risikoaufschlag einkalkulieren muss. Relativ geringer Aufwand, um Inhalt und Umfang zu definieren.	Erfordert erhöhte Überwachung und Verwaltungsaufwand. Anbieter hat nur geringen Anreiz, die Kosten zu kontrollieren, da der Gesamtpreis nicht feststeht.
Festpreis (FP)	Weniger Verwaltungsaufwand für den Auftraggeber. Anbieter hat starken Anreiz, die Kosten zu kontrollieren. Gesamtpreis steht fest.	Mehr Aufwand für den Auftraggeber, den Arbeitsumfang zu definieren. Teurer als Kostenerstattung wegen des Risikoaufschlags des Anbieters.

Tabelle 12.1: Vor- und Nachteile der verschiedenen Vertragsarten

Stellen Sie sich auf Fragen in der Prüfung ein, die eine Situation schildern und dann danach fragen, welcher Vertragstyp unter den gegebenen Umständen zu empfehlen ist.

Beschaffungsmanagementplan

Der Beschaffungsmanagementplan ist ein weiterer Managementplan, der – wie seine Verwandten aus den anderen Wissensgebieten – die Art und Weise regelt, wie den Beschaffungen durchgeführt werden, wie das Zusammenspiel mit dem Einkauf erfolgt, wer Vertragsänderungen durchführen kann und wie überhaupt der Prozess hierzu erfolgt etc. Der Beschaffungsmanagementplan ist Teil des Projektmanagementplans (siehe Kapitel 4.2).

Vertragsauslegung

Bei der Projektdurchführung kann die Situation auftreten, dass festgestellt wird, dass die Vertragsinhalte nicht eindeutig geklärt bzw. interpretierbar sind. In der Prüfung können Fragen gestellt werden, was in dieser Situation zu tun ist. Behalten Sie daher unbedingt im Hinterkopf:

▷ Vertragsauslegung ist meistens eine schwierige Situation, die oft Rechtsbeistand erfordert.

▷ Basis ist immer der Vertrag! Er »sticht« alle anderen Dokumente wie z.B. den »Letter of Intent«, Besprechungsprotokolle, Telefonnotizen, die vor der Vertragsunterzeichnung erstellt wurden.

▷ Vertragsauslegung basiert auf der Analyse dessen, was die Absicht der Vertragsparteien war, und einigen Richtlinien.

▷ Es ist sinnvoll, vertraglich festzulegen, wie mit unklaren Vertragslagen umgegangen wird.

Änderungssteuerungssystem für Verträge

Während der Projektdurchführung können sich notwendige Vertragsänderungen ergeben. Generell gilt:

▷ Es sollte vertraglich festgeschrieben werden, wie mit Änderungswünschen zum Vertrag umgegangen wird.

▷ Die Auswirkungen von Vertragsänderungen hängen auch von dem gewählten Vertragstyp ab. Eine Erhöhung der Leistung kann z.B. bei Verträgen auf Zeit- und Materialbasis unkritisch sein, erfordert bei Festpreisverträgen in der Regel Nachverhandlungen.

▷ Vertragsänderungen sind nur dann wirksam, wenn beide Parteien zugestimmt haben.

12.1.4 Beschaffung durchführen

Nach der Planung der Beschaffungen, also der Make or Buy-Analyse und der Auswahl des zu beschaffenden Objektes und der zu wählenden Vertragsart kommt der Schritt, in dem die geplante Beschaffung nun durchgeführt wird. Das heißt, es werden die Anforderungen zur Abgabe von Angeboten vorbereitet, Lieferanten gesucht, Auswahlgespräche geführt usw.

Als Ergebnis dieses Prozessschritts liegt ein unterschriebener Vertrag vor und ein Lieferant ist ausgewählt.

Ausschreibungunterlagen

Ausschreibungsunterlagen werden vom Auftraggeber für den potenziellen Lieferanten (Auftragnehmer) erstellt. Sie enthalten die Anforderungen des Auftraggebers und dienen der Einholung von Angeboten für ein bestimmtes Produkt bzw. eine definierte Dienstleistung.

Wichtige Merkmale von Ausschreibungsunterlagen:

▷ Ausschreibungsunterlagen enthalten immer eine Leistungsbeschreibung.

▷ Ausschreibungsunterlagen sollten so strukturiert sein, dass sie dem potenziellen Lieferanten genaue und vollständige Angaben geben.

▷ Sie sollten immer eine Beschreibung der gewünschten Form des Angebots und alle notwendigen vertraglichen Regelungen (z.B. eine Kopie eines Mustervertrags oder Geheimhaltungsklauseln) beinhalten.

▷ Bei Ausschreibungsunterlagen von staatlichen Stellen können Inhalt und Form ganz oder teilweise gesetzlich vorgeschrieben sein.

▷ Ausschreibungsunterlagen sollten restriktiv genug sein, um einheitliche, vergleichbare Angebote zu gewährleisten, aber dennoch flexibel genug, um dem Auftragnehmer Raum für eigene Vorschläge zur besseren Erfüllung der Anforderungen zu lassen.

> **Frage**
>
> Überlegen Sie, wie sich die Qualität der Ausschreibungsunterlagen auf das Projekt auswirkt.

Antwort

Gute Ausschreibungsunterlagen erhöhen die Projektqualität, denn sie verringern die Anzahl der Rückfragen durch potenzielle Lieferanten und die der nachträglichen Änderungen. Die Qualität der Angebote erhöht sich, sie werden präziser und besser vergleichbar.

Bitte beachten Sie, dass *die Ausschreibungsunterlagen bereits wesentliche Punkte des späteren Vertrages enthalten,* da dort alle Leistungen, Bedingungen und Fristen festgeschrieben werden. Die Anbieter können jedoch Vorschläge zur Anpassung der Ausschreibungsunterlagen unterbreiten. Das können z.B. Änderungsvorschläge hinsichtlich des Umfangs der Arbeiten oder der möglicher Liefertermine sein.

12

Ausprägungen von Beschaffungsunterlagen

Beschaffungsunterlagen gibt es in folgenden Ausprägungen, je nach Art und Umfang der ausgeschriebenen Leistung sowie dem ausgewähltem Vertragstyp. Wir nennen folgend nur die englischen Begriffe, da es keine entsprechenden genormten deutschen Begriffe gibt.

1. **RFP** (Request For Proposal): Es wird ein detailliertes Angebot angefragt. Wird verwendet, wenn die Leistung nicht standardisiert bzw. komplex ist. Meistens gibt es ein Verfahren zur Abstimmung zwischen Auftraggeber und -nehmer.

2. **IFB** (Invitation For Bid): Es wird ein Festpreis für die gesamte Arbeit angefragt. Voraussetzung ist, dass die Arbeit genau definiert werden kann. Normalerweise erhält der Lieferant den Zuschlag, der den niedrigsten Preis anbietet.

3. **RFQ** (Request For Quotation): Es wird ein Preis pro Stunde, Material etc. angefragt. Wird meist bei gebräuchlichen Handelsartikeln mit relativ geringem Geldwert verwendet.

4. **Bestellung**: Bei der *Bestellung* handelt es sich um eine *unilaterale* Vertragsform, das heißt, es unterschreibt nur eine Partei. Sie wird üblicherweise für die Beschaffung einfacher Handelsware verwendet.

Lieferantenanfragen

Nach Fertigstellung der Beschaffungsunterlagen werden die potenziellen Lieferanten angefragt.

Frage

Überlegen Sie, welchen Vorteil Lieferantenlisten für diesen Prozess haben?

Antwort

So genannte *qualifizierte Lieferantenlisten* minimieren das Risiko und den Aufwand bei der Lieferantenauswahl, da die dort gelisteten Lieferanten vorab vom Unternehmen nach bestimmten Kriterien überprüft und freigegeben wurden. Nur sie erhalten die Ausschreibungsunterlagen. Lieferantenlisten enthalten üblicherweise Informationen über Erfahrungswerte und andere Eigenschaften der Lieferanten.

12

Weitere Lieferanten zur Ergänzung bestehender Listen können durch *öffentliche Ausschreibung/Veröffentlichung* in dazu geeigneten Medien wie Tages- oder Fachzeitschriften gewonnen werden. Die öffentliche Ausschreibung wird im Regelfall von staatlichen Stellen verlangt. Bei einer öffentlichen Ausschreibung müssen dann Qualitätskriterien für die Lieferantenauswahl durch das Projekt selbst definiert werden.

Bieterkonferenzen

Ein Verfahren der Angebotseinholung sind *Bieterkonferenzen* (auch Lieferanten-, Verkäufer oder Vorkonferenzen genannt). Bieterkonferenzen haben folgende Merkmale:

▶ Treffen des Auftraggebers mit potenziellen Lieferanten im Vorfeld der Angebotserstellung, das dazu dient, den Lieferanten ein einheitliches und verständliches Bild des Beschaffungsvorgangs zu vermitteln. Dies betrifft sowohl die fachliche als auch die vertragliche Anforderungsseite.

▶ Für die Lieferanten besteht die Möglichkeit, Fragen zu stellen, die erhaltenen Antworten können als Ergänzung in die Ausschreibungsunterlagen einfließen.

▷ Wichtiges Kriterium ist, dass alle potenziellen Lieferanten während des gesamten Ausschreibungsprozesses den gleichen Kenntnisstand erhalten.

▷ Ein Ziel der Bieterkonferenz ist es, sicherzustellen, dass die Preisgestaltung der Lieferanten optimal auf den Bedarf des Projektes abgestimmt ist.

▷ Der zu leistende Aufwand wird transparent und ermöglicht eine angepasste Preisgestaltung, der zu zahlende Mindestpreis kann ermittelt werden.

▷ Kollusionen (geheime/betrügerische Absprachen) müssen vermieden werden.

Sie müssen nicht im Einzelnen wissen, wie eine Bieterkonferenz abläuft, oft ist aber Projektmanagern die Tragweite solcher Veranstaltungen nicht bewusst. Im Vorfeld der Prüfung sollten Sie daher die Vor- und Nachteile einer Bieterkonferenz für beide Parteien, Käufer und Verkäufer, zumindest gedanklich einmal durchgespielt haben.

12

Beurteilungskriterien für die Auswahl von Bezugsquellen

Die Angebote der Lieferanten werden in den meisten Fällen auf Basis einer der unten genannten Punkte beurteilt, gewichtet und/oder ausgewählt. Die Punkte können auch kombiniert werden. So wird sichergestellt, dass die Auswahl aus objektiven und nicht aus persönlichen Gründen erfolgt.

▷ **Gewichtungssystem**: Die Angebote aller Anbieter werden nach vorher festgelegten Kriterien (z.B. Preis, Vorerfahrung, Know-how, Liefertermin, Qualifikation der Mitarbeiter etc.) bewertet und gewichtet.

▷ **Rasterverfahren**: Die Angebote der Anbieter, die die Mindestanforderungen nicht erfüllen, werden aussortiert.

▷ **Unabhängige Schätzung**: Die Preise der Anbieter werden mit einer internen Kostenschätzung verglichen. Diese wird vorab durch eine interne Stelle oder einen externen Berater erstellt. Ziel ist, sicherzustellen, dass die Preisangaben der Anbieter angemessen sind.

▷ **Vorerfahrungen bei der Zusammenarbeit**: Beurteilung der Anbieter nach bereits gewonnenen Erfahrungen.

Frage

Was meinen Sie, kann es auch sinnvoll sein, einen Lieferanten ohne Ausschreibung auszuwählen? Wann? Welches Risiko besteht dann?

Antwort

Unter bestimmten Umständen kann es sinnvoll/notwendig sein, einen Lieferanten ohne »Gegenangebot« auszuwählen. Das kann z.B. dann der Fall sein, wenn es für ein Produkt nur einen Lieferanten gibt, das Projekt unter extremen Termindruck steht und die Auswahl zu lange dauert oder wenn durch internes Know-how bzw. Erfahrung sichergestellt ist, dass der Lieferant ein sehr günstiges Angebot abgegeben hat.

Eine solche »Einzelauswahl« erhöht aber das Risiko, da der Projekterfolg stark von diesem einen Lieferanten abhängt.

Vertragsverhandlungen

Seien Sie darauf gefasst, dass in der Prüfung Fragen zu Vertragsverhandlungen und Verhandlungstaktiken gestellt werden. Die wichtigsten Punkte, die Sie wissen sollten, sind:

Merkmale von Vertragsverhandlungen

▷ Verhandeln ist ein Miteinandersprechen von zwei oder mehr Personen mit verschiedenen Interessen, wobei jede Verhandlungspartei ein bestimmtes Ergebnis erreichen will.

▷ Beide Parteien haben den Willen zu einem Interessenausgleich (»Geben und Nehmen«).

▷ Der Abschluss einer Verhandlung hat eine rechtliche Bedeutung und beinhaltet einen Interessenausgleich.

▷ Es darf keine vollständige Abhängigkeit der einen Partei von der anderen Partei vorliegen.

Ziele der Vertragsverhandlungen

1. Ein faires und angemessenes Angebot zu erhalten.
2. Eine gute Beziehung zum Lieferanten zu entwickeln.

Frage

Punkt 1 ist selbstverständlich, aber können Sie auch erklären, warum Punkt 2 wichtig ist?

Antwort

Auch der Lieferant ist Stakeholder des Projektes. Es sollte schon während der Vertragsverhandlung eine vertrauensvolle Zusammenarbeit zwischen Auftraggeber und -nehmer angestrebt werden, um eine so genannte »Win-win«-Situation zu entwickeln. Wenn auf den Lieferanten nicht unnötiger Druck ausgeübt wird, sondern auch seine Interessen berücksichtigt werden, kann sich der Projektleiter eher darauf verlassen, dass der Lieferant keine zusätzlichen entbehrlichen Arbeiten vorschlägt und die festgelegten Termine einhält etc. Projekte scheitern auch oft daran, dass zu hart (einseitig) verhandelt wurde.

12

Taktiken bei Vertragsverhandlungen

Taktiken bei Vertragsverhandlungen werden nicht im PMBOK Guide behandelt, können aber Thema der Prüfung sein. Sie müssen nicht alle der hier genannten Punkte auswendig wissen, sollten Sie jedoch einordnen können.

▷ Unfaire Taktiken, die man vermeiden sollte, sind z.B.:

Provokation, Störungen aller Art, Beleidigungen, taktlose Fragen, Ironie, Diskreditieren, Moralisieren, Verschleppen der Verhandlung, Ablenkungsmanöver, Verwirrspiele, Abstreiten der Kompetenz, Vorwürfe, Lügen, Bestechung, Zeitschinden.

▷ So sollte sich ein Projektleiter verhalten, wenn unfaire Taktiken angewendet werden:

- – Nicht die gleichen Methoden anwenden.
- – Eine ungeplante Pause machen bzw. die Verhandlung verschieben.
- – Gelassen und souverän bleiben, unfaire Aussagen überhören.
- – Nicht in Verteidigungshaltung gehen und auf emotionale Scharmützel einlassen.
- – Auf die eigene Linie konzentrieren und kurz und präzise antworten.
- – Freundlich um Wiederholung der Aussage bitten.

Ablaufschema einer Verhandlung

Der Ablauf von Verhandlungen ist unterschiedlich und von vielen Faktoren abhängig. Es lassen sich jedoch fünf Phasen unterscheiden, die in fast jeder Verhandlung auftreten.

1. **Eröffnung der Verhandlung** (Protocol): Kennenlernen des Gesprächspartners, Vertrauensbasis aufbauen, Bedürfnisse des Gesprächspartners ergründen.

2. **Analyse der Probleme** (Probing): Zielvorstellungen sowie Stärken und Schwächen der anderen Partei ergründen; Bilanz zwischen eigenen und fremden Zielen aufstellen.

3. **Versuch einer Problemlösung** (Scratch bargaining): Herausarbeiten der Gemeinsamkeiten und der unterschiedlichen Meinungen, Kompromiss (Treffen in der Mitte) anstreben.

4. **Abschluss** (Closure): Zusammenfassen der Ergebnisse, Punkte festhalten, über die Einigkeit erzielt wurde (evtl. strittige Punkte ausklammern).

5. **Vereinbarung** (Agreement): getroffene Vereinbarungen dokumentieren, ggf. rechtlicher Abschluss z.B. durch Vertragsunterzeichnung.

12.1.5 Beschaffung verwalten

Der Prozess *Beschaffung verwalten* gewährleistet, dass die Leistung des Lieferanten den vertraglichen Anforderungen entspricht.

In diesem Prozess wird umgangssprachlich der »Vertrag gelebt«. Und so ist das auch zu verstehen. Der Projektleiter muss jederzeit die Leistung des Lieferanten gegen den Vertrag abgleichen können. Hat sich die tatsächliche Leistung von der im Vertrag vereinbarten entfernt, müssen entsprechende Vertragsanpassungen erfolgen.

In der Praxis ergibt sich aus diesem einfachen und logisch klingenden Sachverhalt eine Reihe von Implikationen. Wer ist für was verantwortlich, wie kann vermieden werden, dass jeder denkt, ein anderer macht's?

1. Projektleiter ↔ Organisationseinheit *Beschaffung (»Einkauf«)*

   Wenn nicht der Projektleiter, sondern eine andere Abteilung/Person die Autorität besitzt, Änderungen am Vertrag vorzunehmen, kann es bei der Vertragsabwicklung sowie gewünschten Vertragsänderungen zu Konflikten kommen. Um Unstimmigkeiten vorzubeugen, ist es wichtig, im Vorfeld klare Vorgehensweisen und Befugnisse zu definieren.

2. Projektleiter ↔ Lieferant

Je nachdem, in welchem Umfang ein Projekt Produkte beschafft, hängt der Erfolg des Projektes in nicht unerheblichem Maße von der beim Lieferanten üblichen Verfahren und der dort herrschenden Kultur ab. Bei der Festlegung der Vertragsabwicklung muss der Projektleiter daher auch die besonderen Anforderungen an die Kommunikation mit dem Lieferanten beachten:

— Um Probleme frühzeitig zu erkennen, sollte der Status regelmäßig ermittelt werden (über Meetings oder Berichte).

— Bei der Festlegung von Vorgehensweisen müssen die Gepflogenheiten des Lieferanten berücksichtigt werden.

— Die »persönliche Chemie«, d.h. das persönliche Verhältnis zwischen Projektleiter und Lieferant, spielt eine große Rolle.

— Probleme liegen nicht immer auf der Hand – sie sind nicht immer auf den ersten Blick zu sehen.

12.1.6 Beschaffung abschließen

Ist der Vertrag erfüllt und die Leistung erbracht, kann der letzte Prozess im Beschaffungsmanagement starten. Dieser Prozess besteht aus folgenden Inhalten:

▷ Beendigung des Vertragsverhältnisses zwischen beiden Parteien. Wie dies geschieht, sollte im Vertrag definiert sein.

▷ Administrativer Abschluss des Vertragsverhältnisses. Dazu zählt die Archivierung der Vertragsbeziehung, ggfs. eine Dokumentation einer formellen Abnahme und die Aufzeichnung gesammelter Erfahrungen.

12.1.7 Organisation des Beschaffungsmanagements

Eine Organisation kann die Verantwortung für das Beschaffungsmanagement bzw. die Vertragsverwaltung verschieden organisieren: zentral oder dezentral.

➤ **Zentrale Vertragsverwaltung** bedeutet, dass eine einzelne Stelle in der Organisation für alle Projekte zentral Verträge vergibt und steuert.

➤ **Dezentrale Vertragsverwaltung** bedeutet, dass jeder Projektleiter die Verträge seines Projektes abschließt.

Da es in der Prüfung vorkommen kann, dass die Vor- und Nachteile der verschiedenen Organisationsformen der Vertragsverwaltung abgefragt werden, haben wir einige in der nachfolgenden Tabelle zusammengestellt.

	Vorteile	Nachteile
Zentrale Vertragsverwaltung	Höheres fachliches Know-how Standardisierte Vorgehensweise Bestellungen können über mehrere Projekte koordiniert werden.	Zentralstelle kann ein Engpass werden. Spezielle Projektbedürfnisse werden weniger berücksichtigt. Kommunikation zwischen Projektleiter und Lieferant muss evtl. über Zentralstelle erfolgen.
Dezentrale Vertragsverwaltung	Projektleiter hat mehr Einfluss. Projektgegebenheiten können stärker berücksichtigt werden.	Erhöhter Aufwand und Kosten, da alle Projekte die Vertragsverwaltung durchführen. Kein Spezialwissen über Vertragsverwaltung vorhanden.

Tabelle 12.2: Vor- und Nachteile der zentralen und dezentralen Vertragsverwaltung

12.2 Beispielfragen

1. Was ist ein Letter of Intent?

   a. Vorvertrag

   b. Absichterklärung des Verkäufers

   c. eine besondere Vertragsform, die besonders in Großbritannien Anwendung findet

   d. ein Schreiben des Käufers ohne rechtliche Bindung, der den Verkäufer darüber informiert, dass der Käufer ihn beauftragen möchte.

2. Eine Beschaffungsleistungsbeschreibung ...

   a. ist eine Beschreibung eines zu beschaffenden Produktes oder einer Dienstleistung.

b. enthält alle Vertragsbedingungen.

c. ist nur dann sinnvoll, wenn das Projekt den Einsatz neuer Technologien vorsieht.

d. ist eine unilaterale Vertragsform, die üblicherweise für die Beschaffung einfacher Handelsware verwendet wird.

3. Beschaffungsmanagement beinhaltet ...

a. die Gewinnung von Personen in Schlüsselstellungen aus der Trägerorganisation zur Arbeit am Projekt.

b. das Identifizieren von Lieferanten, die zur Bereitstellung relevanter Produkte und Dienstleistungen in der Lage sind.

c. die Ausarbeitung einer Leistungsbeschreibung für das gesamte Projekt.

d. das Schreiben eines Angebots.

4. Sie haben im Rahmen Ihres Projektes die Entwicklung einer Steuereinheit extern vergeben und mit dem Lieferanten einen Festpreisvertrag abgeschlossen. Welche Aussage ist richtig?

a. Da bei einem Festpreisvertrag kein Kostenrisiko besteht, brauchen Sie die Leistungserstellung nicht zu überwachen, es reicht, wenn Sie das Produkt abnehmen.

b. Sie sollten die Leistung des Auftragnehmers immer überwachen, um eine den Vertragsbedingungen gemäße Erledigung der Arbeit zu gewährleisten.

c. Sie sollten die Leistung des Auftragnehmers genauer überwachen als bei einem Kostenerstattungsvertrag.

d. Sie sollten die Leistung des Auftragnehmers nur dann überwachen, wenn Subunternehmer beteiligt sind.

5. Welche Verfahren sind zur Bewertung von potenziellen Auftragnehmern üblich?

a. Die Beurteilung der vorherigen Erfahrungen mit dem Auftragnehmer, astrologische Vorhersagen und unabhängige Kostenschätzungen.

b. Die Beurteilung der vorherigen Erfahrungen mit dem Auftragnehmer, Überprüfung der Finanzaufstellungen des Auftragnehmers und Berücksichtigung der erwarteten Inflationsrate.

12

12

    c.   Die Berücksichtigung von persönlichen Beziehungen mit dem Auftragnehmer, Überprüfung der Finanzaufstellungen des Auftragnehmers und unabhängige Kostenschätzungen.

    d.   Die Beurteilung der vorherigen Erfahrungen mit dem Auftragnehmer, Überprüfung der Finanzaufstellungen des Auftragnehmers und unabhängige Kostenschätzungen.

6. Welche der folgenden Behauptungen ist wahr?

    a.   An einer einmal verfassten Dokumentation der notwendigen Beschaffungen sollten keine Veränderungen vorgenommen werden.

    b.   Als Deadline für die Angebote sollte jeweils der Montag festgelegt werden, so dass die Auftragnehmer noch über das Wochenende daran arbeiten können.

    c.   Beschaffungsunterlagen sollten in der Regel Bewertungskriterien enthalten.

    d.   Beschaffungsunterlagen müssen vor der Aushändigung nie juristisch überprüft werden, da Juristen den Vertrag überprüfen und genehmigen werden.

7. Sie sind Projektleiter eines Projektes mit einer geplanten Projektdauer von 14 Monaten. Nach der Hälfte der Projektlaufzeit liegt Ihr CPI bei 0,8 und Ihr SPI bei 0,7. Um den Projekterfolg zu gewährleisten, beschließen Sie, die Entwicklung einer Komponente extern zu vergeben. Was ist Ihr vorrangiges Ziel bei den Vertragsverhandlungen?

    a.   Den niedrigsten Preis zu bekommen.

    b.   Den frühesten Liefertermin zu bekommen.

    c.   Den niedrigsten Preis und den frühesten Liefertermin zu bekommen.

    d.   Die Kontrolle über die Bedingungen sicherzustellen, gemäß denen der Vertrag erfüllt wird.

8. Welcher der genannten Faktoren beeinflusst die Wahl der Vertragsart am stärksten?

    a.   Die Genauigkeit der Leistungsdefinition.

    b.   Die Projektdauer.

    c.   Das Projektbudget.

    d.   Rahmenbedingungen, wie Bestimmungen des Umweltschutzes, der Einfluss der Gewerkschaften u.Ä.

9. Sie sind der Projektleiter eines Projektes zur Entwicklung von neuartigen Heizkörpern. Die Entwicklung der Thermostate soll extern vergeben werden. Es soll dabei eine Technik eingesetzt werden, die noch nicht erprobt ist. Sie können daher die Anforderungen nicht genau spezifizieren. Welche Aussage ist nicht korrekt?

   a. In dieser Situation ist der Preis das alleinige Entscheidungskriterium.

   b. In dieser Situation sollte kein Festpreisvertrag abgeschlossen werden.

   c. In dem Vertrag sollten Vereinbarungen darüber getroffen werden, wie die Leistung bewertet und überwacht wird.

   d. Es ist wichtig, sicherzustellen, dass der potenzielle Auftragnehmer über das entsprechendes Fachwissen verfügt, um den Auftrag auszuführen.

10. Welche Aussage zur Vertragsabwicklung ist richtig?

    a. Die Vertragsabwicklung sollte ausschließlich von Personen durchgeführt werden, die über ein entsprechendes juristisches Know-how verfügen.

    b. Die Vertragsabwicklung sollte durch Personen durchgeführt werden, die dem Projekt Vollzeit zur Verfügung stehen.

    c. Die Vertragsabwicklung sollte von den Personen durchgeführt werden, die auch die vertragliche Leistung erstellen.

    d. Die Vertragsabwicklung sollte genau aufeinander abgestimmt werden, wenn mehrere Verträge für ein Projekt existieren.

12.3 Lösungen mit Erklärungen

1. Lösung d)

   a. Falsch. Ein Letter of Intent ist nicht rechtlich bindend.

   b. Falsch. Tatsächlich ist ein Letter of Intent eine Absichtserklärung. Die Definition ist aber nicht vollständig.

   c. Falsch. Ein Letter of Intent ist kein Vertrag.

   d. Richtig. Mit dem Letter of Intent erklärt der Käufer seine Absicht, den Verkäufer zu beauftragen, diese Absichtserklärung ist aber nicht rechtlich bindend.

12

2. Lösung a)

    a. Richtig. Laut Definition dient die Leistungsbeschreibung der Beschaffung.

    b. Falsch. Die Vertragsbedingungen sind nicht Teil der Leistungsbeschreibung, sondern Zusätze.

    c. Falsch. Eine Leistungsbeschreibung sollte für jeden zu beschaffenden Posten erarbeitet werden.

    d. Falsch. Das ist die Beschreibung einer Bestellung.

3. Lösung b)

    a. Falsch. Beschaffungsmanagement befasst sich mit dem Erwerb von Gütern und Dienstleistung außerhalb des Unternehmens. Wenn die Personen in Schlüsselstellungen für die Trägerorganisation arbeiten, hat dies nichts mit Beschaffung zu tun.

    b. Richtig. Dies ist ein Bestandteil des Angebotsverfahrens.

    c. Falsch. Die Ausarbeitung der Leistungsbeschreibung des Projektes ist Bestandteil des Inhalts- und Umfangsmanagements.

    d. Falsch. Die Angebotserstellung erfolgt durch die potenziellen Lieferanten und gehört deshalb nicht zum Beschaffungsmanagement.

4. Lösung b)

    a. Falsch. Eine Leistungsüberwachung sollte auch beim Festpreisvertrag erfolgen.

    b. Richtig. Eine Überwachung ist unabhängig von der Art des Vertrags notwendig.

    c. Falsch. Das erforderliche Maß der Überwachung ist an keine bestimmte Vertragsart gebunden.

    d. Falsch. Eine Überwachung wird benötigt und ist angebracht, egal ob Subunternehmer beteiligt sind oder nicht.

5. Lösung d)

    a. Falsch. Die Verwendung astrologischer Vorhersagen ist nicht üblich.

    b. Falsch. Außer in sehr seltenen Fällen wird sich eine Inflation auf alle potenziellen Auftragnehmer gleichermaßen auswirken.

c. Falsch. Persönliche Beziehungen sollten nicht in Betracht gezogen werden.

d. Richtig. Vorherige Erfahrungen sind häufig ein Indikator zur Beurteilung der erwarteten zukünftigen Leistung. Finanzauskünfte können bei der Bewertung der »Lebensfähigkeit« des Auftragnehmers behilflich sein. Unabhängige Schätzungen können das Verständnis von Inhalt und Umfang prüfen.

6. Lösung c)

a. Falsch. Veränderungen können zum Korrigieren von Fehlern nötig sein.

b. Falsch. Die Deadline für Vorschläge kann auf jeden beliebigen Tag in der Woche festgelegt werden.

c. Richtig. Eine Miteinbeziehung von Bewertungskriterien kann dazu beitragen, dass die Auftragnehmer die Vorstellungen des Käufers möglichst optimal umsetzen.

d. Falsch. Es erfolgt nicht immer eine Prüfung der Beschaffungsunterlagen durch Juristen.

7. Lösung d)

a. Falsch. Auch wenn Ihr Projekt bereits hinter der Kostenplanung liegt (CPI < 1), der niedrigste Preis berücksichtigt nicht immer die Käuferinteressen.

b. Falsch. Auch wenn Ihr Projekt bereits hinter der Terminplanung liegt (SPI < 1), der früheste Liefertermin bedeutet nicht immer, dass die Käuferinteressen berücksichtigt werden.

c. Falsch. Auch wenn Ihr Projekt bereits hinter der Termin- und Kostenplanung liegt (CPI, SPI < 1), der niedrigste Preis und der früheste Liefertermin bedeuten nicht immer, dass die Käuferinteressen berücksichtigt werden.

d. Richtig. Zur Minimierung der Wahrscheinlichkeit von Problemen während der Vertragserfüllung.

12

8. Lösung a)

   a. Richtig. Verträge auf Festpreisbasis sind z.B. bei einer ungenauen oder schlechten Definition der Leistung nicht zu empfehlen.

   b. Falsch. Bei jeder Vertragsart können kurze und lange Projekte existieren.

   c. Falsch. Die Vertragsart ist unabhängig vom Projektbudget.

   d. Falsch. Solche Bestimmungen können bei allen Vertragsarten berücksichtigt werden.

9. Lösung a)

   a. Richtig. In dieser Situation werden auch andere Kriterien (z.B. Fach-Know-how, Vorerfahrungen) ausschlaggebend sein.

   b. Falsch. Wenn die Leistung nicht genau definiert werden kann, sollte kein Festpreisvertrag abgeschlossen werden.

   c. Falsch. Dies ist ein wichtiger Punkt, der im Vertrag geregelt werden muss.

   d. Falsch. Dies ist in dieser Situation ein wichtiges Kriterium der Lieferantenauswahl.

10. Lösung d)

   a. Falsch. Juristisches Fachwissen wird meistens bei der Ausarbeitung eines Vertrags benötigt. Aber viele Aspekte der Vertragsabwicklung können auch durch Büropersonal oder anderes Personal durchgeführt werden.

   b. Falsch. Kleinere Verträge können auch in »Teilzeit« abgewickelt werden.

   c. Falsch. Die Vertragsabwicklung kann auch von einer Verwaltungsstelle durchgeführt werden.

   d. Richtig. Zur Sicherstellung einer angemessenen Integration.

A Formelsammlung

Die folgende Sammlung soll Ihnen als Hilfestellung einen zentralen Überblick über die Formeln geben, die im PMP-Examen relevant sein können.

Achtung

Diese Sammlung erhebt keinen Anspruch auf Vollständigkeit!

Die Beschreibung der Formeln erfolgt in Umgangssprache, nicht zwingend in der formal korrekten vollständigen Beschreibung.

Begriff	Abk.	Formel	Beschreibung
Earned-Value-Management			
Planned Value Budgeted Cost of Work Scheduled	PV BCWS		Planwert der Kosten und Leistung per heute
Budget At Completion	BAC		Geplantes Gesamtbudget
Earned Value Budgeted Cost of Work Performed	EV BCWP	EV = BAC * Fst%	Earned Value, Fertigstellungsgrad in Prozent per heute mal Gesamtbudget
Actual Cost Actual Cost of Work Performed	AC ACWP		Tatsächliche Kosten per heute
Cost Variance	CV	CV = EV – AC	Kostenabweichung: Wie viel über/unter Budget liegen wir zum aktuellen Zeitpunkt, in absoluten Zahlen?
Schedule Variance	SV	SV = EV – PV	Terminabweichung: Wie viel Wert an Arbeit haben wir zum aktuellen Zeitpunkt geleistet, im Vergleich zum Plan (in absoluten Zahlen)?

A

Begriff	Abk.	Formel	Beschreibung
Cost Performance Index	CPI	CPI = EV / AC	Kostenentwicklungsindex: Kennzahl, inwieweit die Kostenplanung eingehalten wird.
Schedule Performance Index	SPI	SPI = EV / PV	Terminentwicklungsindex: Kennzahl, inwieweit die Terminplanung eingehalten wird.
Estimate To Complete	ETC		Geschätzte Restkosten: Was, glauben wir, kostet das Projekt ab jetzt noch bis zum Ende?
		ETC = BAC – EV	Variante 1 Es geht weiter wie geplant (atypische Abweichung)
		ETC = (BAC – EV) / CPI	Variante 2 Es geht weiter wie gehabt (typische Abweichung), Hochrechnung wird mit CPI korrigiert
			Variante 3 Freie Restschätzung
Estimate At Completion	EAC	EAC = AC + ETC	Gesamtkostenhochrechnung zum Projektende, somit ergeben sich wie beim ETC 3 Varianten
		EAC = BAC / CPI	Variante 4 Rechnerisch identisch mit ETC-Rechnung Variante 2
Variance At Completion	VAC	VAC = BAC – EAC	Kostenabweichung am Projektende: Wie viel über/ unter Budget werden wir das Projekt abschließen, in absoluten Zahlen?
Netzplanberechnung			
Frühester Anfangszeitpunkt	FAZ		Benötigt für Vorwärtsrechnung bei der Ermittlung des kritischen Wegs
		$FAZ_n = \max(FEZ_{n-1})$	Mathematische Berechnung

A

Begriff	Abk.	Formel	Beschreibung
		$FAZ_n =$ $\max (FEZ_{n-1}) + 1$	Berechnung nach Datum
Frühester Endezeitpunkt	FEZ		Benötigt für Vorwärtsrechnung bei der Ermittlung des kritischen Wegs
		$FEZ_n =$ $FAZ_n + Dauer$	Mathematische Berechnung
		$FEZ_n =$ $FAZ_n + Dauer - 1$	Berechnung nach Datum
Spätester Anfangszeitpunkt	SAZ		Benötigt für Rückwärtsrechnung bei der Ermittlung des kritischen Wegs
		$SAZ_n =$ $SEZ_n - Dauer$	Mathematische Berechnung
		$SAZ_n =$ $SEZ_n - Dauer + 1$	Berechnung nach Datum
Spätester Endezeitpunkt	SEZ		Benötigt für Rückwärtsrechnung bei der Ermittlung des kritischen Wegs
		$SEZ_n =$ $\min(SAZ_{n+1})$	Mathematische Berechnung
		$SEZ_n =$ $\min(SAZ_{n+1}) - 1$	Berechnung nach Datum
Gesamtpuffer	GP	GP_n $= SAZ_n - FAZ_n$ $= SEZ_n - FEZ_n$	Zeitraum, um die ein Vorgang gegenüber seines FAZ verzögert werden kann, ohne den Endzeitpunkt des Projekts zu verschieben
Freier Puffer	FP		Zeitspanne, um die ein Vorgang verschoben werden kann, ohne den FAZ aller nachfolgenden Vorgänge zu verzögern
		$FP_n =$ $\min(FAZ_{n+1}) - FEZ_n$	Mathematische Berechnung
		$FP_n = \min(FAZ_{n+1}) - FEZ_n - 1$	Berechnung nach Datum

A

Begriff	Abk.	Formel	Beschreibung
PERT-Schätzung			
Program Evaluation and Review Technique	PERT	PERT = $(o + 4w + p) / 6$	Drei-Punkt-Schätzung ▶optimistisch (o) ▶wahrscheinlich (w) ▶pessimistisch (p) Ergebnis: Gewichteter Mittelwert
Standardabweichung		$s = (p - o) / 6$	Kennwert zur Beschreibung der Variabilität des geschätzten Aufwandes eines Arbeitspakets **Hinweis:** Zur Berechnung der Standardabweichung des gesamten Projektes dürfen nicht einfach die Einzelwerte aufsummiert werden, sondern es müssen die Einzelvarianzen addiert werden und aus dieser Summe die Wurzel gezogen werden!
Varianz		$V = s^2 = ((p - o) / 6)^2$	Je größer die Varianz, umso weiter sind die Schätzwerte von dem Mittelwert entfernt. D.h. eine niedrige Varianz zeigt eine Verlässlichkeit der Schätzwerte an.
Weitere Formeln			
Present Value Barwert	PV	PV = FCF / $(1 + Zins)^n$	Diskontierung von künftigen Zahlungen zur Anzahl der Zeitperioden (n) FCF (Future Cash Flow) = Zukünftiger Geldbetrag
Benefit cost Ratio Gewinnkoeffizient	BCR	BCR = Benefit/Cost	Bewertung der Nutzen-Kosten-Verhältnismäßigkeit

A

Begriff	Abk.	Formel	Beschreibung
Expected monetary value Risikowert	EMV	EMV = Eintrittswahrscheinlichkeit * Auswirkung	Quantifizierung der Wahrscheinlichkeit des Eintritts und der möglichen Höhe eines Risikos
Kommunikationskanäle		$N * (N - 1)/2$ bzw. $(N^2 - N)/2$	Anzahl Kommunikationskanäle. N = Anzahl Personen
Point of Total Assumption		PTA = ((Höchstpreis – Preisziel)/ Aufteilungsverhältnis) + Kostenziel	Der PTA bezieht sich auf einen Festpreisvertrag mit Bonus und legt fest, ab welchem Punkt der Verkäufer den durch eine Kostenüberschreitung entstehenden Verlust trägt.

Anmerkung Netzplanberechnung

Bei der Netzplanberechnung unterscheidet man zwei Berechnungsarten:

▷ Mathematische Berechnung:
  – Der erste Vorgang beginnt bei 0
  – Vorteil: Einfachere Anwendung von mathematischen Formeln

▷ Berechnung nach Datum:
  – Der erste Vorgang beginnt bei 1
  – Vorteil: Einfachere Übertragbarkeit auf Termine, der erste Vorgang beginnt am ersten Tag

A

Index

HAROLD KERZNER

PROJEKT
MANAGEMENT

Ein systemorientierter Ansatz zur Planung und Steuerung

- Planung, Zeitmanagement, Leistungs- und Kostenkontrolle

- Konfliktsteuerung, Risiko- und Qualitätsmanagement

- Zahlreiche Fallstudien, Multiple-Choice- und Diskussionsfragen

In diesem außergewöhnlichen, praxiserprobten und umfassenden Standardwerk von Harold Kerzner, der weltweit bekannten und geschätzten Autorität auf diesem Gebiet, finden Sie Expertenwissen zu allen relevanten Aspekten des Projektmanagements.

Alle Themen, die für Sie als Projektmanager eine Rolle spielen, werden von Harold Kerzner behandelt: Planung, Leistungs- und Kostenkontrolle, Managementaufgaben, Besetzung des Projektteams, Konflikt- und Zeitmanagement sowie Risiko- und Qualitätsmanagement. Sie bekommen Einblick in die vielen sozialen, finanziellen und zeitlichen Faktoren, die den Erfolg von Projekten entscheidend bestimmen, sowie in die kritischen Erfolgsfaktoren für die Vorhersage des Projekterfolgs und erfahren, welche Methode die Effizienz Ihrer Projektarbeit steigert.

Harold Kerzner schöpft aus langjähriger Erfahrung und kann so anhand von Fallstudien für jeden Kernbereich typische Beispiele aufzeigen. Aus der konkreten Erfahrungspraxis befinden sich in diesem Buch mehr als 25 Fallstudien, über 125 Multiple-Choice-Fragen und fast 400 Diskussionsfragen, die alle wichtigen Industriezweige betreffen und die Prinzipien des Projektmanagements auf anschauliche Art begreifbar machen.

Probekapitel und Infos erhalten
Sie unter: **www.mitp.de**

ISBN 978-3-8266-1666-2